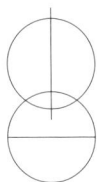

新中日文化交流史大系

编委会

主　编：王　勇

副主编：葛继勇

委　员：王　勇　王晓平　葛继勇　邢永凤

　　　　江　静　［日］河内春人　［日］森公章

　　　　陈　翀　张伟雄　丁　莉

古代中日跨国人物研究

王勇 著

浙江人民出版社

总　序

　　中日文化交流的历史悠久而灿烂，历代名人辈出且留存史料丰赡，在中日两国学术界备受关注，多年来，该领域积淀了无数的学术研究成果。

　　日本学者辻善之助《增订海外交通史话》、藤田元春《上代日中交通史研究》、木宫泰彦《日中文化交流史》均出版于半个世纪前，这三部著作堪称中日文化交流史领域的先驱作品，至今仍有其重要意义。其中《日中文化交流史》经胡锡年翻译成中文后，更是对从事该领域研究的中国学者产生了莫大的影响。森克己围绕"宋日贸易"所著的《日宋贸易之研究》《续日宋贸易之研究》《续续日宋贸易之研究》《日宋文化交流之诸问题》四部扛鼎之作，搜集网罗该领域的基本史料，夯实了该领域的研究基础。田中健夫的《对外关系与文化交流》《中世对外关系史》等书聚焦元明时期，他继承了森克己的学术理念，着眼于东亚地区，促成了该领域的新发展。

　　此外，实藤惠秀研究清末时期的中国留学生（《中国人留学日本史》），大庭修研究江户时代中国书籍的流通（《江户时代中国典籍流播日本之研究》），池田温围绕法制研究中日交流史（《东亚文化交流史》），小曾户洋、真柳诚研究中日医学交流史（《汉方的历史》），等等。学者们均在各自的研究领域颇有建树，取得了不俗的成绩。近年来，这一领域的学术新人亦层出不穷，如森公章、山内晋次、田中史生、榎本涉、河野贵美子、河内春人等活跃在国际学术舞台，成果频

1

出，备受瞩目。

回看中国，除了民国时期王辑五所著《中国日本交通史》，我国学者对这一领域的真正研究，始于1972年中日两国邦交正常化之后。

史学领域，汪向荣的《古代的中国与日本》与王晓秋的《近代中日文化交流史》发掘新资料、提出新见解，代表20世纪该领域的顶尖水平；杨栋梁主编六卷本《近代以来日本的中国观》，称得上是"从周边看中国"的佳作。

文学方面，20世纪末严绍璗的《中日古代文学关系史稿》与王晓平的《近代中日文学交流史稿》珠联璧合，以其宏大的视角与浑厚的国学底蕴，全面梳理中日文学交流千年史脉，至今仍被视作经典。

考古学分野，王维坤的《中日文化交流的考古学研究》以出土文物为据，实证中日文化交流史事；尤其是王仲殊，围绕"三角缘神兽镜"提出"东渡吴人制镜说"（《王仲殊文集》第二卷），在日本学界引起甚大反响。

思想史层面，王家骅的《儒家思想与日本文化》关注儒家思想在日本的变容，内容极富创见；刘岳兵的《明治儒学与近代日本》探究"西化"氛围中传统儒学的命运，提出富有挑战性的命题。

此外，来自中国台湾地区、香港地区、澳门地区的学者也是一股不可忽略的研究力量，如研究明代中日关系史的郑樑生，研究东亚教育圈的高明士，研究中日书籍翻译史的谭汝谦等人，都有丰硕的研究成果问世。

综上所述，在中日文化交流史领域，日本学者比中国学者早一步着手研究，凭借对基础史料的收集、整理、解读，在学界独领风骚多年。但近20年来，中国学者潜心研究，积极吸收国内外优秀研究成果，终于取得了飞跃性进步，研究水平达到国际水平，甚至在一些特定的"点"和"线"上有领先之势。

形成上述局面的原因主要有两点：首先，中国学者的汉语功底扎实，不仅能解读日本的汉语史料，还能从中国的历史文献与新出土文物资料中发掘新史料；其次，自1972年中日两国邦交正常化以来，留学日本后归国的中国学者大多数不仅有阅读日语文献资料的能力，还具备撰写外语论文及学术著作的水平。

这些年来，在从事中日文化交流史研究的中国学者中，有不少人因为其杰出的学术成果在国际学术界受到高度评价，甚至获得重量级学术奖项。如：王仲殊因对"三角缘神兽镜"的突破性研究，获得"福冈亚洲文化奖"；严安生因对日本留学精神史的精深研究，获得"大佛次郎奖"；严绍璗因在中日文学交流史领域的巨大贡献，获得"山片蟠桃文化奖"；王晓平因从事汉诗与和歌的比较研究，获得"NARA万叶世界奖"；王勇因提出"书籍之路"理论，获得"国际交流基金奖"；等等。

中日文化交流史为中日两国共有的研究主题，从事该领域研究的学者同人们交流互动亦非常频繁。20多年前，由浙江人民出版社推出的"中日文化交流史大系"正是其成果之一。

30年前的春日，我邀请中日比较文学界的国际知名学者中西进先生到杭州大学（现浙江大学）作专题讲座。讲座结束后，时任杭州大学校长沈善洪先生让我陪同中西进先生一同考察江南园林史迹。1991年5月18日，在无锡的一家酒店中，我与中西进先生共同商定了"中日文化交流史大系"的选题计划。该计划得到了许多同人的帮助，进展顺利。该丛书日文版定名为"日中文化交流史丛书"，自1995年7月起依次出版，共十卷；中文版定名为"中日文化交流史大系"，由浙江人民出版社于1996年11月一次性出版十卷。

此后20多年间，随着考古文物资料的出土及文献资料的不断发现，中日学术界的理念及研究方法也有新的发展，中日两国的人文学术交流更是不断深入。基于此，作为中日文化交流史的研究学者，我认为召集

3

中日两国的学者重新审视两国之间文化交流历史的机缘□然成熟，也正是出版"新中日文化交流史大系"的最佳时机。

20多年前出版的"中日文化交流史大系"以专题史的形式，把全套书分为历史卷、法制卷、思想卷、宗教卷、民俗卷、艺术卷、科技卷、典籍卷、人物卷、文学卷等十卷，而每卷又都是由多人共同执笔的通史体裁著作。"新中日文化交流史大系"（第一辑）共有九卷，邀请了研究中日文化交流领域备受关注的学者，让其用通俗易懂的语言为读者讲述其最新的研究成果，力求做到"有趣有用"。

本丛书于2016年入选国家"'十三五'国家重点出版物出版规划"，2020年入选国家出版基金资助项目。此外，本丛书还得到2017年度国家社科基金重大项目"中日合作版'中日文化交流史丛书'"（首席专家：葛继勇）与浙江大学"双一流"项目"经典文化传承与引领——《东亚汉典》编纂与研究"（主持人：王勇）的支持。在此特别向支持本丛书的各单位和个人表示谢意。

悠久且灿烂的中日文化交流史，是世界文化交流互鉴历史中的瑰宝。希望本丛书能够为新型中日关系的构筑以及两国民众的相互理解略尽绵薄之力。是为序。

浙江大学日本文化研究所

王　勇

2021年10月1日

目　录

1

5

序　章
中日跨国人物研究综述

　　中国的日本研究在明代、近代、现代共出现过三次高潮，经过近40年来学习、追赶、创新的多个阶段，在局部的"点"甚至特定的"面"上，实现了对日本的超越。

　　中日文化交流史是一门新兴的交叉学科，不仅内涵丰富，而且外延宽广。文化的创造、传承、流播、接受、模仿、改良、创新诸环节，均离不开"人"的主导作用。基于此，本章以"跨国人物"为线索，从"赴日中国人研究"和"来华日本人研究"两个层面，概述近40年来中日海上交流领域所取得的研究成就，突出中国学者的创新点与前沿性，同时指出存在的问题与今后努力的方向。

一
日本研究的三次高潮

　　日本是四面环海的岛国，与中国大陆之间有浩瀚的大海相隔，历史上中日两国人来物往，向北必须跨越渤海或黄海，往南则要横渡东海或南海。从这层意义上讲，中日之间无论是"人来"还是"物往"，必须依赖于海上航线，因此均可归为"海上交流"。

　　无论是"中日关系"还是"中日交流"，在通常的学科目录分类中均处于比较尴尬的境地——既不属于中国研究，也算不上日本研究；然而其本质应该是一门交叉学科，不仅外延覆盖中国史和日本史，内涵还涉及思想、宗教、法制、民俗乃至文学、艺术、社会、经济等人文社科的方方面面。

中国官方为周边国家书写史传，持续千余年而未曾间断，涉及的国家或民族近百，历史之悠久、影响之深远、体例之完备、内涵之丰赡，堪称世界文明史上一大奇迹。以日本为例，从3世纪末的《三国志》到20世纪初的《清史稿》，"二十六史"专设《日本传》凡17篇，时间跨度超过1500年，贯穿起来就是一部中国官方视野下的"中日交流史"[1]。

然而，真正意义上的日本研究高潮出现在明代。当年由于东南沿海倭寇猖獗、万历朝鲜战争勃发等原因，一直以来被视为"蕞尔小国"的日本，猛然间以"强敌"姿态登场，令中国官民猝不及防，于是数以百计的各类研究著作竞相问世，如薛俊的《日本考略》、郑若曾的《日本图纂》《筹海图编》《江南经略》、李遂的《明代御倭军制》、李言恭与郝杰的《日本考》、宋应星的《经略复国要编》，等等。中国历史上第一波日本研究高潮，出于海防与御敌的需求，内容偏重于军事、外交、地理等，是自上而下激起的研究热潮。

日本自明治维新以后，摇身一变成为东方强国。尤其中国在甲午战争中惨败，朝野为之震惊，忧国忧民且具有远见的知识人士毅然呼出"以日为师"的口号，于是一批又一批官绅赴日考察，一波又一波学子负笈东渡。1871年《中日修好条规》签署之后，中日两国人员往来愈加密集，亲历者撰写的考察记、见闻录以及相关著作、论文，涉及政治、经济、教育、产业、交通、科技诸多层面，形成中国日本研究的第二波高潮。这波高潮从晚清延续到民国时期，从单纯的"通过日本学习

1　王勇主编：《历代正史日本传考注》（共5卷），上海交通大学出版社，2016年。

西方"过渡到对日本历史文化的观照，其标志性著作是黄遵宪所著《日本国志》等。

随着第二次世界大战后日本经济的奇迹般腾飞，尤其是在1972年中日实现邦交正常化后，第三波日本研究高潮骤然而至，其显著特征是全方位、多层次、学术化，无论从深度或广度还是数量或质量来说，均远远超过前两波高潮。

本章时间上定位于第三波高潮，在这个时间段中，我国学者在中日文化交流史领域取得了长足的进步。以日本学界作为参照物，在经历了学习、追赶、创新等多个阶段之后，我国学者在局部的"点"甚至特定的"面"上，充分利用自身优势实现了超越。

文化交流有其自身的特点与脉络，即文化的创造、传承、流播、接受、模仿、改良、创新诸环节，均离不开"人"的主导作用。基于此，本章以"跨国人物"为线索，概述近40年来中日海上交流领域所取得的研究成果，突出中国学界的创新点与前沿性，同时指出存在的问题与今后努力的方向。

二

赴日中国人研究

漫长的文明发展史，是人类创造文化、继承文化、传播文化、摄取文化、创新文化的历史。从时间上讲，人类的生生不息，使文化得以继承和创新；从空间上讲，人类的迁徙，使文化得以流播和扩散。因此，要研究双边乃至多边的文化交流史，"人"是贯穿其始终的主线。

中日两国的文化交流，既有一般文化交流的共性，又有其自身独特的规律与理路。秦汉至魏晋南北朝时期，或经由朝鲜半岛、或跨洋过海东渡的中国移民，促使日本文明跳跃式发展；隋唐时期，日本派出的遣隋使、遣唐使扮演了文化交流的主角；宋元至明代，络绎于海途的商贾、求法巡礼的僧侣成为文化的搬运者；晚清至民国初年，外交官员、考察官绅、游历文人、教习学子，你来我往，文化交流呈现多样化。

总体上来说，国内外学术界比较关注来华日本人研究，而对赴日中国人的研究相对比较冷门，除了对徐福、鉴真、朱舜水、黄遵宪等少数人物的点描，系统性、整体性的研究尚不多见。

（一）赴日华侨史

沈殿忠、沈殿成、赵玲、何平等著的《中日交流史中的华侨》（辽宁人民出版社1991年版）填补了这一空白。全书洋洋洒洒62万言，以24章篇幅叙述秦汉至20世纪后半期中国人东渡日本史及在日华侨社会生态，时间跨度之大、涉及层面之广，可谓是空前的壮举。

正如沈殿忠在该书《前言》中坦言"本书依序讨论了古代、近代、现代，以至当代旅日华侨的产生和演变，重点是近、现代部分"，该书的亮点与缺憾并存，给人的整体印象是古代太单薄、近代颇厚重、现代出新意。

具体而言，第二章《秦汉时期旅日华侨的先驱者》、第三章《两晋南北朝时期的旅日华侨》、第四章《隋唐时期旅居日本的华侨》、第五章《宋元时期旅居日本的华侨》、第六章《明清时期旅居日本的华侨》，基本上属于四平八稳地归纳汇总前人成果；第七章《近代历史时期旅居日本的华侨》、第八章《戊戌变法失败后流亡日本的维新志士》、第九章《清朝末期开始渡日的中国留学生》、第十章《辛亥革命时期功勋卓著的旅日华侨》、第十一章《护国讨袁时期重振旗鼓的旅日华侨》、第十二章《"五四"爱国运动中的留日学生》、第十三章《辛亥后至抗战前渡日的中国留学生》、第十四章《辛亥后至抗战前旅日华侨的定居状况》、第十五章《旅日华侨与抗日战争》使用国内部分新资料，涉及日本学者的某些盲点；第十六章《二次大战后初期的旅日华侨》、第十七章《旅日华侨与二十世纪前半期中国的经济发展》、第十八章《旅日华侨与二十世纪前半期中国的政治发展》、第十九章《旅日华侨与二十世纪前半期中国的文化发展》、第二十章《二十世纪后半期旅日华侨人口、分布、籍贯》、第二十一章《二十世纪后半期日本华侨社会的发展》、第二十二章《二十世纪后半期日本社会发展中的华侨经济》、第二十三章《二十世纪80年代中国新的留日运动》，从中日两国政治、经济、文化的多维度考察旅日华侨的生态，开辟出一个新的研究分野。

（二）古代日本的大陆移民

1995年，文津出版社（台北）出版厦门大学韩昇的《日本古代的大陆移民研究》。这部博士论文得到韩国磐、池田温两位史学巨擘指导，充分运用中日两国史料，兼具中国学者的宏观视野与日本学者的微观考据，引起国内外学术界关注。

全书除第一章《绪论》外，第二章《各国移民待遇的比较与伪造谱牒问题》、第三章《中国的乡村社会与日本的大陆移民组织》、第四章《"吴国"、"吴人"与吴文化》、第五章《大陆移民社会》、第六章《移民的主要活动事迹》、第七章《早期佛教的传播》分别考察魏晋以来中国赴日移民的组织、待遇、贡献诸方面，恰好弥补前述沈殿忠等著的《中日交流史中的华侨》所存在的古代部分薄弱之处。

池田温在该书《序言》中给予积极评价，列举作者指出的日本对各国移民基本一视同仁、奈良中期朝鲜移民地位上升、日本在唐风熏染下并未特殊优待中国移民、在赐姓和任官方面朝鲜移民氏族比中国移民氏族更居于有利地位、在朝鲜移民中存在与中国移民相抗衡的意识，并指出："以上诸点，推翻了学界通论的根据，基本上探明了于华北动乱时期逃往乐浪诸郡的汉族在朝鲜半岛定居之后，又由于政治形势的变化而迁徙到日本的经纬，且多符合当时的实际情况。"

笔者认为，该书的最大亮点体现在第三章《中国的乡村社会与日本的大陆移民组织》与第五章《大陆移民社会》，这两章突破了日本学者的惯性思维及日本史的窠臼，把中国乡村社会与赴日移民社会链接起来考察，拓展了移民带动文化传播的研究空间。该书的另一个重要观点，即认为日本朝廷并未特殊优待中国移民，且在赐姓和任官方面朝鲜移民氏族比中国移民氏族更居于有利地位，需要从百济与日本的地缘与历史关系、移民群体的数量比、移民的专业特长与任职部门等方面综合考量，如中国移民多担任博士、医官、图书管理等职，关于中国移民在日的地位与待遇有待进一步深入研究。

韩昇在中国赴日移民领域深耕多年，相关论文还有《司马氏与中国佛教传播日本》(《历史研究》1990年第6期)、《略论日本古代大陆移民的若干事迹》(《求索》1992年第5期)、《唐朝到日本的移民及在文化方面的影响》(《社会科学战线》1993年第6期)、《日本古代的大陆移民社会》(《华侨华人历史研究》1997年第2期)，可以一并参考。

(三) 赴日唐人

2015年，葛继勇著《七至八世纪赴日唐人研究》列入由笔者主编的"中日文化交流新视域丛书"，由商务印书馆出版。该书是在其博士论文《〈续日本纪〉所载赴日唐人研究》基础上扩充改写而成，基础资料来源则增加了《日本书纪》及最新考古资料。如果说韩昇的《日本古代的大陆移民研究》涵盖魏晋至隋唐时期的中国移民，那么葛继勇的著作则聚焦于7至8世纪（相当于初唐至中唐时期），对这一时期赴日唐人资料进行拉网式搜罗，试图在东亚视域下建构赴日唐人研究的体系。

该书正文分为三篇，第一篇《"唐人"用语的内涵以及唐人记事的成立》，绵密剖析日本古代指称异国人的近义词——"唐人""汉人""秦人""吴人""胡人""韩人"等的异同，确定"唐人"的特殊内涵与跨时空外延；第二篇《七至八世纪赴日唐人总论》为全书核心，宏观上把握7世纪赴日唐人以百济所献俘虏及外交使节为主、8世纪赴日唐人呈多样化及多渠道的特点，尤其在论述赴日唐人与日本内政外交关系上有颇多新意；第三篇《七至八世纪赴日唐人个案研究》追踪具有代表性的几位唐人事迹，涉及唐俘续守言与薛弘恪、唐人袁晋卿、唐使沈惟岳一行，可谓穷尽史料、刨根问底。

楼正豪称此书"是目前国内唯一一部研究赴日唐人的专著"，"不失为七至八世纪赴日唐人研究领域的开山力作，为我们展现出一幅描绘异域唐人风景的壮阔历史画卷"，同时亦指出其中不足之处："作者试图对七至八世纪赴日唐人进行一番体系化研究的目标似乎并未得到很好的实现，最大的研究障碍就是资料太少，过于零散，因而一些综合性的结论只是通过对个别人的考察而得出的，普遍性薄弱。"[1]这是比较中肯的评价。

（四）在日宋商

两宋时期，中日海上贸易迅猛发展，涌现出一个以宋人为核心的多国籍、跨区域的海商群体，他们聚居在港口城市。日本九州的博多逐渐成为国际化的货物集散地，定居于此的外国人中有大量的宋人。

浙江宁波古称明州，是唐宋时期重要的国际港口，也是沟通东亚各国的门户，自古与日本博多津海路相通，因此保留了不少中日海上交流的文物与遗址。天一阁博物馆珍藏的三块石碑，便是其中有力的物证。

1　楼正豪：《开创者的缺点——评葛继勇著〈七至八世纪赴日唐人研究〉》，《博览群书》2016年第9期。

7

1985年，《文物》第7期刊登了顾文璧、林士民所撰《宁波现存日本国太宰府博多津华侨刻石之研究》一文，首次揭开三块被称作"华侨刻石"的神秘面纱。根据该文介绍，笔者三度赴天一阁实地核实，确认三块石碑分别为"日本国太宰府博多津居住弟子丁渊""日本国太宰府居住弟子张宁""建州普城县寄日本国孝男张公意"所立，内容均为捐款修路一丈，落款是"乾道三年四月"。

据明代李言恭、郝杰所编撰的《日本考》云："我国海商聚住花旭塔津者多……有一街名大唐街，而有唐人留恋于彼，生男育女者有之，昔虽唐人，今为倭也。"捐款人自称"居住"或"寄"日本国者，当是浙江、福建一带的海商移居日本者或其后裔。值得注意的是，立碑之乾道三年（1167）四月三日，两浙路运转使姜诜上奏朝廷："明州市舶务每岁夏汛，高丽、日本外国舶船到来，依例提举市舶官于四月初亲去检察，抽解金、珠等起发。"（《宋会要·职官》）由此推断，此三人借着来明州经商的机会，捐款修路、供养先祖。

顾文璧、林士民的论文发表后，在中日两国引起轰动。这是宁波市迄今为止发现的宋代明州港最早的文物遗存，也是明州港对日本交通贸易历史最久的文物遗存，具有很高的史料价值与非凡的历史意义。

移居日本、回国经商、顺带捐款的丁渊、张宁、张公意，是众多在日宋商的缩影。赵莹波的两部著作《宋日贸易——以在日宋商为中心》（花木兰文化出版社，2016）、《唐宋元东亚关系研究》（上海社会科学院出版社，2016）则揭示了在日宋商的许多不为国内学者熟知的侧面与细节，探寻了宋代海商群体产生的国内外背景、中日海上贸易的大宗物品与抽解制度、宋商赴日后的待遇与地位，以及他们的政治身份与文化影响，其中包括宋商作为国使向日本传递的国书、宋商国使的易名现象、宋商与武士的关系、在地化过程中的通婚现象，等等。作者使用大量珍稀资料，从东亚视角观照宋商的历史意义，并指出在日宋商为中华文明的传播做出了卓越贡献，他们是中华文明的移动载体，是中华文明圈的建设者和实践者。

除了前述通史性、群体化、断代史的考察，大多数有新意的成果聚焦于一些个人，比如唐代东渡的鉴真、明清鼎革之际移居日本的朱舜水等，均属中国学界经久不衰的热门话题。

（五）唐僧鉴真

我国的鉴真研究大抵起步于20世纪80年代，有汪向荣的《邀聘鉴真东渡的历史背景》（《世界历史》1979年第4期）、王金林的《鉴真在日本受到"奈良旧教团"的排挤打击吗?》（《天津社会科学》1982年第1期）、卞孝萱的《鉴真东渡五题》（《江汉论坛》1980年第5期）等优秀作品。面对日本学界厚重的鉴真研究积淀，作为中国学者，勇于创新、敢于挑战，这些作品至今读来仍令人心潮澎湃。

进入21世纪，《扬州大学学报》《郑州大学学报》《唐都学刊》等先后刊出多期"鉴真研究"专栏，集中推出中日学者的最新研究成果，择要介绍如下。笔者撰《鉴真东渡动机诸说批判——剖析日本学者的几种观点》（《扬州大学学报（人文社会科学版）》2009年第4期）、《鉴真和上与舍利信仰——〈高僧传〉的史实与虚构》（《扬州大学学报（人文社会科学版）》2010年第2期）等文探讨鉴真东渡之动机，通过剖析与批驳"圣德太子敬慕说""鉴真间谍说"等日本学界流行的观点，认为舍利信仰与转世信念是促使鉴真东渡的内在动力。葛继勇所撰《鉴真东渡前的弘法活动与法进的出家受戒》（《扬州大学学报（人文社会科学版）》2007年第4期）、《鉴真弟子法进的东渡活动与〈进记〉》（《唐都学刊》2007年第4期）、《鉴真弟子法进与日本天台宗》（《扬州大学学报（人文社会科学版）》2012年第4期）、《鉴真弟子法进的在日活动——鉴真和上解任僧纲为止》（《扬州大学学报（人文社会科学版）》2013年第6期）系列论文，围绕跟随鉴真东渡、接替鉴真坐镇东大寺戒坛院的唐僧法进，考证其师承法脉、东渡经纬、在日活动等，首次提出《进记》或为法进所著行纪的新观点。

此外，卞孝萱的《鉴真与天台宗关系新探》（《广东社会科学》2004年第3期）、郭天祥的《鉴真大师仅仅是律宗高僧吗？——论鉴真与天台宗的关系》（《宗教学研究》2004年第4期），关注到鉴真与日本天台宗兴起的关联。笔者所撰《唐诗中的鉴真》（《唐都学刊》，2007年第4期）、《鉴真东渡与书籍之路》（《郑州大学学报（哲学社会科学版）》2007年第5期），前文推定《赠鉴上人》系皇甫曾赠别鉴真之作，后文考证鉴真东渡时携带的书籍。总体来说，虽然日本的鉴真研究起步较早，但21世纪中国的鉴真研究渐入佳境，如今已呈现引领学界的态势。

（六）朱舜水

在文献整理方面，北京大学朱谦之教授整理的《朱舜水集》于1981年由中华书局出版发行，该书以日本稻叶君山所编《朱舜水全集》（1912）为底本，参酌马浮改编《舜水遗书》（1913）、北大馆藏日本刊本《舜水先生文集》（1720）增删而成，堪称当时最为完备的资料集。徐兴庆于1992年出版《朱舜水集补遗》（台湾学生书局）、2004年出版《新订朱舜水集补遗》（台湾大学出版中心），其中辑入数量可观的新资料，在资料收集与整理方面超过了日本学界。近年来，由德川真木监修、徐兴庆主编的《日本德川博物馆藏品录Ⅰ 朱舜水文献释读》（2013）、《日本德川博物馆藏品录Ⅱ 德川光圀文献释解》（2014）、《日本德川博物馆藏品录Ⅲ 水户藩内外关系文献释解》（2015）由上海古籍出版社与日本德川博物馆联合推出，为朱舜水研究奠定了更为坚实的史料基础。

在专题研究方面，韩东育的《朱舜水在日活动新考》（《历史研究》2008年第3期）以诙谐的语言、灵动的思辨提出几个严肃的问题，即朱舜水与日本"华夷变态"思潮、"徂徕学"的兴起、《大日本史》修撰理念的内在逻辑关联，该文可谓振聋发聩，从思想史的角度切入朱舜水的内面世界，由此得出的结论也大致可信。林敏洁的《试论朱舜水的汉语教学理论与实践》（《中国典籍与文化》2006年第1期）立意新颖，从汉语传播史的角度评述朱舜水弘扬传统文化的功绩。竺小恩的《朱舜水与明朝服饰文化在日本的传播》（《浙江纺织服装职业技术学院学报》2015年第4期）、钱明的《明末浙江大儒朱舜水流寓日本后的主动在地化——以朱氏所赠三尊孔子铜像为主线》（《贵州文史丛刊》2017年第2期）分别从大明衣冠、孔子铜像入手，阐述朱舜水对日本文化的多元影响。

近年，朱舜水与日本学人赖以交流的笔谈文献受到关注，这些文献大多以抄本形式传世，未经系统整理与研究，各类全集也基本未见收录，是一块亟待开垦的处女地。李心纯、林和生的《朱舜水研究的最新史料——〈西行手录〉的史料价值》（《山西师大学报（社会科学版）》2013年第1期），介绍了朱舜水与小宅生顺的笔谈集《西游手录》（作者将"西游"误录为"西行"），认真比对校勘彰考馆抄本与《朱舜水集》所载笔语内容，颇有真知灼见。笔者与朱子昊所著的《朱舜水笔谈文献研究》（上海交通大学出版社2018年版）校注、影印朱舜水与小宅生顺及安东守约的两部笔谈集《西游手录》《心丧集语》，并附有《朱舜水的姓名字号》《朱舜水的终焉之地》《朱舜水"笔语"资料》《〈西游手录〉成书经纬》《〈心丧集语〉成书经过》诸文，开拓了朱舜水研究的新领域。

（七）其他人物

关涉赴日中国人的研究成果中，尚有以下一些专题比较热门：

（1）明季遗民，如衷尔钜的《陈元赟的事迹及其著作在日本的流传》（《文献》1988年第1期）、周中坚的《明遗民东渡及其对日本文化的影响》（《海交史研究》1992年第2期）、吕洪年的《心越东渡的杰出贡献及其故里家世考》（《浙江社会科学》1993年第1期）、谢孝苹的《旅日琴僧东皋心越》（《音乐研究》1993年第4期）、胡沧泽的《郑成功与隐元禅师关系略论》（《福建师范大学学报（哲学社会科学版）》1997年第4期）、任萍的《浙江籍侨僧逸然性融与日本》（《浙江外国语学院学报》2012年第2期）、廖肇亨的《从西湖到富士山　明清之际黄檗宗僧独立性易地景书写之文化义蕴》（《中国文化》第44期）等；（2）外交官员，如陈振濂的《"日本书道近代化之父"——论杨守敬对日本书法的贡献》（《文史杂志》1987年第2期）、夏晓虹的《黄遵宪与日本明治文化》（《学术界》2000年第1期）、夏日新的《杨守敬日本访书成功原因初探》（《江汉论坛》2007年第4期）、王宝平的《甲午战前中国驻日翻译官考》（《日语学习与研究》2007年第5期）、龚缨晏的《张斯桂：从宁波走向世界的先行者》（《宁波大学学报（人文科学版）》2008年第6期）、戴东阳的《何如璋与早期中日琉球交涉》（《清史研究》2009年第3期）等；（3）留日学生，如彭焕才的《留日学生与中国共产党的创立》（《湘潭大学学报（社会科学版）》1992年第4期）、吕顺长的《清末浙江籍早期留日学生之译书活动》（《杭州大学学报（哲学社会科学版）》1996年第2期）、桑兵的《留日浙籍学生与近代中国》（《西北大学学报（哲学社会科学版）》2018年第3期）、徐志民的《明治维新与赴日留学》（《华中师范大学学报（人文社会科学版）》2018年第4期）等。

　　除此之外，葛继勇、郑屹所撰《隋使遍光高与东亚佛教外交》（《海交史研究》2002年第2期），披露《元兴寺伽蓝缘起并流记资财帐》所载《丈六光铭》新资料，铭文云："岁次戊辰（608），大随国使主鸿胪寺掌客裴世清、使副尚书祠部主事遍光高登来奉之。""使副尚书祠部主事遍光高"之官职、头衔、姓名均不见于其他文献，可谓弥足珍贵。黄约瑟的《"大唐商人"李延孝与九世纪中日关系》（《历史研究》1993年第4期）、吴玲的《九世纪唐日贸易中的东亚商人群》（《西北工业大学学报（社会科学版）》2004年第3期）关注遣唐使派遣中止后活跃于东海的贸易商人群。贸易商人群以李延孝等唐人为主体，有时也自称"渤海人"或"新罗人"，是一个利益相关的跨国群体。朱越利的《唐气功师百岁道人赴日考——以〈金液还丹百问诀〉为据》（《世界宗教研究》1993年第3期）、笔者的《渤海道士李光玄事迹考略》（收入王宝平主编《中日文化交流史研究》，上海辞书出版社2008年版），从道教典籍《金液还丹百问诀》中发掘出生于渤海、往返东亚诸国的李光玄事迹，引起韩国、日本学界的关注。孙东临的《东渡日本的宋元僧侣及其在日本文学史上的贡献》（《日本学刊》1987年第1期）、江静《无学祖元〈临剑颂〉源流考》（《文献》2010年第1期），则考察宋元时代赴日僧侣的文学素养与贡献。

三
来华日本人研究

　　日本人通过航海进入中国人的视野，其历史至少可以追溯到西汉初期。公元前109—前108年，汉武帝灭卫满朝鲜后设立乐浪、玄菟、真番、临屯四郡，史传"乐浪海中有倭人，分为百余国，以岁时来献见云"（《汉书·地理志》）[1]。东汉时有"倭奴国"，曹魏时有"卑弥

1　《后汉书·倭传》亦云："自武帝灭朝鲜，使驿通于汉者三十许国。"

呼"，两晋南北朝时有"倭五王"，梯航朝贡；至隋唐时期，日本遣使来华渐成定制，随行的有求法巡礼的留学僧、问学解惑的学问生等；五代、两宋至元明，日本僧侣不绝于途，或为朝圣祖庭，或为奉命出使，或为磨砺技艺；清代至民国时期，来华日本人鱼龙混杂，有外交官、贸易商、探险家以及文人墨客、间谍军人等。

日本人来华的历史不仅时间跨度大，涉及的阶层与人物也非常庞杂，因此国内的相关研究比较零星分散，要在一篇文章中包罗万象予以评述不太现实。基于此，笔者选择几个中国学者处于学界前沿的热点进行评述。

（一）遣唐使

20世纪80年代出版的几部遣唐使著作——如池步洲的《日本遣唐使简史》（上海社会科学院出版社1983年版）、姚嶂剑的《遣唐使》（陕西人民出版社1985年版）、武安隆的《遣唐使》（黑龙江人民出版社1985年版）等，多属于介绍性普及书籍，史料、论据、观点基本不出森克己的《遣唐使》（至文堂1955年版）范围。

然而，还是有少数论文具有真知灼见，如胡锡年的《唐代的日本留学生》（《陕西师范大学学报（哲学社会科学版）》1981年第1期），主要探讨赴华留学僧俗人数比例悬殊的问题。根据木宫泰彦的《日中文化交流史》（商务印书馆1980年版）所列留学僧俗约120人，其中僧侣是学生的3.5倍以上，日本学者多将其归结为经济原因（即僧侣比俗人省钱）。作者在比较日本朝廷支出、在唐期间花销后指出，学问僧入唐，与留学生相比，不但未能省钱，代价可能更昂贵，进而推导出自己的结论，即：唐国子监名额有限；当权者担忧留学生回国后会对其形成威胁；举国信仰佛教。此文一发，影响甚大，香港中文大学谭汝谦发表《对〈唐代的日本留学生〉一文的补充意见》（《陕西师范大学学报（哲学社会科学版)》1981年第4期)一文，虽然是一封私信的节略，但其中颇有建设性意见，足显谭氏学术功底。

宋锡民、宋百川的《日本遣唐使者小考》（《文史哲》1980年第3期）提出新见解，认为在唐高宗总章二年（669）、咸亨元年（670）及唐睿宗景云二年（711）这三次的遣唐使中有两次不见日本史料记载，故推定其为"非正式使节"。1982年，戴禾发表《高宗、睿宗朝日使来唐事考》（《文史哲》1982年第6期），文章仔细考订《旧唐书》《新唐书》《册府元龟》相关朝贡记事，指出总章二年、咸亨元年系同一批遣唐使，景云二年应该是开元五年（717）之误录，因而不存在所谓的"非正式使节"之说。日本派出遣唐使，从任命大使等官员、建造船只、选拔人员、等待信风、跨海航行、抵达唐土、护送入京、正式朝拜、辞行南下到扬帆归国、回京述职、论功行赏等，时间跨度长达数年，中国史书在相近时段有多次记录并无不妥，戴禾的考证及结论是可信的。

笔者从数量众多的遣唐使研究论文中，选取两组具有代表性的争鸣论文，是有用意的。首先，争鸣的焦点起因于对日本学界所谓"定论"的质疑，这说明中国学者敢于挑战权威，有急起直追的勇气，胡锡年便是在翻译木宫泰彦《日中文化交流史》基础上吸收其成果而有所扬弃，才将自己的观点撰写成文；其次，谭汝谦、戴禾的商榷之文，不仅以日本史籍为据，更以中国文献为证，最后靠国学功底一锤定音，这是中国学者擅长的，也是中国学者走向世界的底气。

（二）井真成

如前所述，20世纪80年代已有中国学者在遣唐使研究领域崭露头角、显出峥嵘，但那毕竟是局部突破、偶发现象。21世纪初，西安出土的一合毫不起眼的墓志，在中日两国引起轰动，中国学者积蓄的能量终

15

于井喷，持续地与日本学界最权威学者平等对话。

2004年10月，西北大学与陕西省文物局联合召开新闻发布会，公布西北大学从民间收购的一合唐代墓志。这合方形墓志貌不惊人，上下石料既不统一，墓石的尺寸也偏小，在现存的唐代墓志中规格不算很高。志主名叫"井真成"，是日本遣唐使成员。墓志铭共171字，因含"国号日本""皇上哀伤，追崇有典；诏赠尚衣奉御，葬令官给""形既埋于异土，魂庶归于故乡"等内容，引起中日两国学术界乃至社会公众的极大关注。

井真成墓志发现当年，《西北大学学报（哲学社会科学版）》第6期刊发该校学者撰写的一组论文，其中：贾麦明的《新发现的唐日本人井真成墓志及初步研究》介绍了墓志形制、墓志铭文，并云"通过对墓志铭文的初步研究，发现日本国名第一次出现在石质文物上，日本人井真成死后所赠官职也应与宫廷侍卫有关"，从玄宗皇帝追赠"尚衣奉御"而推测其生前担任过"宫廷侍卫"，似有些武断；王建新的《西北大学博物馆收藏唐代日本留学生墓志考释》对墓志铭文进行断句、释读以及用典考证，首次提出井真成入唐时间为开元五年（717）的见解；王建新的《唐代的日本留学生与遣唐使》考察了与井真成同批入唐的玄昉、吉备真备、阿倍仲麻吕等留学僧俗事迹，并推测井真成原名或为"井上真成"。

上述三篇论文先声夺人，引起许多专家学者的兴趣，日本学者随即召开研讨会，提出一些新见解，由此形成中日学者的争鸣。2005年，《西北大学学报（哲学社会科学版）》继续刊发相关论文。王维坤的《关于唐日本留学生井真成墓志之我见》（2005年第2期），讨论争议较大的井真成改名、日本国号确立的最早年代、浐水东原墓地、墓志的书写格式以及残缺字等问题。王维坤据《大唐六典》考定"尚衣奉御"为五品官，并认为井真成的名字"很有可能是他来到长安之后为自己所起的中国姓氏"。贾麦明、葛继勇的《井真成墓志铭释读再探》（2005年第2期）精心校勘墓志铭文，如"闻道未终"之"闻"改定为"问"，同时对缺字、残字作了重新认定。荣新江的《从〈井真成墓志〉看唐朝对日本遣唐使的礼遇》（2005年第4期）指出井真成墓志并非最早出现"日本"国号的实物资料，先天二年（713）《徐州刺史杜嗣先墓志》中便载有"皇明远被，日本来庭"。基于志文未述及井真成任官经历，推断其入唐时间为去世前一年的开元二十一年（733），进而根据三十五岁入唐的年龄，排除其留学生的可能性，推测其身份为"请益生"，其姓或许为"葛井"。

在《西北大学学报（哲学社会科学版）》的引领下，其他学术期刊也相继跟风加入争鸣。王义康、管宁的《唐代来华日本人井真成墓志考辨》（《中国历史文物》2005年第5期）认为井真成开元五年（717）入唐，曾入国子监学习，墓志由著作局撰写志文，甄官署镌刻而成。马一虹的《日本遣唐使井真成入唐时间与在唐身份考》（《世界历史》2006年第1期）补强荣新江"733年入唐说"，指出井真成的在唐身份是具有专门技能的请益生，玄宗追赠的官职与其专长有关。笔者的《井真成墓志与唐国子监》（《日本学刊》2006年第2期）从国子监的入学年龄限制、四门学入学的身份资格考量，认为井真成717年入唐时为十九岁，入唐之初曾从四门学助教赵玄默学习，因此是进入国子监的四门学（而非国子学、太学）学习。惠瑛的《从入唐蕃人的姓名汉化看井真成其人姓名》（《考古与文物》2006年第5期）认为志文开首"公姓井，字真成"，称"字"不称"名"是汉化姓名特征，"井"非"井上"或"藤井"之略，而是入唐后自取汉姓。

2004年井真成墓志被发现之后，众说纷纭、百花齐放，这场中日之间史无前例的学术争鸣在整整3年间高潮迭起、久盛不衰，在此之后尚有余响。后续研究如韩昇的《〈井真成墓志〉所反映的唐朝制度》

（《复旦学报（社会科学版）》2009年第6期），大胆推测井真成是开元二十一年（733）入唐的准判官；傅清音、韩钊的《从〈万叶集〉看〈井真成墓志〉中志文的共性与个性》（《文博》2011年第1期）通过对读《井真成墓志》与《万叶集》中遣唐使相关和歌，指出墓志铭的"序"是对遣唐使群体的共性描述，"铭"则叙述井真成的个性遭遇。

（三）圆仁

在日本遣唐使成员中，另一位引起学术界长期关注的是入唐僧圆仁，他用汉文撰写的行记《入唐求法巡礼行记》四卷，与唐僧玄奘的《大唐西域记》、意大利探险家马可·波罗的《东方见闻录》齐名，被誉为"东方三大旅行记"，具有很高的史料价值与历史意义。

《入唐求法巡礼行记》长期以抄本传世，最早的排印本是《续续群书类从》收录本（国书刊行会1907年版），随后《四明余霞》本（天台宗务厅文书课1914年版）、《大日本佛教全书》本（佛书刊行会1915年版）陆续问世，因而进入公众视野。

1936年中国发行《入唐求法巡礼行记》石印本，翌年上海佛教净业社的一卷本（仅第一卷）出版，1986年上海古籍出版社推出顾承甫、何泉达点校的《入唐求法巡礼行记》，1992年花山文艺出版社出版白化文、李鼎霞、许德楠修订校注的《入唐求法巡礼行记校注》，2007年广西师范大学出版社新编的《入唐求法巡礼行记》问世。

关于这部行记最富创意的研究成果，当推董志翘的《〈入唐求法巡礼行记〉词汇研究》（中国社会科学出版社2000年版），该书着眼于晚唐时期是汉语史上"文言由盛而衰，白话由微而显"的转折时期，以《入唐求法巡礼行记》作为晚唐词汇的珍贵语料，甄别受日语影响词汇、受文言影响词汇、代表当时实际使用的口语化新词，既拓宽了中古汉语研究的范围，同时也解决了在日语语境中无法解释的疑难问题，指出了一条或可称作"汉词之路"的中日交流研究新通道。

专题研究涉及面极广，如赵丽、阚绪良的《〈汉语大词典〉新词补议——以〈入唐求法巡礼行记〉为例》（《哈尔滨学院学报》2017年第10期）属于在董志翘研究成果基础上的延伸，将《入唐求法巡礼行记》中的新词与《汉语大词典》进行比对，找出其失收或晚收的新词，以订补《汉语大词典》在释义和书证方面的疏漏；王丽萍的《圆仁〈入唐求法巡礼行记〉中国早期流布考》（《浙江大学学报（人文社会科学版）》2011年第8期）指出《入唐求法巡礼行记》书名最早见于入宋僧成寻的行记《参天台五台山记》，当时是来华巡礼圣地祖庭的僧侣将其作为旅行指南与历史资料随身携带的；王福昌的《日人圆仁视野中的唐代乡村社会》（《华南农业大学学报（社会科学版）》2007年第1期）以行记作者耳闻目睹的道路交通、旅行设施、社会组织、饮食习俗、宗教信仰、道德风尚、交往礼节、风土人情等，丰富、深化对唐代乡村社会的认知；张学锋的《圆仁〈入唐记〉所见晚唐新罗移民在江苏地域的活动》（《淮阴师范学院学报（哲学社会科学版）》2011年第3期）整理行记中记载的扬州、淮安、涟水、连云港地区新罗人的活动，认为新罗人在这些地区已经形成了稳固的移民社会，拥有发达的社会网络，并推测今连云港地区的"土墩石室"遗存或为唐代海州新罗移民墓葬；李海英的《张保皋商团与9世纪东亚海上丝绸之路——以〈入唐求法巡礼行记〉为例》（《哈尔滨学院学报》2016年第4期）依据行记对以新罗清海镇为据点的张保皋海上王国以及生活在山东、江淮沿海的在唐新罗人的分布、活动进行整理和阐述；褚良才的《日僧〈入唐求法巡礼行记〉与唐代俗讲》（《杭州师范学院学报》1993年第4期）以行记的记载结合敦煌出土资料等，尝试复原唐代俗讲的流程与内容。

（四）入宋僧

日本遣唐使的派遣止于公元894年，经唐末至五代，两宋时期以日本入宋僧为主体的中日文化交流再次出现一个高潮，下面主要介绍关于奝然、成寻、道元三位入宋僧的研究成果。

宋太平兴国八年（983），日本东大寺僧奝然率领弟子成算、祚一、嘉因等搭乘宋商陈仁爽船抵达台州，开入宋僧之先河。

郝祥满的《奝然与宋初的中日佛法交流》（商务印书馆2012年版）是国内目前唯一一部专题研究奝然的扛鼎之作。第一章《奝然来宋求法的文化背景》梳理北宋统一天下后力图恢复朝贡体系、日本朝野重新审视对华关系之历史脉络；第二章《奝然在佛教东传史中的地位和影响》突出奝然承上启下、继往开来的作用；第三章《来宋日僧"求法"与"巡礼"目的之辨》剖析奝然行前所云"为求法不来，为修行即来"的真意，批驳日本学者的错误观点，论证奝然巡礼圣地、参拜祖庭之心态[1]；第四章《来宋日僧与宋日政治关系》求证入宋僧具有的政治外交功能。书后另附有《奝然入宋求法巡礼行并瑞像造立记》与《奝然年表》，为后续的研究奠定了一个很好的基础。

奝然入宋时携来《王年代纪》一卷，在中国人面前首次展示所谓"万世一系"的天皇谱系，引起朝野巨大轰动，《新唐书》《宋史》均予采录。马云超的《〈新唐书·日本传〉天皇谱系的真实与虚构——以〈王年代纪〉的加工创作为线索》（《古代文明》2019年第4期）指出，《宋史·日本国传》转录《王年代纪》基本反映原貌，《新唐书·日本传》则在原文基础上进行了加工和创作，如在时代选取上以唐朝灭亡作

---

1 有关这个论题，在王宇的《求法与巡礼——从圆仁到奝然的历史转变》（《佛教文化》2008年第5期）中也有论述，笔者也认为唐宋两代日本僧侣来华目的转变，是经隋唐五代佛教趋于日本化的必然进程。

为下限，删去了唐朝以后的内容，又将僧人来华求法的内容置换为遣唐使入贡记事，故从史实角度来看当以《宋史》为优。

奝然入宋从根本上颠覆了宋人的日本观，回国后则在日本引发了文明冲击波。胡莉蓉的《奝然来华对五台山文殊信仰在日本传播的影响》（《中北大学学报（社会科学版）》2012年第3期）提到奝然师徒在日本移建五台山，郝祥满的《宋初佛画的输入日本及其影响》（《兰州学刊》2006年第12期）介绍奝然带回的宋朝佛画促进了密教的流播，金申的《日僧奝然在台州模刻的旃檀佛像》（《世界宗教文化》2004年第3期）叙述旃檀佛像从印度到中国、日本的流转路径，杨成鉴的《千年绢绣改写了医学史——海上丝路的物证》（《浙江纺织服装职业技术学院学报》2006年第1期）指出旃檀释迦佛像内的绢绣五脏图及104片平绢断片堪称千年海上丝绸之路的物证。

继奝然之后，宋神宗熙宁五年（1072）日本大云寺僧成寻乘宋船到中国，先后游历天台山、五台山等佛教圣地，著有巡礼日记《参天台五台山记》八卷。从熙宁五年（1072）三月十五日至翌年六月十二日，成寻几乎每日勤记不辍，写下共计468篇日记。

这部汉文行记自诞生以来，近千年间以抄本、刊本传世，1959年始有岛津草子校点本问世，1978年有平林文雄校点本问世。中国最早的校点本出自白化文、李鼎霞之手（花山文艺出版社2008年版）。该本以东福寺抄本为底本，参照岛津草子校点本、平林文雄校点本及《大日本佛教全书》刊本，校点者坦言"绝大多数是参照岛津氏、平林氏的校勘成果的；或者说，就是择善而从地照抄"，所以重在介绍资料，而非学术研究。

2009年，王丽萍的《新校参天台五台山记》由上海古籍出版社推出，作者以东福寺抄本为底本，参酌其他十余种抄本、刊本、校点本，使用"判读""本校""他校"诸方式，逐字逐句辨异同、去讹字、定正本，超越了先行的岛津草子本、平林文雄本，被认为是目前最善的合校本。

王丽萍专注研究《参天台五台山记》多年，发表的相关论文有《〈参天台五台山记〉所载宋人陈咏轶事考》（《文献》2005年第3期）、《〈参天台五台山记〉语词初探》（《语言研究》2006年第2期）、《日僧成寻随从一行在宋活动考》（《法音》2014年第5期）、《日僧成寻入宋巡礼途中所见道教》（《宗教学研究》2016年第2期）、《日僧成寻在宋追寻先人足迹考》（《浙江社会科学》2016年第12期）等。2016年国家社科基金结项成果《成寻〈参天台五台山记〉研究》（上海人民出版社2017年版）入选国家哲学社会科学成果文库。

该书重点在"分论"部分，又细分为"人物篇""文书篇""典籍篇""行旅篇""交流篇"五部。第一部"人物篇"凡三章，聚焦成寻与宋神宗、宋商陈咏、译经僧官惠询的交集；第二部"文书篇"合四章，分述行记所载宋廷公函、杭州公移、公凭种类、文书格式、发行官司、特殊术语、涉外功能等；第三部"典籍篇"共三章，涉及成寻携带入宋的书籍、倾力收集的书籍、宋朝下赐的宋版一切经等；第四部"行旅篇"亦三章，叙述成寻天台忆念祖师、苏州缅怀寂照、汴京思寻前辈、扬州参拜圆仁以及沿途住宿之客店、国清寺、廨院、传法院、馆驿、真容院等场所设施；第五部"交流篇"计三章，围绕成寻与道教的邂逅、入宋僧影像与真赞、宋日工艺品交流展开论述。

此外，还有几篇论文值得一提。曹家齐的《宋朝对外国使客的接待制度——以〈参天台五台山记〉为中心之考察》（《中国史研究》2011年第3期）根据成寻被视为朝贡使而享受引伴、护送、朝觐、车舆、馆驿等待遇，尝试复原宋朝接待外国使节制度的细节；陈少丰的《〈参天台五台山记〉中的印度史料介读》（《濮阳职业技术学院学报》2011年第5期）从《参天台五台山记》中析出北宋时期关于印度僧侣、交通、佛教、器物的史料，认为其可补国内资料之不足，亦与现有僧史文献相印证；康健的《成寻中国之行之因考辨》（《求索》2010年第11期）从成寻自云"见贤思齐""见贤欲齐""参学交互"等语切入，探究其入宋的根本目的；周琦、王佐才的《成寻与天台山文化》（《佛学研究》2002年）关注成寻在天台山的活动，认为他最早向日本介绍寒山子事迹、天台山石梁"罗汉供茶"的"分茶"技艺，保存了今已散佚的宋代台州部分珍贵史料。

继北宋时期奝然、成寻等来华巡礼之后，南宋嘉定十六年（1223），日本建仁寺僧道元与其师明全等乘坐宋人商船从博多出发，同年四月抵达明州，开启一段充满传奇的求学之旅。

抵达明州港的道元因未携带戒牒，未被允许上岸，在船上逗留期间，阿育王山一名老典座上船购买蘑菇，二人就"何为文字，何为办道"笔谈良久，道元深受启发，明白了日常作务的重要性。三个月后，道元终于获准上岸，遂登天童山挂锡景德禅寺，师事临济宗大慧宗杲法孙无际了派。无际了派去世后，道元踏上参访名山古寺旅途，先后拜访了杭州径山万寿寺浙翁如琰、台州小翠岩盘山寺卓、天台山平田万年寺住持元鼎等，其间闻高僧如净出任天童山景德禅寺住持，于是折回明州，拜入如净门下习禅两年，遂至大悟。南宋宝庆三年（1227），道元尽得如净衣钵，归国后开创日本曹洞宗。

宁俊伟的《道元禅师与〈永平元和尚颂古〉》（《五台山研究》2003年第3期）介绍道元的重要著作之一，即《永平元和尚颂古》认为该著作以"身心脱落，脱落身心"为核心，显示道元的禅宗史观及禅学思想。郭万平的《日僧道元及其〈宝庆记〉》（《文献》2006年第3期）介绍道元以问答形式记录在天童山参禅的实录《宝庆记》，认为该行记反映出道元入宋求法的思想历程、道元与如净深厚的思想渊源、以如净禅师为代表的中国曹洞禅思想的内涵。王颂的《道元与曹洞宗：禅的本土化发展》（《佛学研究》2013年第1期）通过对道元与日本曹洞宗的历史性考察，阐述了道元传禅的时代背景、道元教团与日本达磨宗的关系、道元之后曹洞宗的转型、道元教团与曹洞宗的差异等问题，指出道元禅虽取范于中国，但日本曹洞宗在本土化过程中逐渐形成自身的特色。相关研究成果还有宋立道的《如净、道元曹洞禅法蠡测》（《佛学研究》2014年第1期）、高留成的《日本曹洞宗始祖——道元与中日佛教交流述略》（《社会科学论坛》2005年第5期）等。

除了上述三位标志性的入宋僧，涉及其他重要入宋僧的论文还有：围绕寂照的，如廖志豪的《苏州普门禅寺碑与日僧寂照》（《东南文化》1990年第6期），龚凯歌的《入宋日僧寂照、成寻的实像与虚像——以"飞钵受斋传"与"粉坛祈雨传"为中心》（《邵阳学院学报》2018年第3期）；涉及戒觉的，如笔者与半田晴久的《一部鲜为人知的日本入宋僧巡礼记——戒觉〈渡宋记〉解题并校录》（《文献》2004年第3期），郭万平的《日本僧戒觉及其入宋日记——〈渡宋记〉》（《佛学研究》2004年）；论述圆尔辩圆的，如法缘的《日僧圆尔辩圆的入宋求法及其对日本禅宗的贡献与影响》（《法音》2008年第2期），夏广兴的《宋文化的传播者——日本入宋僧圆尔辩圆》（《南京晓庄学院学报》2013年第1期）。

（五）遣明使

朱元璋于1368年在应天府（今南京）即位，定国号为"明"，建元曰"洪武"。同年遣使分赴日本、安南、占城、高丽等国宣告王朝更替，敦促周边诸国前来朝贡，以图重新构建昔日的东亚秩序。

日本自1336年起处于南北朝分裂状态，1392年足利尊氏统一南北朝，开启室町时代新纪元。室町幕府积极寻求与明朝恢复邦交、重开贸易的机缘，于是明永乐帝册封室町幕府第三代将军足利义满为"日本国王"，继唐朝之后再次把日本纳入朝贡体系。从1401年至1549年间，日本共向中国派出十九次遣明使。遣明使船进入中国指定港口时需交验明朝发给的勘合符（护照），所以也称作"勘合贸易"。

既有"朝贡"名义的保障，又有商业利益的驱使，遣明使船一时成为这一时期中日海上交流的最大载体。担任正使、副使的清一色为禅宗僧侣，他们不仅是外交使节、贸易代表，而且还是文化交流的主角，其中也涌现出不少名垂青史的著名人物。

最后一次遣明使的正使策彦周良，以日记体裁记录两次入明的经历的《初渡集》《再渡集》（合称《策彦和尚入明记》，或略作《入明记》），是继唐代圆仁的《入唐求法巡礼行记》、宋代成寻的《参天台五台山记》之后，又一部内涵丰富、见闻广博、价值甚高的汉文行记华章。

夏应元、夏琅的《策彦周良入明史迹考察记及研究》（中国社会科学出版社2016年版）是一部实地考察与历史研究相结合的风格独特的研究著作。第一编《策彦周良入明的背景及〈策彦和尚入明记〉的历史地位》介绍策彦周良两次入明的背景，探讨《入明记》的历史地位；第二编《策彦入明史迹考察记》是该书的最大特色，作者沿着当年策彦周良旅行路线，实地踏查宁波、杭州、平望、吴江、苏州、无锡、镇江、扬州、邵伯、高邮、淮阴、宿迁、古邳、徐州、沛县、济宁、聊城、临清、沧州、通州、北京等地史迹，记录下了大量珍贵的一手资料；第三编《专题研究》以实地踏查结果印证从历史文献中取得的研究心得，具体涉及策彦在明期间的水路交通与京杭大运河、策彦两度入明时的朝贡及交涉活动、中日勘合贸易的阶段划分及策彦两次入明的地位、策彦在明时的文学活动、策彦两次入明时的宗教活动诸问题。

作者以现场探查数据为依据，又遍查中日两国的相关文献，可谓是"读万卷书，行万里路"的践行者，全面复原了《入明记》的诸多细节，使其成为一部接地气的行记。这部呕心沥血的大作注定是一座超越前人、国际领先的学术丰碑。

朱莉丽的《行观中国：日本使节眼中的明代社会》（复旦大学出版社2013年版）是一部精心解读策彦周良《初渡集》的专著。第一章《〈初渡集〉的产生背景——16世纪中叶的日明通交概况》概述遣明使团的发展轨迹、策彦周良出使背景、日本方面的筹备程序；第二章《〈初渡集〉所见之遣明使朝贡路线》叙述从博多到昌国、经宁波至京城的朝贡路线；第三章《由〈初渡集〉所见明代朝贡制度之一侧面——以嘉靖年间对日本贡使的接待为例》探讨宁波登陆、上京途中、京城朝贡各阶段的手续、待遇、应对问题；第四章《策彦笔下的宁波城市和城市生活》叙述策彦周良在宁波的所见所闻所做；第五章《〈初渡集〉中的明代宗教与民间信仰》论述嘉靖年间道教、城隍信仰、天妃信仰、先贤崇拜等。

遣明使以及入明僧包含诸多热点人物与事件，兹据管见所及，列举若干论文篇名。

关于入明僧的有：韦立新、任萍的《日本初期入明僧的目的考辨——以绝海中津为例》（《广东外语外贸大学学报》2010年第1期），陈小法的《洪武七年的日本入明僧研究》（《社会科学战线》2010年第10期），王叔武的《明初旅滇的日本僧人》（《云南民族学院学报》1991年第3期），孙太初的《明初流寓云南的日本僧人》（《思想战线》1980年第3期），古永继的《明初的中日关系与寓滇日僧》（《西南边疆民族研究》2009年）。

关于策彦周良的有：范金民的《明代嘉靖年间日本贡使的经营活动——以策彦周良〈初渡集〉、〈再渡集〉为中心的考察》（《中国经济史研究》2012年第4期）、《从〈入明记〉看明代嘉靖年间日本使者与浙江士人的交游活动》（《史林》2013年第3期），陈小法的《日本入明僧携回的中国物品——以策彦周良为例》（《甘肃社会科学》2010年第5期）、《汉语词汇在域外的传承与创新——以中世日僧策彦周良的〈初渡集〉为例》（《浙江大学学报（人文社会科学版）》2011年第6期）。

关于雪舟的有：赵忠华、郭玲玲的《雪舟的来华游历和北宗山水——兼论明代的中日绘画交流》（《中国书画》2016年第3期），孙丹的《简析雪舟访明前后的山水之变》（《南京艺术学院学报（美术与设计）》2015年第5期），马欢的《明代浙派绘画对日本室町时代绘画影响——以雪舟为例》（《美术大观》2019年第6期），华永明、杨树文的《论雪舟绘画的自然观》（《赤峰学院学报（汉文哲学社会科学版）》2009年第10期）。

浙江大学中日文化交流史研究团队，数十年来做了一些基础性、开创性的工作，在国内外均具有一定的影响力。利用本章的最后篇幅，简要介绍笔者团队在"中日人物往来"方面的部分成果。

1996年，由中西进与笔者策划并发起，周一良、严绍璗与笔者共同主编的"中日文化交流史大系"十卷本问世（浙江人民出版社出版），同时由日本大修馆书店推出日文版，该丛书于当年获得亚太出版者协会学术类金奖，在中日两国乃至西方学术界具有广泛影响。在丛书策划阶段，笔者提议加入"人物卷"与"典籍卷"，这在以往的同类丛书中未曾有过，最后编委会决定由提议者担任主编。

由笔者与中西进主编的《中日文化交流史大系·人物卷》由6名中国学者、4名日本学者联合执笔，笔者在序论《文化交流与文化传播者》中道出该卷的立意与结构：

　　我们将中日文化交流中的"人物"作为一个独立的研究范围，列为"中日文化交流史大系"中的一卷。这种卷次的分类方法，其本身就是一种尝试，可资比照的同类成果甚少，因而也很难形成完整的体例。在撰写本卷的过程中，我们大胆采用了"点描"与群体描述相结合的手法，从上下数千年的历史长卷中，选择具有时代特色的人物群体加以介绍，并从中撷取几个形象丰满的人物片段，为读者考索、铺叙或发人深省，或引人入胜的事迹。

选择什么样的人物来加以描述，是颇费斟酌的。……考虑再三，最后采用折中方案。一是将人物以类相聚，着眼于不同类型的群体，如吴越移民、遣唐使、不归之客、混血儿、近代先驱等，在作出整体描述和评价的前提下，集中刻画几位重要人物，以期达到点、面结合的效果；二是基本按照时代排序，顺着历史发展的脉络，从各个历史时期中概括出反映时代风貌的人物群体，如六朝以前的越人和吴人，唐宋之际的遣唐使、入华僧及混血儿，宋元明之交避乱东渡的禅僧、儒士，近代西学东渐之时的时代先觉等。希望通过这样的安排，读者能够观赏到一幅中日文化交流史的人物画卷。

具体而言，第一章《渡来人的源流》追踪汉人移民东渡轨迹与倭族的人种起源；第二章《东渡日本的吴越移民》介绍倭人自称"吴太伯后裔"的经纬、吴越移民以及后裔在日本的贡献；第三章《遣唐使与吉备真备》点描两度入唐的吉备真备的事迹；第四章《不归之客》描述思托、灵仙、真如、宽建、寂照等埋骨异乡之士的人物像；第五章《遣唐使与混血儿》讲述中日混血儿源流、唐日通婚现象及数位混血儿的悲喜剧；第六章《乱世的文化传播者》聚焦无学祖元、一山一宁、隐元隆琦、朱舜水、陈元赟等杰出人物；第七章《在近代化的大潮中》涉及日本的维新志士、来华教习，晚清东渡避险的康有为、梁启超、孙中山以及留日学生鲁迅等；第八章《超越时空的传说》叙述南岳慧思、源义经等转世传说，杨贵妃、白乐天、韩志和等渡海逸闻。

笔者在浙江大学招收博士生是有"私心"或"野心"的，即隋唐时代、两宋时期、元代、明代、清代各招收 1 至 2 名，这个梯队相互衔接、自成体系，专业上涵盖中日文化交流史全领域。这些博士生毕业后分配到全国高校，在各自擅长的领域崭露头角。2011 年，笔者与商务印书馆合作，策划了一套"中日文化交流新视域丛书"，收录他们的最新研究成果。兹按王朝年代排序如下：

葛继勇的《七至八世纪赴日唐人研究》(2015)，内容如前述；郝祥满的《奝然与宋初的中日佛法交流》(2012)，概要一如前述；江静的《赴日宋僧无学祖元研究》(2011)，无学祖元虽然以"宋人"自称，但他赴日的 1279 年是在元朝建元之后八年、南宋都城沦陷之后三年，所以归入元代；陈小法的《明代中日文化交流史研究》(2011)，以策彦周良等遣明使为主要研究对象；孙文的《唐船风说：文献与历史》(2011)，涉及清代赴日商人、日本乞师志士等；吕顺长的《清末中日教育文化交流之研究》(2012)，以清末赴日留学生为叙述主线。

此外，笔者的《唐代中日混血儿研究》、半田晴久的《日本入宋僧研究》待出版。

2013 年，中国书籍出版社推出笔者主编的"东亚坐标"系列三部曲，即《东亚坐标中的书籍之路研究》《东亚坐标中的遣隋唐使研究》《东亚坐标中的跨国人物研究》。《东亚坐标中的跨国人物研究》共分四编，第一编《历史足迹》收录葛继勇的《倭国使"司马曹达"的姓氏与出自》，笔者的《遣唐使时期的中日混血儿》，鹿毛敏夫的《日本战国大名大友义镇的遣明船》，郝祥满的《一山一宁出使日本经过及其影响》，梅田善美的《连结中日的世界语者长谷川照——国际主义女性勇敢的一生》；第二编《意象传播》收录叶国良的《唐宋诗人的"日本想象"》，笔者的《中国史料描绘的遣唐使形象》，柴田就平的《漂洋过海的李白形象——从中国到日本》，中谷伸生的《东传日本的中国禅僧绘画——以永井重良的顶相画为中心》，桑野梓的《长崎中国佛像雕刻师与唐样十八罗汉雕像——以万福寺为例》，松浦章的《江户时代漂抵日本的清人图像》，冯赫阳的《清代中国日本莳绘的受容》；第三编《信息互动》收录笔者的《遣唐使与"唐消息"》，边明江的《山上忆良与"任征君"》，中谷伸生的《东西交错中的冈仓天心——日本近代绘画史研究的方法与东亚》，松浦章的《清朝帆船带来日本的鸦片战争情报》，董科的《从胡秉枢著〈棉砂糖大利之要论〉看近代中日农业技术交流》，修斌、陈琳琳的《王国维与日本京都学派的学术互动》，张允起的《〈译书汇编〉与清末留日学生》，陈赟的《仓石武四郎的现代汉语教育观——从其汉语发音标记法的方针变化》；第四编《以文会友》收录任萍的《宋濂与日僧交往二三事》，陈小法的《入明僧与径山寺》，薄培林的《中村敬宇与清末的官僚文人》，吴念圣的《吴朗西和饭森正芳——近代中日知识分子交流一例》，齐珮的《近代日本文人与中国文化——大正文人的上海体验》。笔者在这部书的《后记》里写道：

> 以"人物"作为聚焦点，并非个人兴致使然，而与我的学术理念及研究思路密切相关。回顾自身的学术历程，受先师石田一良影响甚多，最初从圣德太子入手，延伸到鉴真、最澄，扩展至遣唐使、中日混血儿等，走的是为人物立传的路子。

沿着这条道路走了几十年，越发觉得以"人物"为线书写中日文化交流史，有血有肉、鲜活灵动；同时也愈加感到任重道远，尤其在日本寻访祖先的足迹时心情非常沉重。笔者在日大阪每年例行的游行队伍中邂逅裴世清，这是隋炀帝派往日本的首位大使；在九州每年一度的节庆中看到南宋杭州人塑像，背书"大楠菩萨谢国明"；在京都民居屋顶发现数以百计的唐代传入的钟馗像，如今成为日本人的守护神；在奈良参拜了汉国神社祭祀的杭州人林净因，他被奉为"馒头之祖"。这些在海外被奉为神灵、传颂数百年甚至上千年的华人，大多被中国人遗忘而成"孤儿"，但在中华民族伟大复兴之际，我们要追寻这些失落的"故事"，不能让"孤儿"再沦落为"弃儿"，这大概是笔者以后努力的方向吧。

第一章
中国史料中的遣唐使群像

当我们想观察自己的容貌和体形时，自然而然地会站到镜子前。以旁人的眼光来审视镜子里照映出的自己，时常会惊奇地发现自己从未留意到的一些侧面。人们常常留意周围的目光，以此为鉴，端正仪容，修饰边幅。

当人们被迫当机立断，或是描绘未来蓝图之时，经常会回首往事。从历史经验中吸取教训，并以此作为思考和判断的根据，从这个意义上说，历史如同一面明镜，中日两国多以"鉴"或"镜"命名历史书，原因也就在这里。

在世界各民族中，日本被视为最在意个人仪态、最留心国际社会眼光的民族之一。因此，无论是日本人用以更正确地认识自身，还是我们用以构建国际化进程中丰富多彩的日本人形象，留存于中国文字史料和画像资料中的日本人像，不仅数量庞大，而且质量上乘，称得上是最闪亮的一面明镜了。

一

最古老的倭人像

倘若巨细无遗地稽考庞大的中国史料，很有可能沉溺于文字海洋而不能自拔；但若限定于图像资料的话，事情就要简单多了。目前我们能见到的最古老的倭人画像资料，便是图1-1所示的《梁职贡图》[1]。

图1-1 《梁职贡图》（局部），南朝梁萧绎绘。
右起依次为百济国使、龟兹国使、倭国使

如今考古学界被一个"古"字所累，研究者们你追我赶，以致某些人趁机弄虚作假。2000年爆出的伪造60万年前"最古老"石器的丑闻[2]，使日本人审视"古老"的眼光变得比以往任何时候都要严厉。在

---

1 作者萧绎（约508—554），即梁元帝，梁武帝萧衍第七子，字世诚，小名七符，南兰陵（今江苏武进）人。其《职贡图》，原绘35国使，今存12使，自右向左依次为滑国、波斯、百济、龟兹、倭国、狼牙修、邓至、周古柯、呵跋檀、胡密丹、白题、末国使者。原本已遗失，今仅存宋摹本，纵25厘米、横198厘米，绢本设色，是研究南朝时期中外关系的宝贵资料。

2 日本东北旧石器文化研究所原副理事长藤村新一，从20世纪70年代开始涉足史前考古，主导或参与考古发掘的遗址遗迹达150处以上。在他一次次的惊人发现中，日本的旧石器时代从30万年前，推前至40万年前，再到50万年前，甚至推前到60万年前。2000年11月，藤村新一在日本宫城县上高森遗迹发掘时，声称出土70万年前的石器，当时对他的一系列戏剧性新发现怀疑已久的新闻记者，追踪拍摄到他伪造石器的整个过程。这一消息见诸报端后，整个日本社会为之哗然，日本考古学协会成立特别委员会进行长达两年半的调查，并于2003年5月正式宣布藤村新一参与调查的162处旧石器遗迹属于伪造。

这种世风背景下，今天我们本应避开"最古老"这个词才是，但这幅《梁职贡图》中描绘的日本人像，无疑是现存最古老的日本人肖像画。此画虽属11世纪后半叶的摹本，但所据原本作于6世纪前半叶，距今约有1500年之遥。

说起6世纪，日本列岛尚处于以巨大古坟为标志的大和时代，恰巧与"倭五王"频繁向中国南朝（即《日本书纪》中出现的"吴"）派遣使节时间重合的时代。那时，后为梁元帝的太子萧绎任荆州刺史（526—539年），传说亲自挥毫画了这幅《梁职贡图》，描绘前来梁朝进贡的35个国家使节的形象。如今中国国家博物馆藏的是北宋熙宁十年（1077）的临摹本，其中只留下了倭国、百济等12国使节。

图1-2　梁武帝萧衍（杓杞庵一禅编、松川半山绘《三国七高僧传图会》）

在这幅画卷中，倭国人与百济人绘法不同，形象迥异。想不到这些差异在千年之后，还能在学术界成为话题。日本历史学家上田正昭对两者进行了比较，曾颇为感慨地说道：

　　百济使头戴顶冠，身着礼服，足履布靴。与之相对，倭国使以布罩头，以宽布为上衣，腰间缠布，手背套加腿绑带，赤脚合掌而立，甚至脖子上也缠着环状的布，这样的姿态风貌实在不怎么美观。

大约50年前，上田正昭尚是血气旺盛的中年人，他以装束华丽的百济使为镜，映射出倭国使的陋态——只用布层层叠叠裹身，犹如简陋针线缝补的布偶，心里必不是滋味。以古代的倭国使为镜，来反观当今的自我，可以想象其情感起伏。如果仅是如此也无大碍，但问题是这种观点及情感，有时会左右研究者的立场。

上田正昭大概是在这种复杂的情绪下，做出如下推断：《梁职贡图》所绘倭国人的装束，比古坟时代的埴轮人偶还要粗陋，很可能依据的是更早的弥生时代，即《三国志·魏书·倭人传》里所描述的倭人形象，凭想象绘制而成的。因此，6世纪的倭人文明程度应该更高才是。

然而，如果仔细品味这幅《梁职贡图》中的倭人，不得不惊叹这是一幅极富动感的写实作品，人物神态栩栩如生，衣物景状惟妙惟肖。即便画手萧绎是帝王之胄，笔者也不认为6世纪的帝王将相具有如此惊人的想象力，仅凭《三国志·魏书·倭人传》里寥寥几句文字描述[1]，就能绘制出如此精美逼真的倭人肖像。虽然有关此画尚有许多不解之谜，但我们可以明确的是，时过1000多年，依然有些日本学者对祖先的形象不能释怀。

想到这里，笔者就不多纠缠这幅令某些人觉得难堪的《梁职贡图》了，让我们一起来鉴赏一下那些让日本人觉得脸上有光的遣唐使肖像吧。

---

1 《三国志·魏书·倭人传》云："其风俗不淫，男子皆露紒，以木绵招头。其衣横幅，但结束相连，略无缝。妇人被发屈紒，作衣如单被，穿其中央，贯头衣之。"此外，书中还提到"皆徒跣"。

二

藤原清河（第十二次遣唐大使）

　　世间流传的"职贡图"均拥有完整主题和成熟构图，表现特定的对象，表达特定的政治理念。它们既是写实作品，又是艺术成品；既有个性，也有共性。像《梁职贡图》那样，让35个国家的使节在画家眼前排成一排，由画家慢慢描绘是不太可能的。故此，可以想象画家在创作时充分利用平时积累起来的图像素材作为参考，把各种场合、各个时期的外交活动浓缩于长卷之中，正如历朝史官在编撰正史时，尽可能参考实录、起居注和公文书等原始资料一样。

　　在中国，自古以来就有这样一种风俗：把外国使节画成肖像，为的是颂扬天子的威德，恩泽四方，普施天下。特别是会将那些威风凛凛、礼仪得体的外国使节的肖像画收集保存起来，作为此后职贡图的创作素材来使用。

　　唐朝在兵部设置了"职方"一职，以执掌这项工作。具体而言，凡蕃客到鸿胪馆后，有司便询问他们国家的山川、风土、人情，作图上奏，呈给职方。如果是来自风俗奇特国度的入朝者，唐朝画师会绘下他们的容貌和衣服，以广朝廷见闻。[1]

　　那么，在日本的遣唐使之中，是否存在有此经历的使臣呢？回答是肯定的，有位遣唐使官员，其容貌确实被唐朝描绘了下来，他就是8世纪中叶入唐，邀请鉴真赴日，活跃在遣唐使这部历史剧中的第十二次遣唐大使藤原清河。

---

[1] 据《新唐书·百官志·兵部职方》记载："凡蕃客至，鸿胪讯其山川、风土，为图奏之，副上于职方。殊俗入朝者，图其容状、衣服以闻。"

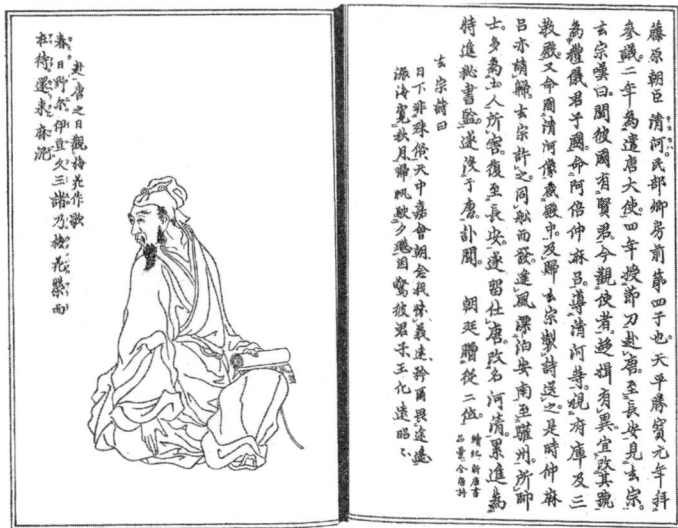

图1-3　第十二次遣唐大使藤原清河（菊池容斋《前贤故实》）

　　跟随鉴真东渡日本的思托和尚，赴日后写下被誉为日本最古僧传的《延历僧录》[1]。据此书记载，玄宗皇帝感叹"彼国有贤主君，观其使臣，趋揖有异"，即认为日本有贤君掌权，入唐大使仪表非凡，因而赐予日本国"有义礼仪君子国"美誉，还下令有司"摸取有义礼仪君子使臣大使、副使影于蕃藏中，以记送遣"。也就是说，唐朝命宫廷画家绘大使藤原清河、副使大伴古麻吕和吉备真备三人的肖像，详细记录遣使的时间、经过和原委，交付蕃藏保管收藏。

　　"蕃藏"一词在其他文献中难觅踪影，其确切含义及词源由来均不甚明了。日本遣唐使研究大家增村宏教授将其释义为"诸民族资料

---

[1] 《延历僧录》共5卷，作者思托是鉴真的弟子，天平胜宝五年（753）随师渡日，延历七年（788）著此书，是为日本僧传之嚆矢。此书早已失传，逸文散见诸书，据近年发现的《龙论钞》所引逸文，可知共载142人传记，其中有32人的传记有逸文可考。

馆"[1]，应属于一家之言。笔者以为，比起这种解释，前文所引《新唐书》中的"职方"，或许意思更贴近。

"送遣"的意思就是"送回"。在唐人昙清[2]的送别诗《奉送日本国使空海上人橘秀才朝献后却还》中有"到宫方奏对，图像列王庭"诗句，从这两句来推断，空海和橘逸势将他们在唐朝制作的画像带回了日本。中西进先生在谈及这个问题时认为："大使藤原清河和吉备真备在唐

图1-4　"橘逸势勉学之地"纪念碑
（西北大学）

时，唐朝为他们绘制肖像，并且把肖像画馈赠给他们。于是，吉备真备回国时，大概将画带回了日本。至于藤原清河，因为卒于唐，他的肖像画应该留在大唐。"[3]

1　[日]增村宏：《遣唐使の研究》，同朋舍1988年版，第388页。

2　关于昙清其人，《弘法大师年谱》眉批有："'清'字，《正传》作'靖'。昙清见《宋高僧传》，元和年间人。"查《宋高僧传》卷十五有"唐迪岳寺昙清传"，从"未详何许人也"开始，叙述昙清作为僧侣之事迹。据此可知，昙清最初师从吴地的道恒，与省躬交游甚密，其后逗留南岳教授弟子，元和年间与阆州（治所在今四川省阆中市）之龙兴寺中的名僧义嵩发生争论，朝廷判定昙清之学说正确。

3　[日]中西进、王勇主编：《日中文化交流史丛书10人物》，大修馆书店1996年版，第68—69页。

三

粟田真人（第八次遣唐执节使）

追溯与藤原清河的肖像画息息相关的一个人物，就要将目光投向在第八次遣唐使团中任执节使的粟田真人。"执节使"是指拥有天皇授予象征国威的"节"的人，是使节团的最高负责人，其地位犹在大使之上。在遣唐使中，有一个人的名字频繁出现在中国文献中，此人便是粟田真人。

第八次遣唐使一行与第七次遣唐使相隔30余年，肩负着向国际社会宣扬大化改新（645年）后日本新貌的重任。一行人于大宝二年（702）六月从筑紫出发，同年十月前后在扬州偏北的楚州盐城县登陆。当地人得知他们是日本使节后，从"风貌"观之，感叹"真不愧来自君子之国"。遣唐使与当地人的交谈，比较完整地收入于《续日本纪》（卷三）庆云元年（704）秋七月甲申朔条。唐人原话如下：

> 亟闻海东有大倭国，谓之君子国，人民丰乐，礼义敦行。今看使人，仪容大净，岂不信乎？

上述引文虽然出自遣唐使的归国报告，行文或有粉饰虚夸之处，但大体上还是可以认定其为事实。之所以这么说，是因为在中国的文献中，也可以找到与之相互印证的记载。

首先翻阅《旧唐书·日本传》，内有一段详细描写粟田真人装束的记载："冠进德冠，其顶为花，分而四散。身服紫袍，以帛为腰带。"紧跟这段文字之后，论其学问和容貌时又赞美道："好读经史，解属文，容止温雅。"

图1-5　第八次遣唐执节使粟田真人（菊池容斋《前贤故实》）

除此之外，在《新唐书》《通典》《唐会要》等一些重要史书中，虽有一些遣词上的差异，但都有类似内容的记载。总之，粟田真人给当时的武则天留下了深刻的印象，据传武后不仅邀请他赴麟德殿的盛宴，还赐予他一个"司膳卿"的名誉官衔。[1]

上述诸书对粟田真人的服饰仪表，如"冠""袍""腰带""容止"等的逼真描述，令人联想起《新唐书·百官志·兵部职方》中"殊俗入朝者，图其容状、衣服以闻"的记载。

《旧唐书》成书于五代时期，距唐朝灭亡不算太久，当年史官究竟是原原本本摘录自原始史料，还是依据"蕃藏"保存的肖像画如实记录

---

[1]　《旧唐书·日本传》载："则天宴之于麟德殿，授司膳卿，放还本国。"然《通典》卷一百八十五云："长安二年，遣其大臣朝臣真人贡方物。真人者，犹中国地官尚书也。颇读经史，解属文。首冠进德冠，其顶有花，分而四散。身服紫袍，以帛为腰带，容止温雅。朝廷异之，拜为司膳员外郎。"按照《通典》的说法，武则天授予粟田真人的官职是"员外郎"，属于位低一等的副职。

的？时至今日，我们已经无法廓清真相。但备受唐朝关注的遣唐执节使粟田真人，其肖像是否曾被绘制保存，此一疑问萦绕笔者的脑际，久久挥之不去。

其实，上述疑窦的出现，并非空穴来风，也非笔者个人的突发奇想。这里面有个颇为离奇的插曲，大致情况如下：1971年7月，位于陕西省乾县的唐章怀太子墓开始发掘，考古学家在墓道内发现彩色壁画，其中东壁所绘的被命名为《礼宾图》（或称《客使图》）。[1]

从《礼宾图》的局部观察，左边的三人应该是唐朝鸿胪寺官员，右边的三名则是外国的朝贡使节。其中引发争议的人物是从右边数过来的第二个人。当初发现壁画时，中国有些考古学家根据其高耸的帽子，推测此人系

图1-6 唐章怀太子墓壁画《礼宾图》。右起第二人成为争议人物

《旧唐书》所载头戴"进德冠"的粟田真人[2]。这个观点引起国内外学术界的关注。

何谓"进德冠"？仔细查阅文献资料发现，进德冠是中国继承天子

1　陕西省博物馆乾县文教局唐墓发掘组：《唐章怀太子墓发掘简报》，《文物》1972年第7期。

2　王仁波：《从考古发现看唐代中日文化交流》，《考古与文物》1984年第3期。

皇位的太子所戴的专用帽子，不允许一般人随便使用。[1]《旧唐书》中"其人入朝者，多自矜大，不以实对，故中国疑焉"，似在批判日本使者的夸张癖，这也许和戴着"进德冠"冠冕堂皇入贡的粟田真人有关吧。

但是，章怀太子墓中壁画的争议人物，并没有头戴中国式的冠帽，他头顶上的两根羽毛倒成了认定他是粟田真人的障碍了。此后的研究表明，在头顶插上两根羽毛是高句丽贵族的风俗[2]，现在也几乎再也没有研究者主张该人是日本使了。

四
吉士长丹（第二次遣唐大使）

粟田真人的肖像如海市蜃楼般转瞬即逝，但并非所有的遣唐使肖像均成泡影。至此放弃探索，还为时过早。当我们回眸第二次遣唐使时，眼前又出现一缕希望。

日本白雉四年（653），日本派遣第二次遣唐使官员，以吉士长丹为大使、吉士驹为副使的第一船乘坐121人，以高田根麻吕为大使、扫守小麻吕为副使的第二船搭乘120人。第二船在海上遇难，仅5人生还；第一船到达唐境后，于白雉五年（654）七月随百济、新罗使者而归。

1　《旧唐书·舆服志》引《武德令》云："皇太子衣服，有衮冕、具服远游三梁冠、公服远游冠、乌纱帽、平巾帻五等。贞观已后，又加弁服、进德冠之制。"此系唐初创制的礼冠，初为皇太子专用。杜佑《通典》卷五十七进德冠（大唐）条云："大唐制，九琪加金饰。皇太子侍从皇帝祭祀及谒见、加元服、纳妃则服之。"似乎也可用于赏赐宠臣，如刘肃《大唐新语·厘革》云："至贞观八年，太宗初服翼善冠，赐贵官进德冠。"

2　《旧唐书·高丽传》记载："官之贵者，则青罗为冠，次以绯罗，插二鸟羽，及金银为饰，衫筒袖，袴大口，白韦带，黄韦履。"

这位幸运的遣唐大使吉士长丹，如图1-7所示，不仅衣冠华丽，而且相貌堂堂。

这幅肖像画原本保存在近江国（今日本滋贺县一带）蒲生郡中村的吴神社，一直留传下来。目前有好几种临摹本传世，图1-7为其中一幅，目前为东京国立博物馆所有。据日本遣唐使研

图1-7 《吉士长丹肖像》（摹本），现藏于日本东京国立博物馆，疑出自唐朝宫廷画家之手

究权威东野治之教授评述，这幅肖像画仿佛带有一种儒教圣贤像的风貌。这的确是颇得要领的高见。

关于这幅肖像画，尚存诸多疑团。譬如，此画创作于何时？源出哪国何地？出自何人之手？为何传至吴神社？期待美术界、史学界联手进行跨学科研究，辅以纸张、颜料的化学分析，相信会逐渐接近事实真相。

根据《日本书纪》的记载，吉士长丹入唐拜谒高宗皇帝，"多得文书宝物"而归，天皇论功行赏，赐予其"吴"姓，并得封地晋级，可谓三喜临门。天皇所赐的"吴"姓，大概成为吉士长丹与吴神社的交集点。倘若如此，那么吉士长丹的肖像画传存于吴神社，也就有了些合理的解释。

这幅肖像画在复原古代（确切地说，是日本的奈良时代）的服装和冠位时常被援引，从一个侧面亦表明此画的时代久远。然而，我们很难在奈良时代的绘画作品中发现类似的艺术风格，即使在平安时代，也不能不说它的存在是绘画史上的一朵奇葩。换言之，从画风、技法、色彩、样式、构图等各个环节看，结论都归结为中国画风。进而推之，吉士长丹如同藤原清河他们一样，将唐朝宫廷画家为自己制作的肖像画副

第一章 中国史料中的遣唐使群像

图1-8　相传为唐时阎立本所作《诸夷图卷》现藏于台北"故宫博物院"

本带回日本，或许是他本人、他的子孙或是与其相关的人士，将这幅画奉纳给了与其有因缘的吴神社。

《隋书·裴矩传》关于裴矩所著《西域图记》，有这样的记载："依其本国服饰仪形、王及庶人，各显容止，即丹青模写，为《西域图记》，共成三卷。"裴矩的《西域图记》是用"丹青"，也就是彩色描绘的，而日本国立国会图书馆另藏一幅色彩鲜丽的《吉士长丹像》，构图与图1-7完全相同，明显具有大陆的构图和着色特征，由此可判断此画有可能是出自唐朝宫廷画家之手。

如果前文的推测有幸言中的话，唐朝收入"蕃藏"保存的另一幅原本，就有可能被唐代首屈一指的肖像画家阎立本在创作《诸夷朝贡图》时参考、临摹。据清代卞永誉《式古堂书画汇考》记载，公元668年，即距吉士长丹入唐约15年后，位至右丞相的阎立本，受命于高宗皇

帝，为外国的朝贡使节作画，相传有26个国家28人入画，现藏台北"故宫博物院"的《诸夷图卷》，推测是阎立本所绘《诸夷朝贡图》。

遗憾的是，目前所见的《诸夷图卷》有所残缺，画面中存南洋一带的婆利、罗刹、林邑等27名使节，未能确认遣唐使的存在。但是北宋时，李伯时绘制一幅《十国图》[1]，在十国之中将日本列于首位。由此类推，中日两国关系更为密切的唐代，特别是日本数次派出遣唐使谒见高宗的那个时代，绝无理由将日本排除于26国之外。

---

1 李伯时，名公麟，号龙眠居士，安徽舒州人。北宋元祐年间（1086—1094）进士，元符年间（1098—1100）拜御史大夫。博学好古，尤善丹青。日本学者榎一雄的《梁職貢圖の流伝について》（收录于鎌田先生还暦纪念会编《鎌田博士还暦纪念歴史学論叢》，1969年9月）推测李伯时"可能是唐代的画家"，显然漏查《宋史》卷四四四《文苑六·李公麟传》。

五

坂合部大分（第八次遣唐大使）

尽管成画的原委尚存不明之处，但遣唐大使的仪表风貌，从吉士长丹的肖像画中可略见一斑。然而，正如东野治之教授敏锐洞察到的那样，吉士长丹的肖像画中有模仿中国圣贤像的痕迹，不可避免地具有类型化的倾向。嵌入模型的东西，就意味着会抹杀个性。尽管完美，却未必真实。

相较而言，文字资料对人物的描写，不像绘画那样讲究样式，有时更富有写实性。中国文献对粟田真人惟妙惟肖的描写如同前述，这里不再赘言；有些文字资料甚至涉及人物的生理特征，兹举例如下。

唐代文人张鷟（字文成）因著有《游仙窟》而闻名，在他另一部著作《朝野佥载》卷四中，记载了一则很有意思的逸闻：有位名叫魏光乘的官员，喜欢给人起绰号，其中涉及15位当朝高官。这也成了祸根，他因此从左拾遗被左迁为地方县尉。在15位朝廷权贵中，"长大少发"的舍人吕延嗣，被取的绰号是"日本国使人"。[1]

据发现这则日本人特别在意的史料，并最早撰文介绍给日本学界的加藤顺一，推测《朝野佥载》中提到的"日本国使人"，其原型是与粟

---

[1] 《朝野佥载》卷四载："唐兵部尚书姚元崇长大行急，魏光乘目为'赶蛇鹳鹊'。黄门侍郎卢怀慎好视地，目为'觑鼠猫儿'。殿中监姜皎肥而黑，目为'饱椹母猪'。紫微舍人倪若水黑而无须，目为'醉部落精'。舍人齐处冲好眇月视，目为'暗烛底觅虱老母'。舍人吕延嗣长大少发，目为'日本国使人'。又有舍人郑勉为'醉高丽'。目拾遗蔡孚'小州医博士诈谙药性'。又有殿中侍御史，短而丑黑，目为'烟薰地术'。目御史张孝嵩为'小村方相'。目舍人杨伸嗣为'熟鳖上猢狲'。目补阙袁辉为'王门下弹琴博士'。目员外郎魏恬为'祈雨婆罗门'。目李全交为'品官给使'。目黄门侍郎李广为'饱水虾蟆'。由是坐此品题朝士，自左拾遗贬新州新兴县尉。"

田真人同时入唐，而后在唐滞留10余年的遣唐大使坂合部大分。[1]此处的关键人物吕延嗣，加藤顺一以为"传记不明"而未多涉及。然而此后，池田温精心地查阅了大量唐代史料，考证出吕延嗣乃是开元初年作为紫微舍人活跃政坛的"吕延祚"之误写。[2]

据《旧唐书》和《新唐书》的《张荐传》记载，新罗和日本的遣唐使每到长安，便不惜重金求购《朝野佥载》著者张文成诗文，可知其文名已远播东亚。[3]在这种背景下，张文成本人大概也和日本使者有过交流，因此他的记载可信程度较高，得自其亲身经历也不是不可能。

8世纪初期，在唐朝权贵圈子里，居然形成一种颇为反常的日本遣唐使观——虽然身材高大，但头发却稀疏。这种印象深刻，而且流传甚广，否则不会被人用来取绰号取乐。在9世纪东亚的海上活动开始活跃之前，中国人能够接触的日本人大抵限于遣唐使，唐人对日本遣唐使的认知和印象，自然演化为对日本人的认知和印象。从这个事例，我们可以充分看出，遣外使节的容貌关乎国家威望和民族形象。

六
遣唐使的选拔

那么，让我们来看一下日本究竟是根据怎样的标准来选拔遣唐使的。关于这个问题，森克己博士早就留意到，他指出：遣唐使在输入唐

---

1 加藤顺一：《〈朝野佥载〉に见える"日本国使人"——遣唐使人の容姿をめぐって——》，《芸林》第38卷第3号，1989年9月。

2 池田温：《日本国使人とあだ名された吕延祚》，《日本历史》513号，1991年2月。

3 《旧唐书·张荐传》盛称张鷟（文成）文章天下闻名："新罗、日本东夷诸蕃，尤重其文，每遣使入朝，必重出金贝以购其文。其才名远播如此。"

朝先进文明的同时，肩负着"在各国使节云集的唐朝，提高本国国际地位"的重任。[1]森克己进而指出，在选拔肩负着"提高本国国际地位"使命使节的过程中，"容貌、风度、举止、态度等都是选拔的条件"。[2]所谓"以貌取人"，自古有之，事实就是如此。

日本天平十八年（746），整个朝廷弥漫着紧张的气氛，朝堂上正在进行遣唐使的选拔。成书于8世纪中叶、系日本现存最古汉诗集的《怀风藻》，记载了这次人才选拔场景：

> 天平年中，诏简入唐使。元来此举难得其人，时选朝堂，无出公右。遂拜大使，众佥悦服。

遣唐使的选拔历来严格，很难找到合适的人选，所以说"此举难得其人"；石上乙麻吕能够"众佥悦服"地被选上大使，是因为"地望清华，人才颖秀，雍容闲雅，甚善风仪"。《怀风藻》的作者在为选拔中胜出的石上乙麻吕立传时，注重的不是他的学问德望，而是他的风姿容貌。换句话说，无论学问如何优秀，如果是容貌不标致，或者身材偏矮，那么必然会在大使选拔中落选。要求如此苛刻，"难得其人"云云，恐怕是事实吧。

翻检日本古代文献，赞美大使、副使以及遣唐使其他成员相貌卓越的词句，可谓随处可见。举例说，第十九次遣唐大使藤原常嗣"少游大学，涉猎史汉，谙诵文选。又好属文，兼能隶书。立性明干，威仪可称"（《续日本后纪》卷九），随藤原常嗣任遣唐判官的菅原善主"少而聪慧，美容仪，颇有口辩"（《文德实录》卷四），与菅原善主同时入选

1　［日］森克己：《遣唐使》，至文堂1990年版，第94页。
2　［日］森克己：《遣唐使》，至文堂1990年版，第97页。

遣唐判官的藤原松影"为人威正，须眉如画"（《文德实录》卷七），宝龟年间任遣唐判官的甘南备高直"身长六尺二寸……能属文，巧琴书"（《续日本后纪》卷五），等等。[1]

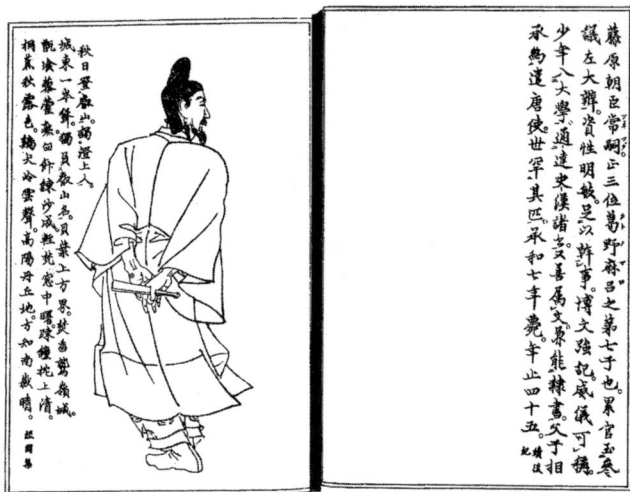

图1-9　第十九次遣唐大使藤原常嗣（菊池容斋《前贤故实》）

七
唐朝人的评价

　　日本朝廷百里挑一选出的遣唐使人，几乎都不负祖国的厚望，给异国他乡人留下了美好的印象，树立起文明的形象。前文已经介绍了藤原清河和粟田真人的例子，现在我们再来看看其他遣唐使们的事迹。

1　另据《文德实录》卷一，关于皇太后橘嘉智子之父橘清友有如下记载："少而沈厚，涉猎书记。身长六尺二寸，眉目如画，举止甚都。宝龟八年，高丽国遣使修聘。清友年在弱冠，以良家子姿仪魁伟，接对遣客。高丽大使献可大夫史都蒙见之而器之。"就连接待外国使节的人选，也专挑"姿仪魁伟"者。

齐明天皇五年（659），随第四次遣唐使入唐的伊吉博德，回国后将航海入唐的经历写成报告，《日本书纪》以"伊吉博德书"之名予以引用。根据这份当事人的报告记载，齐明天皇五年十一月一日在洛阳举行冬至大典，参列的诸国使节中"倭客最胜"。[1]

再举一例。《续日本纪》卷三十二写道："我朝学生播名唐国者，唯大臣及朝衡二人而已。"受赞赏的"朝衡"便是阿倍仲麻吕，他广交唐朝的文人，如李白、王维、储光羲等，印证他们友谊的唐诗，有些留传至今。

唐代与王维齐名、人称"储王"的诗人储光羲（707—约760年），曾在诗中用"美无度"三字来称赞阿倍仲麻吕的容貌。[2]"美无度"语出《诗经·魏风·汾沮洳》："彼汾沮洳，言采其莫。彼其之子，美无度。美无度，殊异乎公路。彼汾一方，言采其桑。彼其之子，美如英。美如英，殊异乎公行。彼汾一曲，言采其藚。彼其之子，美如玉。美如玉，殊异乎公族。"

女诗人赞美与其邂逅的男子，言其如鲜花怒放、如美玉喜人，一句"美无度"便诉说无法言表、倾慕至极的心情。宋朝的周密在赞美王献之作品时，咏道"王郎擅风流，笔墨美无度"，可见"美无度"不仅用于人，也可赞美世间尽善尽美的事与物。由此看来，唐代诗人储光羲用"美无度"来赞赏异国友人，阿倍仲麻吕大概是位玉树临风的美男子，否则这首诗就含有讽刺意味了。

目前我们可以明确断定并传承至今的、出自中国人之手的遣唐使绘画，应为台北"故宫博物院"所藏《明皇会棋图》。

1　《日本书纪》卷二十六载："十一月一日，朝有冬至之会，会日亦觐。所朝诸蕃之中，倭客最胜。"

2　此诗题为《洛中贻朝校书衡，朝即日本人也》。引录如下："万国朝天中，东隅道最长。吾生美无度，高驾仕春坊。出入蓬山里，逍遥伊水傍。伯鸾游太学，中夜一相望。落日悬高殿，秋风入洞房。屡言相去远，不觉生朝光。"

图1-10　五代周文矩绘《明皇会棋图》。左起第三人被推定为日本入唐僧辨正

　　《怀风藻·辨正传》中有这样一段话："大宝年中，遣学唐国。时遇李隆基龙潜之日。以善围棋，屡见赏遇。"如图1-10所示，站在坐于中央的明皇（玄宗）对面，从左数起第三个人可能是入唐僧辨正。[1]

　　辨正在《怀风藻》中还留下了两首出色的汉诗，其风貌、学识，与最古老的倭人像相比，简直不可同日而语。如若以这位相貌堂堂、仪态大度的遣唐使时代的入唐僧为镜，笔者甚至担心今天的日本人形象是否会相形见绌？

　　以上，围绕遣唐使以及留学生、入唐僧的形象，对中国的文字资料和绘画资料作了一个粗略概述。从这里，我们能得到一些启示：文字中潜伏着视觉的想象，绘画中隐藏着历史的脉络。笔者深切地感受到，如果想要全面综合地阐明某个历史事件，立体有机地把握一个历史人物，文字资料和画像资料两者缺一不可，均应予以最大限度的运用。

1　关于这幅图的考证，详情请参考拙著《唐から見た遣唐使》（讲谈社1998年版，第99—104页）及拙文《望乡的还俗僧——关于辨正法师在唐经历》（《中日文化集刊》第一集，杭州大学出版社1999年版）。

第二章
托生倭国王子的中国高僧（南岳慧思）

在源远流长的中日文化交流中，产生了一种颇为独特的历史现象，即一些从未跨出国门的历史人物，却在传说中到了对方的国度，由此演绎出了许多动人的故事。本章聚焦传说与史实交错的人物，看似有悖于"史"的要求，其实这些传说的产生，也正是"史"的折射，反映出中日交流的久远和深入。

一
圣德太子墓

在日本大阪府河内郡太子町大字太子的睿福寺内，坐落着一座直径约54米、高近7米的横穴式圆形墓，四周围着两圈被称作"结界石"的石碑——这里便是历史人物圣德太子寿终正寝之地，亦是传说中的南岳慧思托生转世之处。

图2-1　睿福寺内圣德太子墓
（日本大阪府河内郡太子町）

日本禅僧道澄游访至此，吟成五律一首："南岳三生藏，河阳太子宫。东西虽各异，灵胜本相同。香火千秋耀，睿名万世隆。特来瞻圣庙，感慕莫能穷。"又有诗引一篇，兹引如次：

> 庙在河州科长乡睿福寺，俗曰上太子。庙后有坟山，周回可三百步，古树蓊蔚，鸟兽不敢栖宿。坟山外，石栏围之，栏柱镌梵字，相传高野大师[1]之作也。南面开墓门，隧道深窈，内点常明灯，昼夜香烟不断。凡道俗参礼，不觉心肃。
>
> 余闻太子前身为慧思禅师，生生修道于衡岳山，故彼中有一生岩、二生塔、三生藏之遗迹存焉。迄应化此邦，现储君身，安抚百姓，兴隆三宝。薨后，葬全身于此处，然则此处即东方之衡岳山也。恭觐圣踪，感喜交集，因赋一律，以当香供。

衡岳山，即南岳衡山，中国"五岳"之一，在今湖南省。衡山不仅自古是道教的灵窟，因天台宗的远祖慧思示寂于此，又是佛教的名山圣地。

圣德太子作为一位历史人物，留下"世间虚假，唯佛是真"的遗言后，于推古三十年（622）二月二十二日深夜悄然辞世，但他在"东方之衡岳山"与慧思邂逅并合为一体的传说，使其得以跨越时代和国境，在传说与信仰中复活。圣德太子与南岳慧思的结合，为一连串的托生转世传说开了先例。在后世的传记中，圣德太子不仅成为观音大士、圣鬘夫人、维摩居士的化身，而且转世为圣武天皇、最澄、空海等。

1　指空海。

关于南岳慧思托生为圣德太子的信仰及传说，日本学者大屋德城、辻善之助、福井康顺、大野达之助、饭田瑞穗诸氏均作过详尽的研究。但因先学的诸多考察拘囿于日本的历史背景，对中国的情况不甚重视，所以未能廓清这一传承的来龙去脉。

1994年7月，日本大修馆书店出版拙著《超越时空的圣德太子》，对此事予以专论。此后，笔者又收集到一些新的资料，试述如下，以补其缺。

图2-2　王勇著作书影

二

南岳慧思的再诞预言

翻阅奈良时代后期成书的圣德太子传记，传主几乎都是以南岳慧思托生转世的面貌登场。尽管如此，与博广精深的圣德太子研究相比，传为圣德太子前生的慧思在日本学术界却备受冷遇，平了照、池山一切圆等学者的相关研究，纯属偏离时流的个别现象。

其实，在南岳慧思托生转世的恢宏"连续剧"中，慧思"托生"为日本王子只不过是其中颇富异国情趣的一出而已。也就是说，纵目跨日久远、人物众多的慧思传说，圣德太子仅是属于末节支流的一名配角。正因为如此，如果要廓清圣德太子慧思转世传说的来龙去脉，有必要对慧思的生平传记作一番追溯，探明一系列转世传说发生变异的原因及轨迹。

慧思（515—577），亦作思大师、思禅师、思禅子、思大禅师、思大和上。因其在南岳衡山圆寂，习称南岳慧思。慧思的生平事迹，主要见于灌顶（章安）的《隋天台智者大师别传》、道宣的《续高僧传》以及慧思自撰的《南岳思大禅师立誓愿文》。此外，《摩诃止观》第一上、《大唐内典录》第五、《弘赞法华传》第四、《法华传记》第三、《北山录》第四、《天台九祖传》、《景德传灯录》第二十七、《法华经显应录》上、《佛祖统纪》卷六、《佛祖历代通载》第十一诸书中，亦有相关的专辑资料。

根据上述几种传记资料，知其俗姓李氏，南豫州武津（今河南省上蔡县）人，少以慈恕知名闾里，十五岁时出家受具，专诵《法华经》等大乘经典，奉持守素严谨，周旋迎送皆绝。年届二十时，发大菩提心，游访诸地名师，时遇慧文，得受观心之法，悟法华三昧。随着北周排佛降临，窥破末法浊世，遂率徒南避，于陈光大二年（568）进入衡山。太建九年（577）六月二十二日，一代名僧晏如示寂，享年六十二岁。存世

图2-3 天台宗远祖慧思像

的著作有《法华安乐行义》一卷、《诸法无诤三昧法门》二卷、《随自意三昧》一卷、《南岳思大禅师立誓愿文》一卷、《大乘止观法门》四卷、《受菩萨戒仪》一卷等，此外尚有《四十二字门》《次第禅要》《释论玄门》《三智观门》等，惜皆散佚失传。

慧思在讲经说法期间，屡次为恶人所害，数度徘徊于生死之界，因

此曾对门人叹云："大圣在世，不免流言；况吾无德，岂逃此责。"[1]门人、信徒慕其人格品行，祈望他在示寂后能托生转世，继续济度众生，于是创造出一系列的转世传说。

慧思的转世传说，从"三生"至"六生"，再及"七生"乃至"十数生"，这种转世信仰的流传，虽然与佛教中的轮回思想有关，但更直接的原因大概是慧思本人的再诞预言。

慧思在率众南游途中，一行人为兵乱所阻，暂入河南光州的大苏山。数年之间，"轻生重法"之徒云集其下。北齐天保九年（558），慧思得道俗福施，在齐光寺造金字《大品般若经》和《法华经》，蓄之琉璃宝函，藏之石窟密室，并述《南岳思大禅师立誓愿文》一篇，预言弥勒下生之时，金经并现于世，众生必获济度，自己也将再生。

慧思的再诞预言，经后世传记的敷演，成为转世传说的创作之源。这一传说在唐代趋于鼎盛，兹从文献中摭拾数例。

据《续高僧传·隋南岳衡山释慧思传》记，慧思率徒抵达衡山后，即预言："吾寄此山正当十载，过此已后必事远游。"[2]10年以后如言示寂。故此处"远游"，暗指游化他乡。归终之际又云："将欲去，众圣夐然相迎极多，论受生处。"则明言将托生某处。

《南岳思禅师法门传》再承前引《续高僧传》中"众圣……论受生处"一段后，记述门人问慧思："不审欲生何方？"慧思答道："吾方将生无佛法处行化矣。"[3]

---

1 道宣：《续高僧传》卷第十七《隋南岳衡山释慧思传》，〔南朝梁〕慧皎等：《高僧传合集》，上海古籍出版社1991年版，第243页。

2 道宣：《续高僧传》卷第十七《隋南岳衡山释慧思传》，〔南朝梁〕慧皎等：《高僧传合集》，上海古籍出版社1991年版，第243页。

3 杜朏的《南岳思禅师法门传》二卷，系圆仁在扬州抄写并携带回国，见圆仁《入唐新求圣教目录》。

思托撰《大唐传戒师僧名记大和上鉴真传》（以下略称《鉴真传》）载："其禅师临将无常时，与般若台北石室中，举《法华经》、钵盂、锡杖，语弟子云：'吾灭度，向无佛法处受身，教化众生。'"

思托所撰《延历僧录》卷二中有《上宫皇太子菩萨传》，此传前半记衡山景观和慧思灵迹，说山中有一棵千年梨树，倘若开花结果，则必有圣人降世，接着述及慧思转世有关的"三生石"传说："于一时，梨树生花结实，其思禅师来彼山修道，即自竖一石记之：'余一生来此，迄耆年坠齿，舍寿零形。'在后其树有发华结实，又竖一石记云：'余第三生[1]于此门修道。'在后即云：'余今往东方无佛处，化人度物。'至今唐朝时人皆云'往南岳观思禅师三生石'。"

图2-4　慧思三生塔（湖南省衡山）

如上面几种史料所示，慧思的转世传说以其再诞预言为依据，大致分成两种敷演变异：一是发展为托生在中国的传说系统；二是演化出转世海外的传说系统。按照佛教自西流东的说法，"无佛法处"即指东方，而在唐人的地理概念中，东方除朝鲜之外就是日本，这就为慧思托生日本的传说埋下了伏线。

1　疑"二生"之误——引者注。

三

慧思托生日本的传说

慧思在齐光寺的造经和预言，虽然由来于末法思想，但这些举措却带来了意想不到的结果：一方面，慧思的再诞预言，敷衍成托生东方无佛法处，进而发展为转世日本的传说；另一面，圣德太子派遣小野妹子使隋，以吸收中国的佛教文化，这一史实经过虚化，结果变成遣使的目的是为求访封存于石窟中的《法华经》。

自清代以来，国人注重收集唐文，相继编出《全唐文》《唐文拾遗》《唐文续拾》等，但依然有许多遗文断简流散海外，仅关于慧思的唐代文献，还有多种不为国人所知。除了前面引用的《南岳思禅师法门传》，尚可举出《大唐国衡州衡山道场释思禅师七代记》（以下略称《七代记》）、《释思禅师远忌传》等。这些文献虽然完帙无存，但在日本文献中多有引载，辑佚工作已属当务之急。

《七代记》佚文散见于《异本上宫太子传》《传述一心戒文》《华严五教章指事》《圣德太子传历》《政事要略》《天王寺秘诀》《上宫太子拾遗记》诸书，其中有达摩禅师自印度游化至衡山后力劝慧思"海东诞生"的记载：

> 何故化留此山，不遍十方？所以因果并亡，海东诞生。彼国无机，人情粗恶，贪欲为行，杀害为食。宜令宣扬正法，谏止杀生。

后达摩凌虚东去，传说抵达日本后化作乞丐，在片岗山与圣德太子邂逅，两人吟歌酬唱，互相倾慕。这当然是后人为美化圣德太子而敷衍的情节。

《七代记》在列举慧思在东晋、刘宋、南齐、萧梁、陈朝、北周的六次转世灵迹后，接着写道："身留于第六之生，机候第七之世。生死大空，凡夫济于苦海；菩提纯净，含类运于党路。然则应化之语不妄也，往生之身不谬也。所以生倭国之王家，哀预百姓，栋梁三宝。"

慧思托生日本的传说，一些学者往往将其与慧思托生圣德太子的传说混为一说，因而，在日本学术界怀疑这一传说产生于中国的占有绝对优势。但是考诸中国的文献史料，"托生日本说"乃慧思再转世传说的自然延伸，而"托生圣德太子说"则当视为慧思传说在日本的变异。也就是，两者产生的时间有先有后，形成的空间各不相同，应当别而视之。

日本佛教学者京户慈光从敦煌文献《净名经关中释抄注》（P.ch，3198）中发现一则有关慧思传说的史料，撰成《关于圣德太子的慧思后身说》一文，将其发现的史料公之于众：

> 天台是何人，斯能玄鉴佛意？
>
> 答天台年始七岁，随逐父娘入寺随喜，遂见法花道场，至心听览……后谒思大禅师，便获宿命智。思大曰："灵山一别迄至于今，宿缘相追，今复会矣。"其思大和尚，数十生中常持《法花》。后

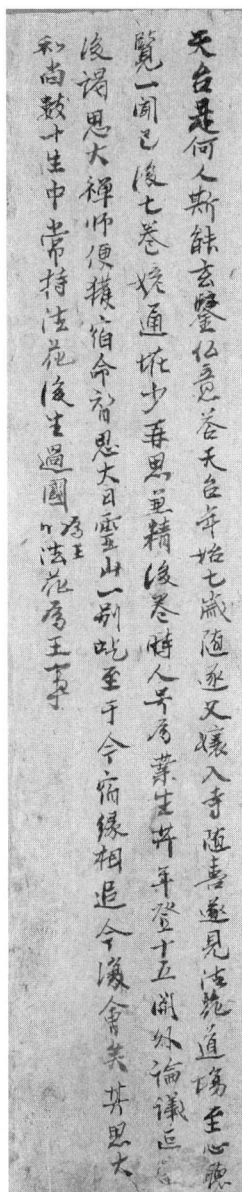

图2-5 敦煌文献《净名经关中释抄注》局部

生过国为王，以《法花》为王事。

京户慈光将这则史料介绍给学界，是为了佐证慧思托生为圣德太了的传说源出中国的论点，将"托生倭国"与"托生圣德太子"混淆在一起是其败笔之处[1]。

《净名经关中释抄注》成于766年前后，慧思托生倭国的传说在8世纪中叶自江南传至长安，又远及敦煌，流布范围之广，令人注目。

上述史料对慧思托生之处，仅云"后生过国为王，以《法花》为王事"，未举出具体国名，但从文意揣度，当指日本无疑。鉴真渡日之后，唐人尊称其为"过海和尚"，[2]可谓一证。

在《净名经关中释抄注》成书前约半个世纪，记载有类似内容的一块碑文存于《七代记》逸文之中，兹引录如下：

> 碑下题云：倭州天皇彼所圣化，自圣人迁迹至隋代以下，禅师调度、金银书、佛肉舍利、玉典、微言、香炉、经台、水瓶、锡杖、石钵、绳床、松室、桂殿，未倾未朽，衡山道场皆悉安置，今代道俗瞻仰归依。[3]

碑文最后有双行夹注："李三郎帝即位开元六年岁次戊午二月十五日，枕桐钱塘馆写竟。"

碑文中的"李三郎"是对睿宗第三子李隆基的俗称，712年即位后称玄宗。开元六年即日本元正天皇的养老二年（718），这大概是抄录碑文的时间，但碑文的年份还得上溯。"枕桐"即抄写碑文的人，传记不

1　京户慈光：《聖德太子の慧思後身說について》，《天台學報》第33号。

2　见圆仁《入唐求法巡礼行记》开成四年（839）正月三日条。

3　碑文以《上宫太子传》为底本，参照《传述一心戒文》（以《宁乐遗文》校核）。

详，《宁乐遗文》和《传述一心戒文》引录时作"杭州"，是人名还是地名，此处暂且存疑。"钱塘馆"或许是杭州钱塘江附近的旅舍。据圆仁的《入唐求法巡礼行记》，开成三年（838）入华的遣唐使一行，路次宿住宜陵馆、广陵馆、平桥馆等，钱塘馆大概也是同类的官营设施，与时下外国游客出入频繁的宾馆倒有些相似。

图2-6 入唐僧荣睿纪念碑
（广东省肇庆鼎湖山）

上述碑文告诉我们一个事实，8世纪初慧思转生日本的传说已在江南一带流传。由此，笔者联想起天宝元年（742）鉴真在扬州大明寺受入唐日僧荣睿、普照的邀请，决意东渡传法时所说的一段话。真人元开的《唐大和上东征传》这样描述鉴真与荣睿对话时的情景：

荣睿、普照至大明寺，顶礼大和上足下，具述本意曰："佛法东流至日本国，虽有其法，而无传法人。本国昔有圣德太子，曰'二百年后，圣教兴于日本'。今钟此运，愿和上东游兴化。"

大和上答曰："昔闻南岳思禅师迁化之后，托生倭国王子，兴隆佛法，济度众生。又闻日本国长屋王崇敬佛法，造千袈裟，来施此国大德众僧。其袈裟缘上，绣着四句曰：'山川异域，风月同天，寄诸佛子，共结来缘。'以此思量，诚是佛法兴隆有缘之国也。……"

关于《唐大和上东征传》中鉴真的答词，辻善之助博士最先著文发难，认为是鉴真弟子思托从中作伪，编造出慧思托生倭国王子的谎话。[1]这一见解为许多学者所承袭，几乎成为日本学术界的一种定论。但是，倘若我们将鉴真的这段答词（742年），置于钱塘馆碑文（718年）和敦煌文献《净名经关中释抄注》（766年）之间来考察，那么其真实性就不容置疑了。尤其是"昔闻"两字，不仅说明慧思托生倭国的传说很早就在江南流布，或许还暗示了钱塘馆碑文的存在。

慧思托生转世传说的真正含义，在于人们对佛法的弘传和再兴的祈愿，加上"佛法东流"的观点在唐代颇为流行，于是慧思的托生之地，由含糊不清的"无佛法处"逐渐具体到东海、东方、东国乃至日本。

但是，我们还应注意到一个事实，即隋唐时期中国对日本国内的情况了解甚少，关于慧思的后身，有"倭州天皇"（钱塘馆碑文）、"倭国王子"（《唐大和上东征传》）、"倭国之王家"（《七代记》）、"（倭国）王"（《净名经关中释抄注》）等多种说法，未确定为具体的人物。

以上我们讨论了慧思传说向倭国托生转化的起因和流布的轨迹，可以说在中国人创作的慧思转世传说中，"托生倭国"这个情节已经达到唐人想象力的极限，所以这一传说与日本圣德太子的结合，需要其他的创作空间和特殊的机缘。

四
圣德太子与慧思信仰的结合

慧思转世传说绵延不绝，随着时代的推移，传说的舞台次第扩展，

1　辻善之助：《聖德太子慧思禅師後身說に関する疑》，《歷史地理》总第348号，1929年。

甚至延伸至日本。这一传说通过与圣德太子的结合，终于在中日文化交流史上演出了大放异彩的一幕。

促成慧思信仰与圣德太子结合的因素有许多值得考虑，其中遣隋使与遣唐使传递的信息，不能忽视。

在《隋书·倭国传》中"开皇二十年，倭王姓阿每，字多利思比孤，号阿辈鸡弥，遣使诣阙……名太子为利歌弥多弗利"的一段，大概是圣德太子在中国文献中的初次登场。"利歌弥多弗利"在《翰苑》残卷中作"和哥弥多弗利"，日语读若"Wakamitohori"，写作"王家系""王家统"等，意即"王子"或"太子"。根据《隋书》紧接其后所引载的圣德太子撰定的《冠位十二阶》，此处的"太子"当指圣德太子无疑。《隋书》所载倭国的情况，很可能得自开皇二十年（600）的遣隋使。

天宝元年（742），入唐僧荣睿与普照至扬州大明寺，恳请鉴真东渡弘法。他在介绍日本佛教界情况时说："本国昔有圣德太子，曰'二百年后，圣教兴于日本'。"这段对话见于《唐大和上东征传》，而这部传记是根据思托的《大唐传戒师僧名记大和上鉴真传》（后文略作《鉴真传》）节略改写的，因此《鉴真传》中记述的对话更为详尽。兹引如次：

昔本国上官太子曰："二百年后，律义兴于日本。"然皇太子以

魏略曰女王之南又有狗奴國男子爲王其官曰狗古智卑狗不屬女王也
自帶方至女王國萬二千餘里其俗男子皆黥面文身聞其舊語自謂太伯之後昔夏后少康之子封於會稽斷髮文身以避蛟龍之害今倭人亦文身
以厭水害也

阿輩雞彌自表天兒之禪
梁沈約宋書曰永初中倭國有王曰讚至元嘉中讚死弟珍立自稱使持節
都督安東大將軍倭國王順帝時遣使上表云自昔祖禰東征毛五十五
國西服眾夷六十六國渡平海北九十五國今案其王姓阿每其國號爲阿
輩雞彌華言天兒也父子相傳七有宮女六七百人主長子號和哥彌多弗
利華言太子

因禮義而標秩即智信以命官
括地志曰倭國其官有十二等一曰麻卑兜吉寐言大德二曰小德三曰
大仁四曰小仁五曰大義六曰小義七曰大禮八曰小禮九曰大智十曰小

图2-7　唐张楚金撰《翰苑》残卷（《辽海丛书》第八集）

玄圣之德生日本国，苞贯三统，纂先圣宏猷；恭敬三宝，救黎元之厄。诚圣人也。

鉴真从荣睿的介绍中始知圣德太子之名，对其"二百年后，律义兴于日本"的预言印象尤深，自然联想起慧思的再诞预言，因云："昔闻南岳思禅师迁化之后，托生倭国王子，兴隆佛法，济度众生。"以证圣人预事必中。

天台宗开祖智颛为慧思亲授弟子，又传言慧思托生为智颛，故流布江南的慧思信仰，实包含着智凯信仰，两者以天台宗为纽带连接在一起。据《鉴真传》所言，鉴真在听荣睿介绍圣德太子预言后，回答道："又天台智者云：'三百年后，我所遗文墨，感传于世。'大师无常，泊二百年。而今大唐国家道俗总大兴隆，圣人言语未曾相违。"很明显，鉴真以慧思、智颛的例子，证明圣德太子关于"二百年后，律义兴于日本"的预言必定实现。

从上述意义来说，荣睿所宣扬的圣德太子的事迹，对鉴真决意东渡传法起到了促进作用。备尝10年艰辛，经历五次失败，鉴真一行终于在第六次东渡成功，时在日本天平胜宝五年（753）。次年，鉴真一行进入首都奈良，接触了日本佛教界炽盛的圣德太子信仰。于是，他们心中敬仰的慧思托生的"倭国王子"，渐渐与圣德太子的形象叠合起来。自此，"慧思托生为圣德太子"传说产生的机缘已经成熟。

如上所述，由于入华日僧在中国宣传圣德太子的事迹，以及渡日唐僧将慧思信仰传入日本，慧思信仰和太子信仰便极为自然地结合了起来。值得注意的是，鉴真僧团在这一结合过程中起着举足轻重的作用。

自唐天宝二年（743）鉴真第一次东渡开始，到其圆寂的日本天平宝字七年（763），思托一直追随在鉴真左右。从思托的《鉴真传》一书中可以看出，鉴真不仅将慧思信仰带到了日本，而且将其与圣德太子结合在了一起。在前述荣睿与鉴真的对谈之后，思托添加如下数言："其智者禅师是南岳思禅师菩萨戒弟子也。慧思禅师者，乃降生日本为圣德太子。智者唐国分身，思禅师海东化物。"在这里，南岳慧思、智顗大师、圣德太子三位一体，形成了超越时空的信仰体系。

思托除《鉴真传》外，尚撰有《延历僧录》一书，被誉为日本僧史的滥觞，其中《上宫皇太子菩萨传》这一篇，后来被别出单行，属奈良时代最古的圣德太子传记之一。此传前叙衡山奇观与慧思灵行，后半以"思禅师后生日本国橘丰日天皇宫"为起首，记载圣德太子的生平事迹，内容可以分为以下八项：

> 劝人出家。"先度人出家，人皆不从，即云：'奴不能舍离眷属。'太子云：'汝若出家，与汝高位大禄，不制娉房。'自是已来，出家甚众。"

> 遣使入隋。"次发使往南岳，取先世持诵《法华》七卷一部，一部一卷成小书，沈香函盛经。"

> 亲制章疏。遣隋使携归《法华经》之后，圣德太子"即作疏四卷释经，又作《维摩经疏》三卷、《胜鬘经疏》一卷"。

> 讲演经疏。"又讲件疏……于是《法华经》创传日本。"

> 梦殿入定。"菩萨兼时入禅定，或时一日、三日、五日，于时世入不识禅定，但言太子入梦殿，制以自事进食。"

> 兴建寺院。"先造大宫寺，又为弓削大连起乱，于摄津造四天王寺，度人出家……又造法隆寺及皇后宫及橘寺、妙安寺、般若寺。"

> 预言未来。"又记言：'从今近二百年，当有传持戒律大兴，律仪严峻。'是知圣人记事无差。"

> 登升妙觉。"太子龙楼不御，鹄架长飞，弃劣仙而成大仙，超等觉而升妙觉。"

图2-8 大佛寺内的智者大师纪念堂（浙江南昌）

在鉴真的随行弟子中，以法进在日本佛教界的声望为最高。鉴真移住唐招提寺后，法进掌管东大寺的戒坛院和唐禅院，天平胜宝八年（756）任律师，宝龟五年（744）升大僧都，成为日本佛教界的领袖。在法进所著的《注梵网经》[1]中亦可窥见慧思信仰与太子信仰合二为一的痕迹：

> 亦如大唐大和上法讳鉴真，自从宝字六年五月六日无常，至今忌会年年不停，并是法进、法颙、思托、义静、法载、法常、惠云、如宝等众多僧徒，备拟报恩，未曾有阙。

---

[1] 法进著《注梵网经》已佚，下述引文见凝然《梵网戒本疏日珠钞》卷四十六《第三十九应讲不讲》。

亦如圣德王前身生大唐南岳，名慧思禅师，陈朝无常，从此已来，道俗常有一二万人，奉设忌会，至今未停。

亦如台州智颛大师，乃是圣德王前身思禅师弟子，于本台州国清寺及荆州玉泉寺，两处忌辰，各有道俗一万余人，设供追思，亦至今未绝。

从思托和法进的记述出发作进一步推断，则慧思、智颛、圣德太子三位一体的信仰，很可能是以鉴真僧团的渡日为契机而形成的。这里所说的鉴真僧团，不仅指唐僧集团和随同鉴真渡日的日僧普照和其门流弟子，还包括与鉴真一行过往甚密的奈良文人贵族。其中被誉为"文人之首"的淡海三船（即真人元开）是最著名的例子，当然后者并非由唐东渡而来。

淡海三船少时投唐僧道璇门下，据《延历僧录》记载，其佛儒并学，内外兼修。他曾应思托之请撰著《唐大和上东征传》，由此可见其与鉴真僧团关系之密切。淡海三船吟有《扈从圣德宫寺》一首，诗中有"南岳留禅影，东州现应身"句，又有诗序一篇，云：

隋代南岳衡山有思禅师，常愿言："我殁后，必生东国，流传佛法。"其后日本国有圣德太子，生而聪慧。时遣小野臣妹子聘隋天子，即太子教妹子曰："向其处，取我持《法华经》并锡杖、钵来。"妹子奉教寻问将来，时人皆云："太子者是思禅师之后身也。"

此诗作于日本神户景云元年（767）三月。从序中"时人皆云"的记载可以看出，慧思托生为圣德太子的传说，并非自古有之，而是在鉴真僧团渡日数年之后，亦即在慧思信仰传入日本、圣德太子事迹渐为唐僧所知之后，才逐步在鉴真僧团周围传扬开来的。

67

南岳慧思示寂衡山之时，海东的圣德太子已经四岁，托生转世之说在时间上看当然不合。不过，这种民间传说和宗教信仰，竟能跨越空间的阻隔，克服年代的矛盾，使两位异国的伟人合而为一，重塑一个超越民族、国界、时代的"东亚人"，其必定有其自身的潜能存在。

这种潜能，大概就是东亚各国共创同享的等质文化，它在频繁的人员往来与物质流通中逐渐凝聚而成，加强了东亚各国的文化联姻。

在古代东亚世界，曾经流行过"汉人始祖"传说。如朝鲜奉箕子为祖，匈奴自命夏后苗裔，倭人宣称太伯之后等，笔者将之称为"拟血缘谱系"。如果将标准放宽一点，超越民族的托生转世传说也属于"拟血缘谱系"中的一种，其目的在于文化认同和宗派联姻。

长期以来，托生转生的传说，被近代史学界摒弃在研究对象之外，备受冷遇和嘲讽。然而这些传说本身虽然不是历史的真实，但它们毕竟折射出各个地区、各个时代民众的信仰和心态，其形成、发展、流播、变异的过程真实地反映了文化传承与交融的轨迹，是一种不容忽视的历史现象。

从某种意义上讲，超越时空的传说，刺激了异域文化之间的交流。假如没有慧思托生日本的传说，大概激发不出鉴真决意东渡传法的旺盛宗教热情；假如没有圣德太子为慧思后身的传说，最澄也不会毅然入唐求法，后创立日本天台宗。由此看来，慧思转世传说不仅促进了中日两国的文化交流，同时还推动了两国的历史发展。

第三章
名扬海东的"菩萨天子"（隋文帝）

有关遣隋使的研究，相较于热火朝天的遣唐使研究，显得有些过于低调甚至有些冷清。究其原因，一方面是资料匮乏使然，另一方面则是因研究者的轻视态度而造成。研究"倭五王"与南朝交通的学者，视野多不及遣隋使；以遣唐使为专题的学者，最多将遣隋使一笔带过。

出于这些原因，遣隋使虽然在"倭五王"与遣唐使之间，扮演日本外交承前启后的重要角色，但就连一些最基础的问题——遣使次数、渡海路径、赴华使命等，均未受到应有的关注，以致论者往往语焉不详。

本章聚焦于隋文帝治世时（581—604），通过对开皇二十年（660）和仁寿四年（604）两次遣隋使相关史料的梳理辨析，提出遣隋使次数最多可达七次，同时论述6至7世纪之交东亚各国外交的互动。

一

遣隋使的派遣次数

关于倭国究竟派出过几次遣隋使，学术界尚存争议，中日学者也有分歧。木宫泰彦[1]认为只有三次，森克己[2]和张声振[3]说是四次，此外还有五次、六次的说法[4]。中日文献记载的龃龉、学者取舍角度之不同，是造成上述差异的主要原因。为了便于下面分析讨论，兹摘录中日文献相关记录。

图3-1　复原的"遣隋使号"
（陕西西安大唐西市）

第一次（600年）。《隋书·倭国传》云："开皇二十年，倭王姓阿每，字多利思北孤，号阿辈鸡弥，遣使诣阙。"

第二次（607年）。《日本书纪》云："（推古天皇十五年七月）大礼小野臣妹子遣于大唐，以鞍作福利为通事。"又《隋书·倭国传》载："大业三年，其王多利思北孤，遣使朝贡。"

第三次（608年）。《隋书·炀帝纪》云："（大业四年三月）百济、倭、赤土、迦逻舍国，并遣使贡方物。"

第四次（608年）。《日本书纪》云："（推古天皇十六年九月）唐客裴世清罢归。则复以小野妹子臣为大使，吉士雄成为小使，福利为通事，副于唐客而遣之。"

第五次（610年）。《隋书·炀帝纪》云："（大业六年正月）倭国

1　[日]木宫泰彦著，胡锡年译：《日中文化交流史》，商务印书馆1980年版，第49—52页。

2　[日]森克己：《遣唐使》，至文堂1990年版，第9—10页

3　张声振：《中日关系史》，吉林文史出版社1986年版，第70页。

4　拙著《日本文化——模仿与创新的轨迹》（高等教育出版社2000年版）取六次说，近年上田雄在《遣唐使全航海》（草思社2006年版）中仍采用四次说。

遣使贡方物。"

第六次（614年）。《日本书纪》云："（推古天皇二十二年六月）遣犬上君御田锹、矢田部造（阙名）于大唐。"

由此可知，中国文献记载遣使四次（第一次、第二次、第三次、第五次），日本文献记载三次（第二次、第四次、第六次），除了第二次互见外，两者合计遣使六次。（参见表3-1）

表3-1　遣隋使一览表

	西历	中国年号	日本年号	中国文献	日本文献
第一次	600	开皇二十年	推古天皇八年	《隋书·倭国传》	
第二次	607	大业三年	推古天皇十五年	《隋书·倭国传》	《日本书纪》
第三次	608	大业四年	推古天皇十六年	《隋书·炀帝纪》	
第四次	608	大业四年	推古天皇十六年		《日本书纪》
第五次	610	大业六年	推古天皇十八年	《隋书·炀帝纪》	
第六次	614	大业十年	推古天皇二十二年		《日本书纪》

如果拘泥于中国文献记载，遣隋使仅有四次[1]；倘若仅取信于日本文献，遣隋使只有三次。千余年前日本派遣的使者，能够见诸一方文献，已属幸运；互见于双方正史，堪称偶然。这种情况即使从遣唐使的事例来判断，其概率也不是很高。[2]除此之外，唯以史书为信的传统思路，也是值得商榷的。翻检所谓正史以外的文献，还能发掘出一些值得关注的遣隋使相关记录。

如大业六年（610）的遣隋使，《隋书·炀帝纪》中作"正月己丑，

1　据《隋书·倭国传》中"复令使者随清来贡方物"一文，在裴世清回国时（《日本书纪》记载为推古十六年九月），遣隋使相随而来，则中国文献有五次遣隋使记录。

2　据日本正史（即"六国史"）记载实际成行的遣唐使为十六次，但在《旧唐书·日本传》《新唐书·日本传》中仅记载十二次，其中有两次不见于日本正史，双方重合者只有十次。

倭国遣使贡方物"，而《册府元龟·朝贡三》中则作"三月"，当记同一批遣隋使的不同活动，不能因为《日本书纪》失载而否定之。

二
开皇二十年遣隋使

开皇二十年（600）的遣隋使，由于《日本书纪》失载，日本学术界对此多存疑义，或推测是九州豪族私遣之使，或怀疑是607年遣使的重复误载。[1]然而，有关这次遣隋使，除了《隋书·倭国传》外，《通典》《册府元龟》《宋史》等中国文献均有明确记载，日本文献如《释日本纪》中也有提及，绝不是只有一例孤证。为了便于比对稽考，兹将《隋书·倭国传》中开皇二十年与大业三年两次遣使记事摘录如下：

> 开皇二十年，倭王姓阿每，字多利思北孤，号阿辈鸡弥，遣使诣阙。上令所司访其风俗。使者言："倭王以天为兄、以日为弟，天未明时出听政，跏趺坐，日出便停理务，云委我弟。"高祖曰："此太无义理。"于是训令改之。……新罗、百济皆以倭为大国，多珍物，并敬仰之，恒通使往来。
>
> 大业三年，其王多利思北孤，遣使朝贡。使者曰："闻海西菩萨天子重兴佛法，故遣朝拜，兼沙门数十人来学佛法。"其国书曰"日出处天子致书日没处天子无恙"云云。帝览之不悦，谓鸿胪卿曰："蛮夷书有无礼者，勿复以闻。"

1　日本江户时代的本居宣长在《驭戎慨言》中提出西边之人所为说，此"西边"指日本九州一带。木宫泰彦在《日中文化交流史》（胡锡年译，商务印书馆1980年版）中则认为是日本派驻朝鲜半岛镇将所为。

对照两次遣使记事，我们可以获得诸多信息。首先，因版本的不同，倭王"多利思北孤"或标记为"多利思比孤"[1]，"比"与"北"字形相近，两批使节的派遣者无疑为同一位倭王，不存在地方豪族使节与中央政府使节之别。其次，开皇二十年的遣隋使面谒"高祖"文帝，大业三年的遣隋使朝见"世祖"炀帝，文帝在位至仁寿四年（604）七月，正史不至于杜撰帝号和年号。另外，文帝"令所司访其风俗"，而炀帝时没有这节内容，这也佐证开皇二十年倭使为初来乍到。最后，开皇年间的遣隋使未携带国书，而大业年间遣隋使携带"日出处天子致书日没处天子无恙"云云的国书，关于这个重要情节，史官不会张冠李戴。

此外，在《隋书·倭国传》中，开皇二十年遣隋使的记事紧接"自魏至于齐、梁，代与中国相通"展开，与"倭五王"以来约百年[2]后重启中日通交的史实相符；而且，该记事篇幅大、细节多，内容与大业三年基本不重复，不似史官捏造或虚构出来的。因此，认定开皇二十年遣隋使乃大业三年遣使重复误载之说，显然缺乏足够的证据。

话虽如此，对此次遣使存疑者或许还会继续问："600 年的遣隋使是日本在何种国内外形势下引发的？"也就是说，遣使的国际背景是什么？日本方面的动机何在？尊经阁文库所藏《异国牒状记》，也许会为我们提供一些线索。

该文献罗列历代外国送达的"牒状"（此处指国书或公文），追溯日本朝廷回应之惯例，检讨得失，以为龟鉴。在"历代异国合乎礼仪牒

---

1 开皇二十年条，倭王作"多利思北孤"，此据百衲本，《册府元龟》亦同。但《北史·倭国传》、《通典》卷一八五、《资治通鉴》大业四年条、和刻本《隋书》、中华书局校注本《隋书》等均作"多利思比孤"。

2 一般认为，关于"倭五王"最后一次遣使的记录是《宋书·顺帝纪》升明二年（478）五月记事，但《南齐书·倭国传》建元元年（479）五月条、《梁书·倭传》天监元年（502）四月条，亦有封号倭王的记录。倭国是否遣使求封，有待稽考。

状"项下，共列出十六件来自中国和朝鲜半岛的牒状，时间跨度从5世纪初到13世纪末。值得我们关注的是，关于其中排序第二的隋朝国书有如下记录：

> 推古天皇二年正月，隋国之牒状到来，其文曰"皇帝问和王"。圣德太子御览此状，怨其不书"天子"而写"和王"，故不赏其使。

日本推古天皇二年，相当于隋文帝开皇十四年（594）。未见他书记载此年隋朝国书送达倭国之事。历史上是否真有其事呢？我们围绕《隋书·东夷传》所记六国（高丽、百济、新罗、靺鞨、流求、倭国），先从国际情势加以考察。

隋朝于581年开国，改元为"开皇"，高句丽、百济、靺鞨相继朝贡，其中高句丽为"岁贡"；开皇九年（589），隋灭陈而一统江山，百济王余昌奉表庆贺，此后因百济与高句丽关系紧张，开始频繁向隋朝贡。

百济自开皇初朝贡以来，似乎中断了数年，平陈之年（589）"有一战船漂至海东聃牟罗国，其船得还，经于百济，昌资送之甚厚，并遣使奉表贺平陈"（《隋书·百济传》）。这是两国恢复通交的一次偶发事件，但在东亚外交史上产生了巨大影响。《隋书·百济传》云："其人杂有新罗、高丽、倭等。"或许通过百济的朝贡，文帝的眼光投向了新罗乃至倭国，因此极有可能遣使两国，宣喻正朔。

在上述背景下，在开皇十四年同一个时间节点，新罗"遣使贡方物"（《隋书·新罗传》），倭国收到"隋国之牒状"，这两者之间应该存在某种关联。回头再看《隋书·倭国传》开皇二十年朝贡记事的末尾有"新罗、百济皆以倭为大国，多珍物，并敬仰之，恒通使往来"，看似有些唐突，其实佐证新罗、百济、倭国自成一个交流圈，随着百济率

先进入隋帝国朝贡圈，新罗、倭国
也随之做出联动反应。这便是开皇
二十年倭国派出遣隋使的国际
背景。

我们再看日本国内情势。推古
天皇元年（593）四月十日，圣德
太子"仍录摄政，以万机悉委"
（《日本书纪》），开始一系列内
政外交改革。推古二年（594）二
月，天皇发布"兴隆三宝"诏，此
后日本史籍频载百济、新罗朝贡记
事。在与朝鲜半岛诸国的交往中，
圣德太子也许已经注意到隋帝国的

图3-2　日本奈良法隆寺藏《唐本御
影》（此图亦称"圣德太子二王子像"）

崛起，倘若推古二年收到隋朝牒状，必定会做出积极反应，而开皇二十
年（600）的遣隋使，就是积极反应的一个结果。

《隋书·倭国传》中关于开皇二十年遣隋使的长篇记事，尚有许多
细节值得推敲，比如末尾部分的"新罗、百济皆以倭为大国，多珍物，
并敬仰之，恒通使往来"，察其语气措辞，不似出自新罗、百济之口，应
该是倭国使传递的信息，也可以看成开皇二十年遣隋使存在的旁证。

三

仁寿四年遣隋使

开皇二十年的遣隋使备受质疑，其中一个重要原因是使者姓名不见
史载。日本学术界长期以来奉小野妹子为遣隋使先驱，其依据是《日本

书纪》中的推古天皇十五年七月三日条："大礼小野臣妹子遣于大唐，以鞍作福利为通事。"

日本推古天皇十五年，当隋大业三年（607）。查《隋书·倭国传》，其中确有对应的记录："大业三年，其王多利思北孤，遣使朝贡。"殊不知，《隋书》所录的四次遣隋使，无一明记使者姓名，仅因使者阙名而疑之，实非学者所取。

开皇年间倭国使者阙名，大业年间小野妹子名垂青史，确实已经

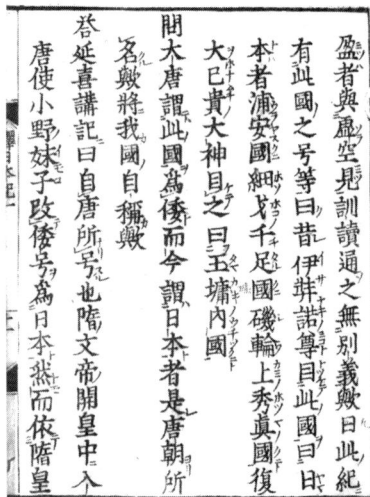

图3-3　卜部兼方《释日本纪》书影

成为学术界的常识。然而，在日本镰仓时代末期，卜部兼方为注释《日本书纪》而撰写的《释日本纪》[1]（卷一开题），引用《延喜讲记》的一段史料，令人对所谓的"常识"产生怀疑：

> 问：大唐谓此国为倭。而今谓日本者，是唐朝所名欤？将我国自称欤？
>
> 答：《延喜讲记》曰：自唐所号也。隋文帝开皇中，入唐使小野妹子，改倭号为日本。然而依隋皇暗物理，遂不许。

所谓《延喜讲记》，是指延喜年间（901—923）史官向天皇讲解《日本书纪》的记录。这则史料最令人惊异之处，是指出小野妹子遣使

1　《释日本纪》共二十八卷，为卜部兼方编撰，成书于1274—1301年间，引用大量文献注释《日本书纪》，具有很高的史料价值。

一事发生在隋文帝开皇中。那么，开皇二十年的遣隋使，是否就是小野妹子呢？下面我们来看看中国文献中（除《隋书》外）关于开皇年间遣隋使的记载。

《册府元龟》卷九六六《外臣部·继袭一》："倭国……隋开皇二十年，其王姓阿每，字多利思比孤，号阿辈鸡弥，遣使朝贡。"

杜佑《通典》卷一八五《边防一·倭》："倭自后汉通焉。……隋文帝开皇二十年，倭王姓阿每，名自多利思比孤，其国号阿辈鸡弥，华言天儿也，遣使诣阙。"

《新唐书》卷二二〇《日本传》："日本，古倭奴也。……其王姓阿每氏……更以天皇为号。……次用明，亦曰目多利思比孤。直隋开皇末，始与中国通。"

《宋史》卷四九一《日本国传》："雍熙元年，日本国僧奝然……献铜器十余事并《本国职员令》《王年代纪》各一卷。……其《年代纪》所记云：'初主号天御中主……次用明天皇，有子曰圣德太子……当此土隋开皇中，遣使泛海至中国，求《法华经》。……凡六十四世。'……按隋开皇二十年，倭王姓阿每，名自多利思比孤，遣使致书。"

如上所列，《册府元龟》、杜佑《通典》均明确记载为"开皇二十年"，《新唐书》则作"开皇末"，与前两者稍有不同。按《新唐书·日本传》中关于天皇谱系的记载，学界公认取材于雍熙元年（984）入宋的日本僧奝然所提供的《王年代纪》。欧阳修、宋祁等在编撰《新唐书》时，虽然能看到《王年代纪》原本，但囿于编撰前代史书，只采录了唐以前的资料而已。相比之下，元代成书的《宋史》，则忠实地抄录了原文。兹摘录相关部分如下：

次用明天皇，有子曰圣德太子，年三岁，闻十人语，同时解之；七岁悟佛法于菩提寺，讲《圣鬘经》，天雨曼陀罗华。当此土隋开皇中，遣使泛海至中国，求《法华经》。

上述记载比《新唐书》多了讲《圣鬘经》、求《法华经》等情节，这显然是入宋僧奝然带来的新信息，所以《宋史》编者脱脱根据《隋书》等前史记载，特意在文后加上一条按语："隋开皇二十年，倭王姓阿每，名自多利思比孤，遣使致书。"

现在，我们可以提出一个更大胆的问题：开皇年间的遣隋使，除了开皇二十年那次，是否还有另外一次？因为我们注意到，开皇二十年的遣隋使没有求书情节，也没出现圣德太子、小野妹子等人物。然而，据奝然传来的《王年代纪》，圣德太子遣使求《法华经》；据《释日本纪》所引《延喜讲记》，小野妹子曾于隋文帝开皇中作为使者入华。

假设小野妹子曾于开皇年间作为使者入隋，那么不是开皇二十年（600），就是在此之前。因为次年（601）正月改元"仁寿"。然而，从目前的文献资料来看，开皇二十年"始与中国通"，《隋书·倭国传》的记事也显示该年倭国初次朝贡。剩下的可能性，如果限于隋文帝治世时，那就只有仁寿年间（601—604）了。

这种可能性还是存在的，因为关于小野妹子求书情节的遣隋使信息，得自日本入宋僧奝然，而日本文献中记载的中国王朝、年号信息屡屡出现混淆。如《释日本纪》中一边说小野妹子于"隋文帝开皇中"觐见"隋皇"，一边却称他为"入唐使"；《日本书纪》中的情况亦然，凡涉及遣隋使活动，均以"唐"代指"隋"。

我们假设小野妹子在文帝治世时曾经作为使者入隋，暂且不拘泥于"开皇"年号，那么发生在文帝治世的仁寿年间有无可能呢？在平安时代成书的《经籍后传记》[1]逸文中有如下一段记载，可为我们提供一种答案：

> 以小治田朝（今按推古天皇）十二年岁次甲子正月朔，始用历日。是时国家书籍未多，爰遣小野臣因高于隋国，买求书籍，兼聘隋天子。[2]

日本推古天皇十二年，当隋文帝仁寿四年（604）。有关于这一次遣隋使，不见于其他文献记载。但是此次遣使与"始用历日"——遵奉正朔相呼应，是日本跨入东亚国际舞台的标志性一步。与其说日本在使用中国历法之后才派遣使者入隋，毋宁说日本为了派出遣隋使而特意"始用历日"，以向世界宣示本国文教兴盛。[3]使者"小野臣因高"即小野妹子，入隋后取名"苏因高"。

图3-4　遣隋大使小野妹子

根据上述推演，开皇十四年（594）隋朝向日本送国书颁示正朔，引发开皇二十年（600）以后一系列的遣隋唐使渡海；第一次遣隋使（600）带回大量信

1　《政事要略》卷二十五引用该书作"儒传"。惟宗允亮编撰的《政事要略》完成于长安四年（1002），《儒传》（《经籍后传记》）成书当在此前。

2　[日]田中健夫编：《善邻国宝记·新订统善邻国宝记》，集英社1995年版。

3　关于此次遣隋使，也有人怀疑是指607年的遣隋使，使者亦为小野妹子。但"是时"紧接"始用历日"，应该指"（推古天皇）十二年岁次甲子正月朔"，即604年正月一日，遣使时间不会距此太久。

第三章　名扬海东的"菩萨天子"（隋文帝）

息，于是就有了推古十二年（604）"始用历日"、遣使求书的举动。[1]

仁寿四年（推古十二年）的遣隋使，究竟是否真正存在，由于史料极度匮乏，尚不能妄断。如果此次遣隋使得到印证，则小野妹子活跃于文帝与炀帝两代的外交舞台，他在仁寿年间的文化活动与大业年间的政治活动，也必然具有内在关联。

小野妹子出使隋朝的仁寿四年，中国正处于皇位交替的非常时期。当年七月，隋文帝去世。史官赞曰："《职方》所载，并入疆理；《禹贡》所图，咸受正朔。"文帝治世，构建了宏伟的东亚帝国，其影响辐射至周边各国。

据《隋书·音乐志》载："始开皇初定令，置《七部乐》。一曰《国伎》，二曰《清商伎》，三曰《高丽伎》，四曰《天竺伎》，五曰《安国伎》，六曰《龟兹伎》，七曰《文康伎》。又杂有疏勒、扶南、康国、百济、突厥、新罗、倭国等伎。"从"倭国伎"进入隋朝宫廷这点，也可推知倭国被纳入朝贡圈之内。

考察隋文帝时期中日之间的外交关系，百济、新罗、倭国的互动尤其引人注目。三国在明争暗斗中，各自展开对隋外交。虽然百济最先朝贡隋朝，新罗继之，倭国则大有后来居上之势。在《隋书·倭国传》开皇二十年记事中，最后特书一笔三国的关系，可为明证。

在仁寿四年七月文帝去世后，其子隋炀帝旋即登基继位，这位历史上争议颇多的帝王，在外交方面采取更积极的姿态，东亚格局为之一变，中日关系也进入一个新的阶段。

---

1 《善邻国宝记》的编者瑞溪周凤在引用《经籍后传记》后，特加注考云："又《推古记》《太子传》所记妹子入隋，乃推古十五年丁卯也。然《经籍后传记》曰十二年甲子……孰是？当以《推古记》《太子传》为是欤。"对推古十二年（604）遣隋使存疑。

四

"菩萨天子"考

据《隋书·倭国传》载，大业三年（607）的倭国使者称："闻海西菩萨天子重兴佛法，故遣朝拜，兼沙门数十人来学佛法。"此处以"重兴佛法"而名闻日本列岛的"菩萨天子"，到底是指隋文帝还是隋炀帝，学界尚存在争议。

由于"海西菩萨天子重兴佛法"云云，出自大业三年倭国使者之口，所以不少学者认为所指自然是当时在位的隋炀帝。中国学者，如潘树林在《日本遣隋使略论》一文中说："圣德太子在听说隋炀帝一反北周武帝禁佛而重兴佛教之后，便派遣使节、沙门和学问僧前来中国礼拜取经。"[1]日本学者，如大桥一章、谷口雅一在合著的《被掩盖的圣德太子的世界——复元梦幻般的"天寿国"》一书中认为，"菩萨天子"是指炀帝而非文帝。其根据是：

> 例如，有这样一组数据：充实佛教经典，写本九十万三千五百八十卷，修理古像十万千尊，铸刻新像三千八百五十尊。这是隋炀帝统治十四年期间实践佛道的数据。顺便一提，在隋文帝统治的二十四年间，经典写本的数字只有炀帝时的七分之一。
>
> 隋文帝的确是笃信佛教的佛教徒，但隋炀帝比之更甚……[2]

中日文化交流史研究的开拓者木宫泰彦，说得比较含蓄，即倭王

1　潘树林：《日本遣隋使略论》，《西南民族学院学报（哲学社会科学版）》1999年第S期，第73页。

2　[日]大桥一章、谷口雅一：《隐された聖徳太子の世界—復元・幻の天寿国—》，日本放送出版协会2002年版，第165页。

"听说隋帝继北周武帝废佛之后，竭力复兴佛教，才特地遣使前往"[1]。此"隋帝"究竟指文帝还是炀帝，读者得依照文脉去判断。遣唐使研究权威森克己则明确比定为文帝，指出隋文帝代替北周后，为武帝废佛之举而忏悔，以复兴佛教为己任，名声远播海外，因而引发倭国使者"兼沙门数十人来学佛法"[2]。

　　日本学者砺波护历来持文帝说，撰写专文探讨这个问题。他首先针对大桥一章、谷口雅一认定炀帝比文帝更适合"菩萨天子"的名号，列出法琳《辩正论》卷三《十代奉佛篇》上有关隋朝的记载，笔者将其整理为表3–1：

表3–2　隋帝奉佛事迹

隋文帝	自开皇之初，终于仁寿之末，所度僧尼二十三万人。海内诸寺三千七百九十二所，凡写经论四十六藏，一十三万二千零八十六卷，修治故经三千八百五十三部。造金铜檀香夹纻牙石像等，大小一十万六千五百八十八躯，修治故像一百五十万八千九百四十许躯。宫内常造刺绣织成像及画像、五色珠幡、五彩画幡等，不可称计。
隋炀帝	平陈之后，于扬州装补故经，并写新本，合六百一十二藏，二万九千一百七十三部，九十万三千五百八十卷，修治故像一十万一千躯，铸刻新像三千八百五十躯，所度僧尼一万六千二百人。

　　从上表可知，虽然炀帝时期写经约为文帝时期的七倍，但从"所度僧尼""修治故像"来看，则是文帝时期遥遥领先。砺波护同时关注"重兴佛法"的措辞。仁寿元年（601）六月十三日，文帝在花甲生日当天，发布诸州建造三十所舍利塔诏书，开首即言"朕皈依三宝，重兴圣教"；又据《广弘明集》卷十七所引《舍利感应记》，文帝曾由智仙尼在般若寺养育，智仙尼预见北周武帝废佛，嘱咐文帝"儿当为普天慈父，重兴佛法"；再据《集古今佛道论衡》所引《隋祖起居注》，文帝登基后

1　［日］木宫泰彦著，胡锡年译：《日中文化交流史》，商务印书馆1980年版，第53页。
2　［日］森克己：《遣唐使》，至文堂1990年版，第6—7页。

"重兴佛法，皆如尼言"。砺波护进而指出："'重兴佛法'是指隋文帝治世的文辞，经常出现于隋文帝的诏敕文中。"最后得出结论："重兴佛法的海西菩萨天子"是指隋文帝而非隋炀帝。[1]

中国学者韩昇也力主文帝说，并列举出三条理由：

> 第一，从北周武帝灭佛中重兴佛法者为隋文帝。第二，从表面上看，隋文帝与隋炀帝都十分崇敬佛教，但实际上却颇有差别。文帝崇佛注重的是外在形式，如造寺塔佛像、颁赐舍利经书和广度僧尼等，而炀帝则重视佛教义理的发潜阐幽，故他能在一定程度上纠正文帝立寺度僧过滥的缺失。显然，把崇佛事业开展得轰轰烈烈、天下响应者乃是隋文帝无疑。第三，中国的事情经由朝鲜国家而传播到日本需要一定的时间，考虑到这一时间差，则更可证明大业初倭使所言乃就文帝崇佛而发。[2]

韩昇从东亚视域中观照"菩萨天子"的真身，这一角度令人耳目一新。稽考《广弘明集》卷十七《隋国立舍利塔诏》，文帝不仅宣称"朕皈依三宝，重兴圣教"，紧接着还说："思与四海之内一切人民，俱发菩提，共修福业，使当今、现在爰及来世永作善因，同登妙果。"仁寿二年（602）再次颁赐舍利

图3-5　隋文帝

1　[日]砺波护著，韩昇译：《天寿国和重兴佛法的菩萨天子》，《敦煌学辑刊》2013年第1期，第160—162页。

2　韩昇：《论隋倭交往的形式及其实质》，《厦门大学学报（哲学社会科学版）》2000年第1期，第116页。

时，"高丽、百济、新罗三国使者将还，各请一舍利于本国起塔供养，诏并许之"（《广弘明集》卷十七《舍利感应记》），说明文帝复兴佛教的影响波及海外，倭国使者所云"闻海西菩萨天子重兴佛法"当非虚言。

此处一个"闻"字，暗示消息或来源于仁寿二年携舍利而归的高丽、百济、新罗使者，其时倭国正在动议征讨新罗，故传递此消息者以百济、高句丽最有可能。其中，《日本书纪》的以下几条记事可作参考：

> 推古天皇十年（602）十月：百济僧观勒来之，仍贡历本及天文地理书，并遁甲方术之书也。
>
> 推古天皇十年（602）闰十月十五日：高丽僧僧隆、云聪共来归。
>
> 推古天皇十三年（605）四月：是时，高丽国大兴王闻日本国天皇造佛像，贡上黄金三百两。

虽然"菩萨天子"为隋文帝几成定论，但关于"菩萨天子"称谓之由来，却未见国内外诸家深入探究。工藤美和子在讨论日本的"佛教天皇观"源头时，列举出北魏太祖之"当今如来"、南朝梁武帝之"皇帝菩萨"、隋文帝之"菩萨天子"诸号，随鉴真东渡的唐僧思托所著《延历僧录》称圣武天皇为"圣武皇帝菩萨"，直接把这种政教合一的称谓带入日本社会。[1]

"皇帝菩萨"似乎已成梁武帝专称，其实不然。仁寿四年（604）隋

1　［日］工藤美和子：《九世紀日本における仏教的天皇観について》，《印度學佛教學研究》第55卷第2号，2007版。

炀帝登基，天台寺僧智越呈书庆贺，尊称炀帝为"皇帝菩萨"[1]；贞观
十六年（642），唐太宗"幸弘福寺，为穆太后追福。自制疏，称皇帝菩
萨戒弟子"[2]。"皇帝菩萨"与"菩萨天子"虽然语义接近，但毕竟次序
不同，措辞也有区别。然而，《佛说大乘随转宣说诸法经》卷下，多次
出现"菩萨天子"一词：

> 世尊说已，莲华游戏天子言：诸菩萨天子，身心散乱，不受世
> 尊教学。……若菩萨天子，勤修十善，真实圆满；积集善根，心中
> 欢喜。此菩萨天子，往诣博学多闻菩萨天子所，修一切善根，圆满
> 具足；离除业障，心得清净。

《佛说大乘随转宣说诸法经》署"宋明教辩才法师充译经三藏沙门
绍德等奉诏译"，此新译经晚出，不足于佐证《隋书》"菩萨天子"的由
来。《佛说首楞严三昧经》系后秦龟兹国三藏鸠摩罗什译，其卷下载云：

> 尔时，会中有菩萨天子名净月藏，作是念。……时，佛知是菩
> 萨天子深乐佛道，与授阿耨多罗三藐三菩提记，而作是言……

综上所述，"菩萨天子"原为汉译佛经中的词汇，世俗化过程中逐渐
成为信佛帝王的称谓，并衍生出"皇帝菩萨"的新词；隋文帝取代北周
后拨乱反正，重兴佛法，名声远播海外，因而被尊称为"菩萨天子"。

1　《国清百录》卷三《仁寿四年皇太子登极天台众贺至尊第八十二》："天台寺沙门智
　越一众启。窃闻金轮绀宝，奕世相传。重离少阳，时垂御辨。伏惟皇帝菩萨，圣业
　平成，篡临洪祚，四海万邦，道俗称幸，越等不任喜踊之至。谨遣僧使智璪奉启以
　闻。仁寿四年十一年三日，括州临海县天台寺僧智越等启。"
2　《佛祖统纪》卷第三十九。

在源远流长的中日文化交流史上，佛教徒是一个视野宽广、理想高远、意志坚定、勇于开拓的特殊群体，佛教的意义已经并不拘囿于宗教本身，亦承载着灿烂而多元的中华文明传播至域外。

隋文帝因"重兴佛法"而享誉"菩萨天子"，不仅在中华文明史上留下一笔重彩，而且引发东亚各国的共鸣，刺激了日本开通与中国的直接交流，开日本遣隋使先河，进而推动日本文明跳跃式的发展。

隋文帝虽然从未踏足日本，但他的理念与影响却漂洋过海、传播四邻，从这层意义上讲，这也是另类的"跨国人物"。

第四章
以熊凝氏为姓的吴国人（福亮）

皇极天皇四年（645）六月十二日，值三韩使者登临太极殿、觐见天皇仪式即将开始之际，飞鸟之都风云骤变。正是清"尽灭天宗，将倾日位"[1]之苏我入鹿于君侧之大好时机。

当仓山田麻吕即将宣完三韩表文之际，藏身于宫外的中大兄皇子等人举枪拔剑，将苏我入鹿诛杀。次日，一举清剿其残党。十四日，天皇让玉座于轻皇子（即后来之孝德天皇），中大兄被立为皇太子。翻开日本古代史崭新一页的大化改新，就此拉开帷幕。

孝德天皇随即论功行赏，授中臣镰子（亦作"中臣镰足"，下同）以大织冠，担任内臣之职；任命曾入隋的高向玄理、僧旻（或称"日文"）为国博士，辅助政务；随后于八月八日，颁布了习称《大化僧尼诏》的诏书，其中一条乃是敕封狛大法师、福亮、惠云、常安、灵云、

---

1 《日本书纪》皇极天皇四年（645）六月十二日条。

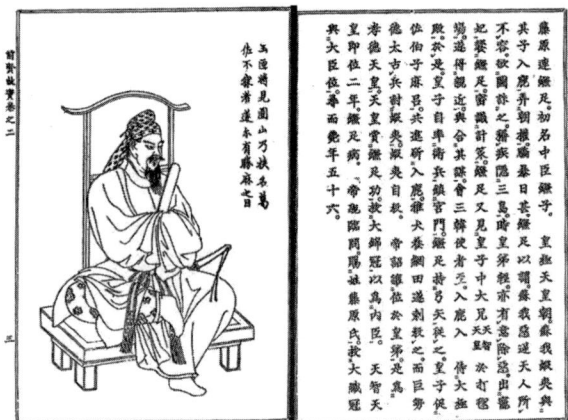

图4-1　策动"大化改新"的藤原镰足（菊池容斋《前贤故实》）

惠至、僧旻、道登、惠邻、惠隐为十师。[1]

在被寄予"宜能教导众僧，修行释教，要使如法"[2]厚望的十师之中，福亮居有一席。虽就其经历而言，尚有众多不明之处，但可知其曾在飞鸟时代（相当于中国隋朝时期）从江南渡海至日本，成为襄助圣德太子推进内政外交改革、兴隆佛教文化的重要人物。

1　《日本书纪》大化元年（645）八月八日条："于矶城岛宫御宇天皇十三年中，百济明王奉传佛法于我大倭。是时群臣俱不欲传，而苏我稻目宿祢独信其法。天皇乃诏稻目宿祢使奉其法。于译语田宫御宇天皇之世，苏我马子宿祢追遵考父之风，犹重能仁世之教。而余臣不信，此典几亡。天皇诏马子宿祢而使奉其法。于小垦田宫御宇之世，马子宿祢奉为天皇造丈六绣像、丈六铜像，显扬佛教，恭敬僧尼。朕更复思崇正教，光启大猷。故以沙门狛大法师、福亮、惠云、常安、灵云、惠至，寺主僧旻、道登、惠邻而为十师。别以惠妙法师为百济寺寺主。此十师等宜能教导众僧，修行释教，要使如法。凡自天皇至于伴造所造之寺，不能营者，朕皆助作。今拜寺司等兴寺主，巡行诸寺，验僧尼、奴婢、田亩之实而尽显奏。即以来目臣（阙名）、三轮色夫君、额田部连甥为法头。"所谓"十师"，《日本书纪》中仅列九人，河村秀根的《书纪集解》补入"惠隐"，《元亨释书》则补入"惠妙"，学界一般多从前者。
2　参见《日本书纪》大化元年（645）八月八日条。

一

十师众生相

起于7世纪中叶之大化改新，虽为发生在日本列岛之大事，但是今天我们审视考察这段历史，不能将目光仅仅拘囿于日本国内，视线应广及东亚互动的国际形势。因为，引发这场划时代革命的人物许多来自朝鲜半岛乃至中国，其中甚至有几位具有海外知识背景。

据《日本书纪》皇极天皇三年（644）正月条载，密谋铲除苏我氏的中大兄皇子与中臣镰子，"俱手把黄卷，自学周孔之教于南渊先生所。遂于路上往还之间，并肩潜图"。这里提到的南渊先生，便是推古十六年（608）九月作为学问僧随小野妹子入隋求学之南渊汉人请安，其祖先系来自朝鲜半岛的汉族移民。舒明天皇十二年（640）九月，留学中国长达30余年、亲身经历了隋唐交替的请安，经新罗辗转归国后，授中大兄皇子与中臣镰子等人以儒学。众所周知，儒学正是大化改新的精神原点之一，而请安成了当时改革派的精神支柱。至于南渊请安为何未加入新政权，很可能是由于在此之前他便已离世。因为与其一同留学、先后归国的高向玄理及旻法师二人，均被任用为新政府的顾问（国博士）。[1]

高向玄理和旻法师都与南渊请安一样，属于被称为"汉人"或"新汉人"的渡来一系。旻法师在舒明天皇四年（632）八月，搭乘第一批遣唐使的归帆回国。法师虽是佛教的留学僧，但据《藤氏家传》可知，亦曾设席讲解《周易》。[2]高向玄理有时也写作"高向黑麻吕"，与南渊请安同时回国，大概曾在中国学习典章制度，深谙儒教礼仪，所以天皇

1　有一种说法是名列十师的"常安"，在日语中的发音与"请安"相类，推测两者为同一人物。详情见后文。

2　《藤氏家传》卷上关于中臣镰子有："尝群公子，咸集于旻法师之堂，读《周易》焉。"

89

在外交方面对其多有倚重。如大化二年（646）九月，高向玄理被任命为遣新罗使，于翌年携新罗王子金春秋回国复命；白雉五年（654）二月被任命为遣唐押使，再次入华，后不幸客死长安。[1]

图4-2　《太子绘传》中小野妹子乘坐的遣隋使船

作为大化改新不可或缺的关键人物，此三人均曾在中国留学，时间最短的有25年，最长的多达33年。他们得以亲眼见证隋唐的王朝交替，亲身体验贞观之治欣欣向荣的气象，切身感受唐朝的强盛。这一切，应会促使他们得出结论：若要强国，唯有模仿大陆之文物制度一途。正是有此深刻认识，他们才成为了改革一派的智囊团。可以认为，在《大化僧尼诏》中被确定的十师制度，正是以他们所携回之最新信息为蓝本的。唐武德二年（619），朝廷任命十大德，以管辖僧尼，由此，唐朝佛教界的自治制度基本完成。在十师制以前，日本实施的是僧纲制，而向十师制的转变，可以当成是日本倾慕唐风的具体表现。

被称为"十师"的诸位高僧，均是有着浓厚国际色彩的人物。关于位居首位的狛大法师，《圣德太子传补阙记》皇极天皇二年（643）条载有："大狛法师，杀弓削王。"可以推定，"狛"是指来自高句丽的僧

1　《日本书纪》白雉五年（654）二月条："遣大唐押使大锦上高向史玄理……田边史鸟等，分乘二船，留连数月，取新罗道泊于莱州，遂到于京奉觐天子。于是东宫监门郭丈举悉问日本国之地里及国初之神名，皆随问而答。押使高向玄理卒于大唐。"

侣，也有学者将其比定为"慧灌"[1]。至于第二位的福亮，是一位连国籍都不明确的国际性人物，吴国人、高丽人、日本人诸说均有。关于福亮的出身，笔者将在后文详述。

惠云以下八人，除了传记不详的惠邻之外，其余均有留学经历。翻检《日本书纪》可见相关记录，如舒明天皇四年（632）八月条："大唐遣高表仁送三田耜，共泊于对马。是时，学问僧灵云、僧旻及胜鸟养、新罗送使等从之。"再如舒明天皇十一年（639）九月条："大唐学问僧惠隐[2]、惠云，从新罗送使入京。"

此外，常安与惠至也需略微考证。关于常安其人，日本古典文学大系本《日本书纪》以头注形式推测"可能与南渊请安为同一人"。由于"请安"与"常安"，在日语中读音相似，再结合南渊请安曾作为学问僧入隋，这一推测并非空穴来风。惠至的生平不详。不过，在白雉三年（652）四月，入隋僧惠隐曾应诏入宫讲解《无量寿经》之时，有惠资者担当"论议者"（问者）。[3] "惠至"与"惠资"日语读音相同，若此二者为同一人，那么能与惠隐同登讲坛，则具有留学经历的可能性便极高。

---

1 [日]辻善之助：《日本佛教史》，岩波书店1984年版。慧灌系高句丽僧，曾入隋从嘉祥大师学三论宗，推古天皇三十三年（625）正月到日本，补为僧正，成为日本三论宗祖师。

2 惠隐姓氏为"志贺汉人"，当为日本近江一代的移民后裔。他在华留学凡31年，回国翌年（640）五月开讲《无量寿经》，白雉三年（652）四月十五日至二十日在宫中再开讲席，为千名僧侣讲解《无量寿经》。

3 《日本书纪》白雉三年（652）四月十五日条："请沙门惠隐于内里，使讲《无量寿经》。以沙门惠资为论议者，以沙门一千为作听众。"

关于道登，《扶桑略记》（第四）大化二年
（646）条中，引用矗立于宇治桥北岸的著名碑铭：
"世有释子，名曰道登。出自山尻，惠满之家。大化
二年，丙午之岁。构立此桥，济度人畜。"文后注
记："释道登者，本高丽学生，元兴寺沙门也。"《本
朝高僧传》卷七十二则有《和州元兴寺沙门道登
传》："释道登，不详其许。推古末年，自高丽入大
唐，随嘉祥寺吉藏大师，传三论旨。"在《日本灵异
记》（上）第十二回中，也记其曾往高丽留学，归后
住元兴寺。

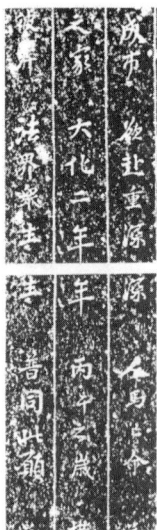

图4-3 相传为
入唐僧道登撰写
的《宇治桥断
碑》（局部）

由上可知，具有渡来系血统和留学经历，是此
十位高僧被选任担当统摄佛教界大任的重要原因。
因大化改新而获得新生的日本，正是得益于这些睿
智之士，逐渐成为东亚国际社会中的一员。

二

福亮的国籍

在《大化僧尼诏》任命的十师之中，前面两位（狛大法师、福亮）
与固有的渡来系氏族略有不同，应是作为飞鸟时代来日的外国人，为新
政府所起用。

关于"狛大法师福亮"一句，学界通常都将其解读为"狛大法师者
福亮"。此一见解，远可追溯至江户时代河村秀根的《书纪集解》，以及
饭田武乡的《日本书纪通释》，近则由横田健一博士在论文中对其继而
承之。

《日本书纪》记载，大化元年八月八日召使节、聚僧尼于大寺（应为元兴寺），并下诏任命十人僧侣为十师。此时，沙门狛大法师福亮之名赫然居首。"狛"本是指高句丽，如此看来，福亮当可被认为是高句丽人。[1]

关于福亮的国籍，时至今日，依然是高句丽人、吴国人、日本人诸说并存。例如，在颇具权威的《国史大辞典》中，有佐久间龙氏执笔的略传。佐久间龙氏在介绍"据《日本书纪》记载，有将福亮等同于狛大法师之说"后，称"此智藏，据说是福亮在俗时之子，再从《怀风藻》中所提及的'俗姓禾田氏'来看，福亮恐非吴国人"，并暗示了福亮的日本出身。此外，《南都高僧传》记云："智藏僧正，日本人也。"

关于往来于古代东亚诸国的人物，《丝绸之路往来人物辞典》网罗甚全。东野治之执笔的"福亮"条，认为福亮亦作"福领"，乃"中国吴之僧。飞鸟元兴寺的三论宗僧。归化之后，称熊凝氏"。[2]

之所以有此纷纭众说，笔者以为是由于各说所依据的文献不同。在此，笔者将曾提及福亮出身的文献史料罗列如下：

《僧纲补任抄出》："僧正福亮（吴人，熊凝氏，本元兴寺）。"

《扶桑略记》："吴僧元兴寺福亮法师。"

《元亨释书》："释福亮，吴国人。"

《多武峰缘起》："异僧元兴寺福亮。"

《本朝高僧传》："释福亮，姓熊凝氏，本吴国人。"

1　［日］横田健一：《〈怀风藻〉所载僧伝考》，《関西大学文学論集》第8卷第4号，1959年3月。

2　［日］东大寺教学部：《シルクロード往来人物辞典》，同朋舍1989年版，第163—164页。

若将《多武峰缘起》中的"异僧"看作"吴僧"的误写，关于福亮的记录，以上基本史料都是将其记作"吴人""吴僧""吴国人"。这些史料清楚地表明福亮乃是出身于自古便被称为"吴"的中国江南地区。

再将视线转回《日本书纪》中关于十师任命的记录。首先，像"狛大法师者福亮"这样的解读方式毫无佐证。另外，若是将"狛大法师"作为"福亮"的修饰语来理解，那么十师便缺少一人，仅存九师。因此，应当认为"狛大法师"和"福亮"是各有其人吧。在此顺便一提，池山一切圆在认同福亮为吴国人的同时，认为"吴国"等同于"狛"，即高句丽。[1]

此外，认为福亮出身于日本的说法，其根据应是源于"熊凝"这一日本固有的姓氏（读作"Kumagori"）。但是，就此问题而言，以《本朝高僧传》所记述的"本吴国人"为前提，东野治之提出的"归化后称为熊凝氏"见解，应当正得其要，值得倾听。

这里的"熊凝氏"与《日本书纪》中出现的"熊之凝"应有关联。关于熊之凝，《日本书纪》神功元年三月五日条有记载。作为对抗神功一方的忍熊王军先锋，熊之凝引吭高歌，鼓舞士气。在夹注中，有注释熊之凝乃是葛野城首之祖，相当于多吴吉师的远祖。"吉师"位列新罗十七等官位中第十四等。以"吉师"为姓氏者大抵为朝鲜半岛的渡来系，他们多作为外交使节或外国使节的接待人员活跃在历史舞台上。而福亮以熊凝氏为姓，想必背后有此缘由。

1　［日］池山一切圆：《南岳慧思と聖徳太子》，《奥田慈応先生喜寿紀念　仏教思想論集》，平乐寺书店1976年版。

三

吴国人的东渡

关于福亮赴日的年份目前尚未明确，但最早出现其名的文献记录是在舒明天皇十年（638）。据《法起寺塔露盘铭》，福亮僧正为圣德太子敬造弥勒佛像一尊，并建金堂。由是可知，福亮赴日应在此之前。

在飞鸟时代，由朝鲜半岛渡日之人基本为僧侣。但福亮却与众不同，他并非僧侣，而是来自被称为"吴"的中国江南。关于他的出身及行实，《本朝高僧传》卷一《和州元兴寺沙门福亮传》记云：

> 释福亮，姓熊凝氏，本吴国人。来朝出家，从高丽慧灌僧正，习禀三论，兼善法相。又入中国，谒嘉祥师，重研本宗。住元兴寺，炽唱空宗。敕任僧正。齐明四年大织冠镰足公于山科陶原家新建精舍，延亮讲《净名经》，是南都维摩会之权舆也。

我们先关注前半段记事。福亮之师慧灌（亦作"惠灌"，下同），受高句丽王之派遣，于推古天皇三十三年（625）正月赴日，不久即补任为僧正。关于其补任僧正之事，在《三论祖师传》中尚载有传奇。据说慧灌抵达日本当年之夏，受命祈雨，他身着青衣，宣讲三论，很快便有雨至，十分灵验。作为褒奖，推古天皇特任命其为僧正。[1]

日本实施僧纲制，始于百济僧观勒在推古天皇三十二年（624）被

1　《元亨释书》卷二十一记载："释慧灌，高丽国人。入隋受嘉祥吉藏三论之旨。推古三有三年乙酉春正月，本国贡来，敕住元兴寺。其夏天下大旱，诏灌祈雨。灌著青衣讲三论，大雨便下。上大悦，擢为僧正。后于内州创井上寺，弘三论宗。"《扶桑略记》亦云："（推古）三十三年乙酉，天下旱魃。以高丽僧惠灌，令着青衣，讲读三论。甘雨已降，仍赏任僧正。住元兴寺，流布三论法门，建井上寺。"

任命为僧正。慧灌属第二位被任命的僧正。此后，这一制度一直延续，直到大化元年（645）年开始实施十师制。虽然《日本书纪》等史料中并无记录，但是福亮在僧纲制实施期间，应该已经成为僧正了。

图4-4　赴日传教的高句丽僧慧灌（土佐秀信绘《增补诸宗佛像图汇》）

《元亨释书》推古三十三年（625）条，有"夏，释慧灌擢僧正"之记录，紧随其后记有："冬，沙门福亮为僧正。"此外，在记述慧灌因祈雨成功而被提拔为僧正时，又重申了一次"此岁福亮为僧正"，并注云："古史失时日也。"

《三论祖师传》在叙述慧灌被任命为僧正之后，又记："而后，福亮法师等九人皆拜为僧正。"这恐怕是与大化元年八月八日的十师任命混同了。另外，《扶桑略记》认为福亮被任命为僧正的时间是在齐明四年（658）年以后[1]，这与《法起寺塔露盘铭》的记述产生龃龉。

在这里要指出的是，福亮即便是在慧灌赴日之后马上入得其门，也还是需要相当长的修行时间方可荣升为僧正。《元亨释书》说他与师尊慧灌同年升任僧正，时间似乎过早；《扶桑略记》说他名列十师13年之后再任僧正，时间似乎过晚。因此，其补任僧正的时间，根据最早的史料《法起寺塔露盘铭》，推定为舒明天皇十年（638）年前后，可能更加妥当。

与这一问题相关联的，便是福亮的渡日年份。及此，各书完全未有

1　《扶桑略记》齐明四年条云："中臣镰子于山科陶原家，屈请吴僧元兴寺福亮法师（后任僧正）为其讲匠，甫演《维摩经》奥旨。其后，天下高才、海内硕学，相撰请用如此，周覆历十有二年矣。"

言及。不过，史料将福亮称为"吴国人"而非"唐人"，这一点应该是重要的线索。

查阅《日本书纪》可知，与吴国的使节往来肇始于应神天皇三十七年（306），在5世纪后半雄略天皇治世时达到顶峰后戛然而止。7世纪初，在与推古朝经历了交往的过渡期后，隋唐取吴而代之。

"吴国"一词最后一次出现于《日本书纪》，是在推古天皇十七年（609）四月四日条中。当时，以百济僧道欣、惠弥为首的僧侣十人、俗人七十五人，从海上漂至肥后国的苇北津。在朝廷遣难波吉士德摩吕、船史龙前去询问来由之际，道欣等人回答如下：

> 百济王命以遣于吴国，其国有乱不入，更返于本乡。忽逢暴风，漂荡海中。然有大幸，而泊于圣帝之边境，以欢喜。

同年五月十六日，日本朝廷经过斟酌，再命德摩吕和龙将一干漂流民送归百济。然而，船行至对马，道欣等十一人提出请求，希望能留在日本，朝廷许之，乃安置于飞鸟元兴寺。

此后，虽然在推古天皇二十年条中，依然可见出现"吴"字的记载，如3年后人称"路子工"（又名"芝耆摩吕"）的百济人到日本，在御所（皇宫）的南庭建造了一座"吴桥"；再如同年百济人味摩之将在吴所学之伎乐舞传入日本等。[1]但是，"吴国"这一个概念已经没有实

---

[1] 《日本书纪》推古天皇二十年条载："自百济国有化来者，其面身皆斑白，若有白癞者乎。恶其异于人，欲弃海中岛。然其人曰：'若恶臣之斑皮者，白斑牛马不可畜于国中。亦臣有小才，能构山岳之形。其留臣而用，则为国有利，何空之弃海岛耶？'于是，听其辞以不弃，仍令构须弥山形及吴桥于南庭。时人号其人曰'路子工'，亦名'芝耆摩吕'。又，百济人味摩之归化，曰：'学于吴，得伎乐舞。'则安置樱井，而集少年令习伎乐舞。于是，真野首弟子、新汉齐文二人习之传其舞，此今大市首、辟田首等祖也。"

体与之相呼应了。

既然福亮被称为"吴国人",那么其渡日时间应该不会迟于推古二十年(612),更确切地说应不迟于推古十七年(609)。[1]此后,由"吴国"或"吴"来指代中国之例,在《日本书纪》中基本难觅。[2]

《日本书纪》指称中国,在推古十七年之前一般用"吴",推古天皇二十六年(618)八月条有一用例为"隋",从推古三十一年(623)开始,基本上便统一以"大唐"或"唐"来指代中国了。

若考量此背景,则可以推测福亮赴日应在7世纪之初。若容笔者进一步臆测,福亮有可能是为了躲避本国祸乱,而随百济之遣隋使道欣等同行漂流至日本。[3]

四
熊凝氏与太子信仰

若前述推测不谬,即福亮搭乘百济船漂流到日本,后随百济僧侣请求移居日本,那么他最终也应被送到都城飞鸟,并暂时寄身于元兴寺。此后至慧灌赴日之前的数十年间,福亮行迹不明,但可知他并非在赴日

---

1 由于在福亮的传记资料之中,未有只言片语提及其曾渡往百济,因此,与其说他是与路子工、味摩之一道由百济前往日本,不如认为他是与道欣一行结伴去的更为稳当。

2 《日本书纪》齐明天皇五年七月条所引《伊吉连博德书》中的"奉使吴唐之路",应属例外。

3 据《日本书纪》记载,道欣等从吴漂至日本时,有"百济僧道欣、惠弥为首一十人,俗七十五人",而要求留在日本的仅"道人等十一",其中多出的一位"俗人",有可能就是吴人福亮。其余七十四名俗人,推测大多为百济的船工,也许有部分从吴地搭乘的中国人,他们选择返回原定目的地百济,而福亮似乎出于宗教信仰而与僧侣共进退,这也可以解释他日后出家为僧的动机。

之后马上遁入佛门，因为有一段时间，他是以熊凝氏为姓的。

若熊凝氏之姓并非朝廷所赐（史料中并无赐姓记录），那福亮缘何选择此姓呢？笔者在此猜想，有可能是福亮与熊凝氏的女性结婚的缘故。《扶桑略记》等文献中描述智藏为福亮"在俗时子"[1]，正为此假说提供了证据。当然，另一种可能则是福亮将出生于中国的孩子带到了日本，但这也无法解释福亮为何以熊凝氏为姓。

熊凝氏一族与《日本书纪》中关于神功天皇元年纪事所出现的熊之凝，其关系尚不明确，但其生息之地应在平群郡的熊凝村（也写作"罴凝村"），而此地与圣德太子颇有渊源。

据《扶桑略记》（第四），推古天皇二十五年（617），圣德太子为替后世天皇祈福，发愿建精舍于熊凝村，以"修种种佛事，护代代皇位"，随后便病倒。推古二十九年（621）二月二十二日[2]，在圣德太子弥留之际，田村皇子传天皇旨意于太子，曰："若有所愿，朕将随之。"圣德太子乃答：

> 臣幸以宿因，忝生皇门；欲报之德，昊天罔极。况非其器，久以执柄；圣恩未酬，浮生将尽。以此为思，亦无所愿。但欲以熊凝献朝庭成大寺，是只保护皇胤之故也。

天皇闻此，"且悲且喜"，遂以平群郡熊凝精舍改建成大伽蓝，是为大安寺的前身。

与此类似的记录，还见于天平十九年（747）的《大安寺资财帐》以

---

1 《扶桑略记》天武二年三月条："智藏任僧正，吴学生福亮僧正在俗时子也。"《元亨释书》载："释智藏，吴国人。福亮法师俗时子也。"

2 根据《天寿国绣帐铭》《法隆寺金堂释迦像铭》《法起寺塔露盘铭》等金石铭文，多推测圣德太子卒年为推古天皇三十年（622）。

及《大安寺碑》《诸寺略记》《今昔物语》等。据这些文献资料记载，熊凝村有熊凝道场、熊凝精舍、熊凝寺等，堪称日本古代佛教的起源地之一。

田村皇子后来即位成为舒明天皇，在其治世十一年（639）正月，熊凝精舍从平群郡移址于十市郡百济河一带，并在此基础上建起百济大寺，至天武天皇二年（673）改为大官大寺。在奈良迁都后不久成为大安寺。圣德太子信仰也正是由此一脉，绵绵相承。

受天皇重托而执掌推古朝内政外交实权的圣德太子，毫无疑问是飞鸟时期佛教的保护人与推动者。海外渡来的谋士们云集在太子身边，充分运用他们所掌握的先进文化和知识，发挥聪明才智。可以说，飞鸟文化的璀璨繁荣，这些有名之士抑或无名之人功不可没。

渡海赴日后改姓为熊凝氏的福亮，大概也是侍于太子周边的谋士之一。其一，福亮取"熊凝"为姓，当与圣德太子推行佛教之基地的熊凝村有关；其二，下面列举的显真《圣德太子传私记》（卷下）所引《法起寺塔露盘铭》，更说明福亮与圣德太子具有不同寻常的关系。

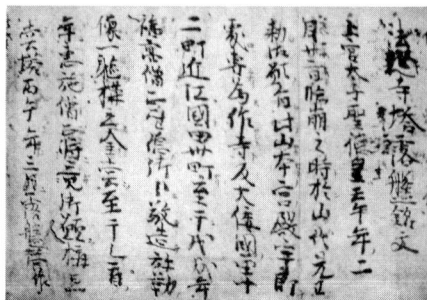

图4-5 《法起寺塔露盘铭文》

上官太子圣德皇壬午年二月二十二日，临崩之时，于山代兄王敕御愿旨："此山本宫殿宇即处专为作寺，及大倭国田十二町、近江国田三十町。"至于戊戌年，福亮僧正圣德御分敬造弥勒像一躯，构立金堂。至于乙酉年，惠施僧正将竟御愿，构立堂塔。而丙午年三月，露盘营作。

也就是说，推古天皇三十年（622）二月二十二日，圣德太子临终之际，舍宫殿为寺院，并将大倭国田十二町、近江国田三十町一同舍入，为寺院日常营运所用。受此遗言，舒明天皇十年（638），福亮僧正以太子所施入之料金造弥勒佛像一尊，并建造了金堂。至白凤十四年（685），惠施僧正建立堂塔等，以实现太子遗愿。作此露盘铭的"丙午年"，相当于文武天皇治世的庆云三年（706）。这里的法起寺，也称池后寺，为太子所建的"八寺"之一。

福亮由吴国渡至日本，先以熊凝氏为姓，后出家为僧，再修建法起寺，这一切均与醉心佛教的圣德太子有关。因此我们可以猜测，他的赴日时间应在太子在世时期（574—622），他不仅对圣德太子的施政产生影响，而且在后世的圣德太子信仰传播中扮演了重要角色。

五

福亮事迹

有关吴人福亮的传记史料传世不多，但值得商榷之处却有不少。其入唐经历便是其中之一。笔者先列举相关史料。

> 《元亨释书》："释福亮，吴国人，受三论于嘉祥。"
> 《本朝高僧传》："释福亮，姓熊凝氏，本吴国人。来朝出家，从高丽慧灌僧正，习禀三论，兼善法相。又入中国，谒嘉祥师，重研本宗。"

关于福亮入唐说，在日本学界似乎被全盘接受，未见出现大的争议。如大野达之助曾论述道："由吴归化而来的福亮，师从慧灌研学三论。后入唐，受教于吉藏。归朝后，住于元兴寺。"[1]此外，平井俊荣氏也称"福亮为吴之归化人，就慧灌学三论，后入唐以求深造"[2]。

另外，辞书类的记载也多因袭此说。如1992年法藏馆出版的《日本佛教人名辞典》便记录如下："渡来日本之后，从大安寺慧灌学三论。后入隋，再从嘉祥寺吉藏重习三论。归国后住元兴寺，弘扬三论。"可见此说流传甚广。

但是，此说却有一大硬伤。因为，在推古天皇三十三年（625），慧灌赴日之时，隋朝三论宗开山吉藏（549—623）已于两年前圆寂，故福亮在受慧灌启蒙后即使马上入唐，求教于吉藏也是难以实现的。另外，618年隋已被唐取代，再称"入隋"乃有悖于常识。因此，在《元亨释书》等文献中诸如"受三论于嘉祥"的记录，应该属于误传。当然，这并不是毫无事实根据的捏造。据推察，之所以有此误传，恐与其师慧灌的入隋经历、福亮自身赴唐留学的过程有关。

关于慧灌入隋求学之事，《三国佛法传通缘起》（卷中）记其"随大唐嘉祥大师受学三论而来日本"。《三论祖师传》则云："入隋后从嘉祥寺吉藏大师，相承三论之旨。"《本朝高僧传》载曰："入隋从嘉祥寺吉藏大师，禀三论旨。"上述慧灌入隋求学于吉藏的事迹，极有可能混入了其弟子福亮的传记中。

至于福亮，在《三论祖师传集》中有称其为"吴学生"，若从"唐学生""高丽学生"等用语类推，可解读出他曾到吴地留学的信息。《扶桑略记》（第四）称道登为"高丽学生"，《本朝高僧传》卷七十二《和州元兴寺沙门道登传》，称其："推古末年，自高丽入大唐，从嘉祥寺吉藏大师，传三论之旨。"显然，"吴""唐""高丽"等皆指留学地。

1 ［日］大野达之助：《新稿日本仏教思想史》，吉川弘文馆1984年版，第76页。

2 ［日］平井俊荣：《法相と三論》，速水侑：《奈良仏教の展开》，雄山阁1994年版，第138页。

横田建一援引《本朝高僧传》卷七十二的《和州元兴寺沙门道登传》，认为福亮也走过相同的求法之路，即"先留学于高句丽，再转赴唐朝的江南求学"，并推定他在法起寺创建的舒明十年（638）之前"已经归朝"。[1]

图4-6　由吴人福亮创建的法起寺圣天堂（日本奈良）

如上所述，关于福亮入唐留学经历，虽然疑问尚多，但考虑到日本遣隋唐使中的留学人员多从移民及其后裔中选拔的惯例，福亮出家为僧后再回到故乡求学，在当时的历史背景下也并非不可能。

在关于福亮的事迹中，可信度较高的史实，是他在大化元年（645）敕命担任十师之后，齐明四年（658）应中臣镰子之请讲解《维摩经》一事。《扶桑略记》（第四）记载如下：

中臣镰子于山科陶原家，屈请吴僧元兴寺福亮法师（后任僧正）为其讲匠，甫演《维摩经》奥旨。其后，天下高才、海内硕学，相撰请用如此，周覆历十有二年矣。

《本朝高僧传》卷一《和州元兴寺沙门福亮传》记云：

齐明四年大织冠镰足公于山科陶原家新建精舍，延亮讲《净名经》，是南都维摩会之权舆也。

1　[日]横田健一：《〈怀风藻〉所载僧伝考》，《関西大学文学論集》第8卷第4号，1959年3月。

相同的记录还可见于《元亨释书》《多武峰缘起》等。这些记录也可管窥福亮学问之一斑。山阶寺是兴福寺的前身，《净名经》与《维摩经》《维摩诘经》，均为异名同书。肇始于福亮的《维摩经》讲经，后作为南都维摩会之滥觞，始自山阶寺而盛于兴福寺，在日本佛教史上书写了浓重的一笔。[1]

在古寺林立的奈良，从JR大和线的法隆寺站徒步约5分钟，或者从法隆寺站坐近铁郡山方向的巴士在法起寺站下车，就能见到静静矗立、古色古香的法起寺。比起周围伽蓝宏伟、香客云集的法隆寺、大安寺、兴福寺等，法兴寺显得陈旧狭小、人迹稀少。然而，这座不起眼的古寺，却有强烈的魅力，因为该寺的宣传册子，开头便写着："山号：岗本寺；开基：福亮。"

7世纪初，从中国江南渡至日本的福亮，敬慕醉心佛教的圣德太子，受教于高句丽僧慧灌，并协助大化改新之核心人物中臣镰子，使得飞鸟时代的国际色彩愈加浓重，也为奈良时代日本全面摄取隋唐文化的进程吹响了号角。

作为跨越东亚的国际人，福亮的精神遗产使得其子智藏与门下神泰等人深受感化，也正是通过他们，这一宝贵的精神财富才得以长久传承。

---

1 《元亨释书》卷第十六云："齐明四年，内臣镰子于陶原家精舍，请亮讲《维摩诘经》。"又卷二十一载："（齐明四年）冬，沙门福亮讲《维摩经》于陶原家。……是岁，吴僧元兴寺福亮，赴镰子请，于陶原家讲《维摩经》。尔来，镰子延海内硕德，相次讲演，凡十二年。"

第五章
闯过"地狱之门"的唐使(高表仁)

　　隋唐时代中日交流的不对等性,主要体现在"人"与"物"流动的方方面面。

　　先以"物"为例,日本传往中国的多为粗加工品或生活消费品,数量既少,文化含量及艺术价值也不高;唐朝输出日本的则多技术杰作、艺术精品,不仅数量巨大,文化含量亦高。

　　再以"人"为例,日本遣隋唐使,虽然与朝鲜半岛、西域诸国相比并不突出,但与唐人东渡相比,无论从人数还是频率,均远远超出;遣隋唐使来华出于国策,具有强烈的主观能动性,肩负汲取先进文化的重大使命,而唐朝使节东渡,往往出于被动,多数属于礼节性访问,一般不肩负吸收对方文化之使命。随日本使节东渡者,多怀有某些个人动机,鉴真东渡则属于例外。

　　虽然唐人东渡人数不是很多,但也是客观存在的事实,具有特殊的历史意义及社会影响,可以说与日本遣隋唐使互为表里,是隋唐时期中日交流不可忽视的重要侧面。

航海事故频发

天宝十二载（753），以藤原清河为大使的第十二批遣唐使入京，向玄宗皇帝提出聘请萧颖士为国师的请求。萧颖士文章独步当代，"外夷亦知颖士名……其名动华夷若此"[1]，是位名扬遐迩的学者。

关于礼聘萧颖士的是新罗还是倭国，中日学术界尚存争议。无论出面礼聘的是哪一国，最终萧颖士没有应请成行。至于个中原因，《新唐书·萧颖士传》说其因"中书舍人张渐等谏不可而止"，但根据《全唐文》卷三百九十五所引刘太真《送萧颖士赴东府序》，萧颖士是"辞以疾而不之从"的：

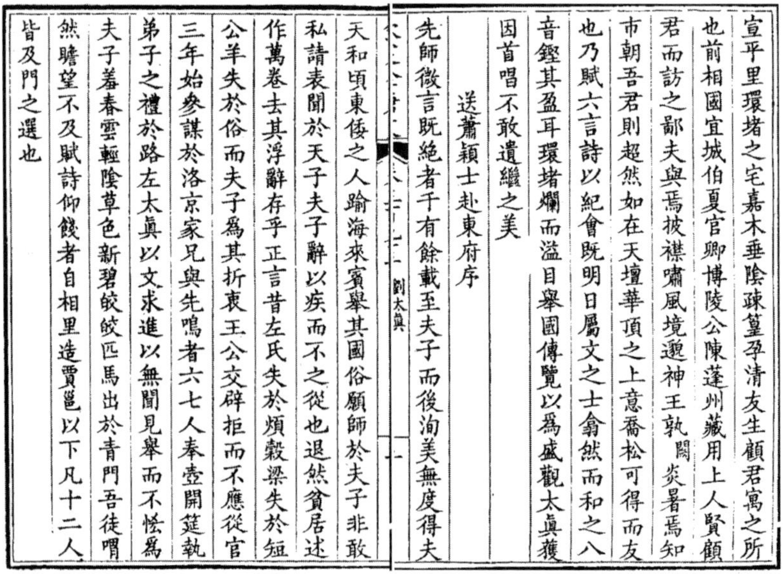

图5-1 刘太真《送萧颖士赴东府序》

（图版文字，自右至左、自上而下）

宣平里環堵之宅嘉木垂陰疎篁孕清友生顔君寫之所

也前相國宜城伯夏卿博陵公陳蓬州藏用上人賢顔

君而訪之郜夫與焉被襟嘯風境邅神王軋闕炎暑焉知

市朝吾君則超然如在天壇華頂之上喬松可得而友

也乃賦六言詩以紀會既明日屬文之士翕然而和之八

音鏗其盈耳環堵爛而溢目舉園傳覽以為盛觀太真獲

因首唱不敢遺繼之美

送蕭穎士赴東府序　劉太真

先師微言既絕者千有餘載至夫子而後洶美無度得夫

天和頲東倭之人踰海來賓舉其國俗願師於夫子非敢

私請表聞於天子夫子辭以疾而不之從也退然貧居述

作萬卷去其浮辭存乎正言昔左氏失於煩穀梁失於短

公羊失於俗而夫子為其折束王公交辟拒而不應從軍

三年始參謀於洛京家兄與先鳴者六七人奉壺開莚軌

弟子之禮聞於路左太真以文求進以無聞見舉而不恡為

夫子著春雲輕陰草色新碧皎皎兀馬出於青門吾徒喟

然矔望不及賦詩仰餞者自相里造賈邑以下凡十二人

皆及門之選也

---

[1] 《旧唐书·萧颖士传》。

顷东倭之人，逾海来宾，举其国俗，愿师于夫子。非敢私请，表闻于天子。夫子辞以疾而不之从也。

萧颖士托病推辞，有多方面原因，但视渡海为畏途必是其中之一。此种畏缩心态并非萧颖士个性使然，似乎是唐代士大夫中普遍存在的现象。玄宗时期另一位赫赫名士李邕，开元年间任海州刺史，恰遇满载贡品的遣唐使船漂至境内，因贪婪财宝而设计夺得"珍货数百万"，再雇海船遣送使者回国。临行前，他对船员面授机宜："日本路遥，海中风浪，安能却返？前路任汝，便宜从事。"[1]可见在唐人心目中，日本路途遥远，大海翻脸无情，去而复返者罕见。

唐朝国力达到鼎盛，对周边国家吸引力极大。综合新旧《唐书》记载，入唐朝贡的国家五十有余[2]，外国使节不绝于途，唐人亦频频出使域外。使者一旦君命在身，无论航海如何艰险，不能如萧颖士那样称病推脱，也不能像李邕所出的主意那般半途而归。唐朝赴日使者在强大的推力作用下被动走出国门，其心态不可与遣唐使相提并论。

如前所述，舒明天皇派出的第一批遣唐使，于贞观五年（631）抵达长安，唐太宗"矜其道远，敕所司无令岁贡"[3]，翌年派新州刺史高表仁持节赴日宣抚。高表仁一路艰辛，浮海数月方至，回国后谈虎色变：

云路经地狱之门，亲见其上气色葱郁，有烟火之状，若炉锤号

1　《太平广记》卷二百四十三李邕条。
2　据《唐六典》《唐会要》等，当时与唐朝通聘交通的国家多达七十余个。
3　《旧唐书·倭国传》。

叫之声。行者闻之，莫不危惧。[1]

历代史书对高表仁颇多微词，说他"无绥远之才"，"与王子争礼，不宣朝命而归"云云。[2]其实高表仁在茫茫大海中颠簸漂流数月，甚至产生"路经地狱之门"的诸种可怖幻觉，可以想象其心力交瘁至极，不能以常人、常情苛责之。结尾一句"行者闻之，莫不危惧"，更是吓退不少后来之士。高表仁九死一生尚属幸运，在其约150年后太监赵宝英奉命赴日的命运就悲惨多了。

大历十三年（778）正月，第十三批遣唐使从扬州北上至长安，小野石根一行八十五人备受优待，三月谒见代宗皇帝，四月准备南下踏上归途。此时，代宗传下敕旨，遣赵宝英持"答礼品物"往日本国。赵宝英身为内侍省掖庭令，派他出使反映了唐朝对日本的重视程度。然而小野石根却为之担忧，他向代宗进言："本国行路遥远，风漂无准。今中使云往，冒涉波涛，万一颠踬，恐乖王命。"[3]小野石根的预言不幸言中，船行至外洋时遇到风暴，舳舻一分为二，小野石根等遣唐使三十八人、赵宝英等唐使二十五人顷刻葬身海底。

---

1 《册府元龟》卷六百六十二。此非危言耸听，空海《性灵集》中所载遣唐大使藤原葛野麻吕致福州观察使的书简中云："贺能等忘身衔命，冒死入海。既辞本涯，比及中途。暴雨穿帆，戕风折柁。高波汹涌，短舟裔裔。……随浪升沉，任风南北。"寥寥数语吐露出航海之艰险。宋代的庞元英读此文后感叹："世之言地狱者多矣，信非妄邪。"竟然信以为真。

2 《旧唐书·倭国传》。

3 《续日本纪》卷三十五宝龟九年条。

二

唐朝赴日使节

谈到隋唐时代中日通聘交通，一般多关注日本派出的遣隋使、遣唐使，容易忽略中国派往日本的使节。隋朝之裴世清、唐初之高表仁奉命出访日本，因有中国正史记录而广为人知；但有些唐朝使节（如前述赵宝英）仅见日本文献零星记载，很少有学者进行系统研究，相关成果可谓凤毛麟角。[1]

唐朝的赴日使节，大致可以分为两种类型：第一种是礼节性的送使，如高表仁、赵宝英、沈惟岳等；第二种与朝鲜半岛局势有关，集中在663年的白村江海战之后，如郭务悰、刘德高、李守真等。本章限于篇幅，仅对前者做些论证。

第一次送使：贞观五年（631）十一月，日本第一批遣唐使抵达长安，唐太宗遣新州刺史高表仁"持节往抚之"。高表仁于次年十月抵达日本，贞观七年（633）回国复命。

第二次送使：乾封二年（667）十一月，唐百济镇将刘仁愿的使者熊津都督府熊山县令上柱国司马法聪抵日，送坂合部石积等至筑紫都督府。[2]麟德二年（665）九月，唐朝散大夫沂州司马上柱国刘德高出使日本，同年十二月坂合部石积奉命礼送唐使回国；二年后坂合部石积归途经百济，司马法聪为之送行；当司马法聪一行返回时，日本派伊吉博德、笠诸石送行。几番送往迎来，堪称中日佳话。

第三次送使：开元二十一年（733），遣唐使多治比广成入朝，玄宗遣晁衡（阿倍仲麻吕）奉诏为送使，唐人赋诗为之饯行。赵骅《送晁补

1　管见所及，杨𬴂的《中国唐朝遣日使考》（《大庆社会科学》1990年第4期）具有开创意义。

2　《日本书纪》卷二十七天智天皇六年十一月条。

阙归日本国》云:"西掖承休浣,东隅返故林。来称刬子学,归是越人吟。马上秋郊远,舟中曙海阴。知君怀魏阙,万里独摇心。"王维《送秘书晁监还日本国》序云:"箧命赐之衣,怀敬问之诏。金简玉字,传道经于绝域之人;方鼎彝樽,致分器于异姓之国。……恢我王度,谕彼蕃臣。"后来大概玄宗惜才,未予放行。[1]晁衡虽未成行,但不排除有其他替代之人送行。

第四次送使:乾元二年(759),高元度一行经渤海入唐,奉命迎归滞留唐朝的前大使藤原清河。时值"安史之乱",唐朝以"唯恐残贼未平,道路多难"[2]为由,命高元度先行回国复命。上元二年(761),高元度一行南下苏州,朝廷差越州浦阳府折冲赏紫金鱼袋沈惟岳等九人并水手三十人护送。其时,渤海使王新福向日本误传唐朝内乱愈演愈烈的情报,三十九名送使遂打消回乡念头而定居日本。

第五次送使:大历十二年(777),执节副使小野石根等入朝,翌年三月进献"国信及别贡等物",代宗"非分喜观,班示群臣",敕遣赵宝英持"答礼品物"往日本国。这是一个颇具规模的回访团,当时还特令扬州赶造海船,除大使赵宝英外,还有副使孙兴进及九名判官,随行人员达数十人。后来因为扬州造船不及,唐使分乘遣唐使船东渡。如前所述,途中遇到海难,唐使赵宝英等二十五人葬身海底,然副使孙兴进、判官高鹤林等抵达日本。

大概赵宝英的海难事件对唐朝冲击巨大,此后几次遣唐使归国不再有送使随行。唐朝的送使虽然属于礼节性往来,但在促进文化交流方面,也发挥了积极和特殊的作用。

首先,传送书信以表达唐朝与日本保持睦邻友好关系的意愿。晁衡

---

1 《古今和歌集目录》引《国史》云:"(开元)廿一年,以亲老上请归,不许。赋诗曰:'慕义名空在,愉忠孝不全。报恩无有日,归国定何年?'"
2 《续日本纪》卷二十三天平宝字五年(761)八月十二日条。

原拟为第三次送使，携带玄宗的"敬问之诏"，这份诏书疑为张九龄执笔的《敕日本国王书》，首云"彼礼仪之国"，尾问"卿及首领、百姓，并平安好"[1]。又如第五次送使，当遣唐使以海途凶险劝阻时，代宗表示"道义所在，不以为劳""随使来朝，以结邻好"，并差送使传送国书。[2]上述两例说明，唐朝送使为巩固两国友好关系做出了贡献。

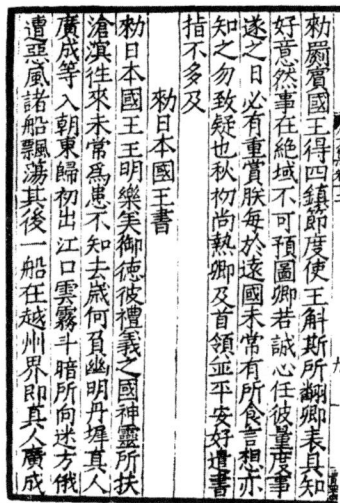

图5-2　张九龄《敕日本国王书》

其次，促进"人"的流动。第五次送使搭乘遣唐使船，第四次送使则搭载遣唐使成员，高元度一行经渤海入唐，情况比较特殊，这时唐朝送使起到转送人员的作用。除此之外，不少在唐留学的僧俗也是随同唐朝送使回国的，如第三次送使晁衡本身即为留学生；第五次送使南下时"领留学生起京"[3]，而且有遣唐大使藤原清河之女喜娘随行。

最后，带动"物"的流通。唐朝送使携带皇帝的赐物。第五次送使可以称作"答信物使"，监使扬光耀宣代宗口敕云："今遣中使赵宝英等，将答信物往日本国。"当遣唐使试图谢绝送使时，代宗表示"朕有少许答信物，今差宝英等押送"[4]。值得关注的是，在第四次送使护送

1　这份敕书被收入张九龄的《曲江集》，并为《文苑英华》《全唐文》辑录。

2　《续日本纪》卷三十五宝龟十年（779）五月条载："唐使孙兴进、秦怠期等朝见，上唐朝书，并贡信物。"

3　《续日本纪》卷三十五宝龟九年（778）十一月条。

4　《续日本纪》卷三十五宝龟九年（778）十月条。关于"答信物"，该书同年十一月条作"国土宝货"。

的高元度离京前，代宗对他说："属禄山乱离，兵器多亡。今欲作弓，交要牛角。闻道本国多有牛角，卿归国为求，使次相赠。"高元度回国报告此事，朝廷命安艺国造遣唐使船四只，并令东海、东山、北陆、山阴、山阳、南海等道诸国贡牛角七千八百只。[1]

三

高颎的跌宕人生

高表仁祖籍渤海蓨县（今河北景县东），其父高颎（541—607）是隋朝杰出的政治家。高颎曾身居显职，其一生的经历也影响了他的后代。

高颎之父高宾曾在北齐为官，因避谗而投奔北周，被北周大司马独孤信引为幕僚，并赐姓独孤氏。高宾后来官至都州刺史，及高颎尊贵后，又追赠礼部尚书、渤海公。

高颎"少明敏，有器局，略涉书史，尤善词令"（《隋书·高颎传》）。高颎十七岁时，被北周齐王宇文宪引为记室。北周武帝时，袭爵武阳县伯，除内史上士，不久又迁下大夫，以平齐之功拜开府。

图5-3　隋朝名臣高颎（541—607）

北周大象二年（580）五月十一日，宣帝宇文赟病死。周静帝宇文衍年幼，左丞相杨坚专政，阴图禅代。杨坚素知高颎精明强干，又通晓军事，便想得其辅佐。杨坚先派

1　《续日本纪》卷三十二天平宝字五年（761）八月、天平宝字五年十月条。

邘国公杨惠前往示意，高颎也知杨坚今后必成大业，便欣然承命说："愿受驱驰。纵令公事不成，颎亦不辞灭族。"（《隋书·高颎传》）杨坚遂引高颎为相府司录。从此，高颎便成为杨坚的心腹之臣。

是年六月，尉迟迥恐杨坚专权对北周不利，公开起兵反对杨坚。高颎请缨上阵，顺利平定叛乱，更加得到杨坚信任，进位柱国，改封义宁县公，迁相府司马，成为杨坚得力助手。

北周大定元年（581）二月，总揽北周大权的大丞相杨坚废周立隋，是为隋文帝。同月，隋文帝拜高颎为尚书左仆射，兼纳言，进封渤海郡公，朝臣无人能比，以至隋文帝"每呼为独孤而不名也"（《隋书·高颎传》）。高颎知道自己权势甚高，定会遭他人嫉妒，遂上表让位于苏威。此举大获隋文帝欣赏，谓左右说："苏威高蹈前朝，颎能推举。吾闻进贤受上赏，宁可令去官！"（《隋书·高颎传》）于是命高颎复位，拜左卫大将军，本官如故。在此后约20年间，高颎辅佐隋文帝，为隋朝在政治、经济、军事各方面做出了重要的贡献。

在政治方面，开皇元年（581），高颎奉命与郑译、杨素等修订刑律，"多采后齐之制而颇有损益"（《隋书·刑法志》），制定新律，奏请颁行。开皇二年（582），隋文帝以长安旧城自汉以来屡经战乱，凋残日久，决定在龙首原创建新都（大都），以高颎领新都大监，"制度多出于颎"（《隋书·高颎传》）。其他行政、官制等各种制度，也大都在高颎的主持下，斟酌损益。高颎为隋朝巩固统一局面立下汗马功劳。

在经济方面，高颎建议采用"输籍定样"措施，"定其名，轻其数，使人知为浮客被强家收大半之赋，为编氓奉公上，蒙轻减之征"，于是"蒸庶怀惠，奸无所容"，取得了显著成效。杜佑在《通典》中评论道："设轻税之法，浮客自归于编户。隋代之盛，实由于斯。"开皇八年（588），高颎认为"诸州无课调处，及课州管户数者，官人禄力，恒出随近之州"，不大合理，奏请"于所管户内，计户征税"（《隋书·食货志》），妥善解决了这部分官吏的俸禄问题。

在军事方面，高颎的表现也很突出。时突厥屡为边患，高颎奉诏镇守边塞。回京后，因治边有功，隋文帝赐马百余匹，牛羊以千计。又加拜左领军大将军。时隋文帝杨坚欲统一南北，苦于无良将，高颎举荐贺若弼、韩擒虎。开皇九年（589）正月，隋军攻入建康（今南京），俘陈后主（陈叔宝），真正完成统一大业。陈后主有宠姬张丽华，杨广欲纳之，高颎说："武王灭殷，戮妲己。今平陈国，不宜取丽华。"（《隋书·高颎传》）遂将张丽华斩于青溪。杨广得知后脸色大变："昔人云'无德不报'，我必有以报高公矣！"（《资治通鉴》卷一百七十七）从此对高颎怀恨在心。

长期以来，高颎深受隋文帝信任，自知官场险恶，多次辞官以避权势，但最终还是成了皇室内部纷争的牺牲品。隋文帝宠姬尉迟氏被独孤皇后杀了，文帝愤而出走山谷中，高颎追上苦谏："陛下岂以一妇人而轻天下！"（《隋书·后妃传》）独孤皇后对高颎此语甚为不满，逸言使隋文帝疏远高颎。

开皇十九年（599），凉州总管王世积坐事被杀，高颎受到牵连，被罢官以齐公就第。不久，高颎的国令上书揭发他的阴事，说："其子表仁谓颎曰：'司马仲达初托疾不朝，遂有天下。公今遇此，焉知非福！'"隋文帝因此大怒，把高颎囚禁审讯。法司又奏称沙门真觉曾对高颎说："明年国有大丧。"尼令晖也说："十七、十八年，皇帝有大厄，十九年不可过。"（《隋书·高颎传》）。隋文帝火上加火，将高颎除籍为民。

开皇二十年（600），在杨素、杨广等策划下，太子杨勇被废，杨广被立为太子。仁寿四年（604），杨广谋害隋文帝，继承皇位，是为隋炀帝。高颎被起用为太常卿，因直言相谏，被诬为诽谤朝政，结果遭到诛杀，时年六十七岁。

四

高表仁任官经历

据《隋书·高颎传》记载，高表仁娶隋帝前期（581—600）的太子杨勇之女为妻，大业三年（607）高颎被隋炀帝诛杀之时，高表仁和他的两个哥哥一起受到牵连而被流放边地。"其子盛道，官至莒州刺史，徙柳城而卒。次弘德，封应国公、晋王府记室。次表仁，封渤海郡公，徙蜀郡。"

至唐初，高祖、太宗都注意总结隋朝灭亡的教训，对被诛杀的隋朝功臣高颎给予高度评价。魏徵等奉敕撰于贞观十年（636）的《隋书》评价高颎："当朝执政将二十年，朝野推服，物无异议。治致升平，颎之力也。"

唐高祖追赠他为"上柱国""郏国公"。唐太宗也非常尊敬高颎，曾在贞观初年向侍臣说："高颎有经国之大才，为隋文帝赞成霸业，知国政者二十余载，天下赖以安宁。文帝惟妇言是听，特令摒斥，及为炀帝所杀，刑政由是衰坏。"（《贞观政要》卷六）

在这种情况下，高颎的后代在唐初得到重用也在情理之中。高表仁的两个哥哥，盛道在隋朝时就已死去，弘德曾任晋王府（隋炀帝）记室，不可能受到唐朝的重用，只剩下高表仁承袭了唐初授给高颎的爵位。在高表仁后代高安期的墓志铭中有关于高表仁任官的详细记载：

> 曾祖颎，隋尚书、左仆射、上柱国、齐国公，皇朝赠礼部尚
> 书、上柱国、郏国公……祖表仁，隋大宁公主驸马都尉、渤海郡开
> 国公，皇朝尚书右丞、鸿胪卿，□、泾、延、谷四州刺史，上柱
> 国、郏国公……父昱，前中大夫守梁州刺史、上骑都尉、安德县开

图5-4　中国国家图书馆藏《高安期墓志》

国男。[1]

　　根据墓志铭中的记载，高表仁在唐初曾任正四品下的尚书右丞，身居行政中枢的要职，却未见他有显赫政绩的记载。也许正因为如此，其后他转任相对而言不太有实权的鸿胪卿从三品之职，负责对外事务。"鸿胪卿"下所阙之字，岑仲勉在《隋书求是》一书中将隋朝名臣高颎之子高表仁，与作为使者出使日本的新州刺史高表仁视为一人，认为所阙之字应为"新"字。池田温也同意岑氏的观点，认为从现存史料来看，这两者并无抵触之处，并且从高表仁的年龄和任官的经历进行了进一步的推测和论证。根据《隋书·高颎传》中"年十七，周齐王宪引为记室"的记载，推测高颎大致生于550年左右，高表仁生于580年左右。高表仁与大宁公主结婚应在太子杨勇被废（600年）之前，即597年前后。按古代贵族早婚的习惯，池田温的考证大体上是合理的。根据

1　周绍良主编：《唐代墓志汇编》（上），上海古籍出版社1992年版，第863页。

上面的推算，高表仁赴日时在五十岁左右。

　　高表仁出使倭国，笔者推测应在鸿胪卿任上，新州刺史当非实职，而是作为褒奖的遥授。明代叶春及的《石洞集·秩官表总论》中有一段记载可作佐证："刘洎不长史于康州，以督府李廷珙之春也，高仁表之新也，陈行范之泷也，陆东升之端也。……东升之守将，廷珙、仁表之遥授何？廷珙归宋，南汉尚据岭南；仁表使倭奴，故宠以新州刺史。"

　　另据《旧唐书·高叡传》记载："高叡，雍州万年人，隋尚书左仆射颎孙也。父表仁，谷州刺史。……子仲舒，博通经史，尤明三礼及诂训之书。"综合文献记载，现将高表仁的家谱简单列图如下：

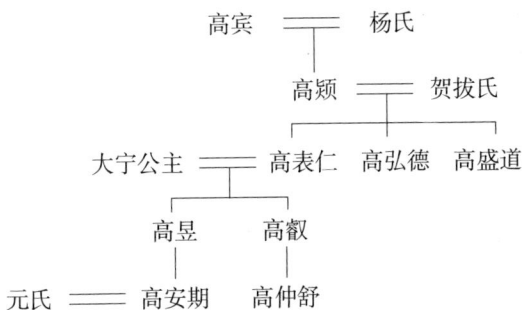

图5-5　高表仁家谱

　　综合《旧唐书》《新唐书》及高安期墓志铭等记载，高表仁的为官历程大致如下。隋时高表仁娶大宁公主，封驸马都尉、渤海郡开国公；大业三年（607），因父高颎株连，远徙蜀郡（今四川）。入唐，先后任尚书右丞、鸿胪卿，历新州、泾州、延州、谷州刺史，封上柱国、郯国公。贞观五年（631），高表仁以新州刺史奉使倭国，海上航行数月，饱受风浪颠簸之苦；抵达倭国后与倭王（王子）争礼，不宣朝命而归。据宋朝王溥《唐会要》卷九十九记载，高表仁回国后自述："路经地狱之门，亲见其上气色蓊郁。又闻呼叫锤锻之声，甚可畏惧也。"史家评论他"无绥远之才"（《唐会要》），并非空穴来风。

五

高表仁的子孙

高表仁为高颎第三子，有两个哥哥。大哥高盛道仕隋"官至莒州刺史，徙柳城而卒"（《隋书》）；二哥高弘德（一作"高德弘"），隋时曾任"晋王府记室"（《隋书》），留下"污点"。入唐以后，唯高表仁一支兴旺。高表仁有二子，其一高叡，《旧唐书》有传：

> 高叡，雍州万年人，隋尚书左仆射颎孙也。父表仁，谷州刺史。叡少以明经累除桂州都督，寻加银青光禄大夫，转赵州刺史，封平昌县子。圣历初，突厥默啜来寇，叡又婴城固守。长史唐波若见城围甚急，遂潜谋应贼。叡觉之，将自杀，不死，俄而城陷被擒，更令招喻诸县未降者。叡竟不从，遂为所杀。初，贼将至州境，或谓叡曰："突厥所向无前，百姓丧胆；明公力不能御，不若降之。"叡曰："吾为天子刺史，不战而降，其罪大矣。"则天闻而深叹息之，赠冬官尚书，谥曰节。及贼退，唐波若伏诛，家口籍没。因下制曰："故赵州刺史高叡，狂贼既至，死节不降；长史唐波若，不能固城，相率归款。高叡已加褒赠，波若等身死破家。赏罚既行，须敦惩劝，宜颁示天下，咸使知闻。"

高叡以明经中举，当过桂州都督、赵州刺史，加银青光禄大夫，封平昌县子。圣历（698—700）初，赵州城为突厥默啜所破，高叡宁死不屈，中宗下制特予褒奖。

高表仁另一子高昱，虽不像高叡那样名垂青史，也未入传《旧唐书》，但据高安期墓志铭，曾任梁州刺史、上骑都尉，封安德县开国男，并未辱没家门。

至于高表仁的孙子辈，高叡之子高仲舒"博通经史，尤明《三礼》及诂训之书"，继承家学，以博学著称，神龙年间（705—707）为相王府文学，开元（713—741）中授中书舍人，卒于太子右庶子。其传记附录于《旧唐书·高叡传》之后：

> 子仲舒，博通经史，尤明三礼及诂训之书。神龙中，为相王府文学，王甚敬重之。开元中，累授中书舍人，侍中宋璟、中书侍郎苏颋每询访故事焉。时又有中书舍人崔琳，深达政理，璟等亦礼焉。尝谓人曰："古事问高仲舒，今事问崔琳，则又何所疑矣！"仲舒累迁太子右庶子卒。

高昱之子高安期，从其墓志铭题"朝散大夫行洛州偃师县令"，可知颇得父荫。除此之外，唐代释道世《法苑珠林》卷四十六所载的"高法眼"，说是高颍玄孙龙朔年间（661—663），居长安县化度寺东。

图5-6 化度寺（陕西省乾县）

唐雍州长安县高法眼，是隋代仆射高颍之玄孙。至龙朔三年正月二十五日，向中台参选，日午还家。舍在义宁坊东南隅，向街开门，化度寺东即是高家。欲出子城西顺义门，城内逢两骑马逐后。既出城，已渐近逼之。出城门外，道北是普光寺。一人语骑马人云："汝走捉普光寺门，勿令此人入寺，恐难捉得。"此人依语，驰走守门。法眼怕不得入寺，便向西走，复至西街金城坊。南门道西有会昌寺，复加四马骑，更语前二乘马人云："急守会昌寺门。"此人依语，走捉寺门。法眼怕急，便语乘马人云："汝是何人？敢逼于我。"乘马人云："王遣我来取汝。"法眼语云："何王遣来？"乘马人云："阎罗王遣来。"法眼既闻阎罗王使来，审知是鬼，即共相拒。鬼便大怒云："急截头发却！"一鬼捉刀，即截法眼两鬓，附肉落地。便至西街，闷绝落马，暴死不觉。既至大街要路，踟蹰之间，看人逾千。有巡街果毅瞋守街人："何囚聚众？"守街人具述逗留。次西街首即是高宅，便唤家人舆向舍。至明始苏，便语家内人云："吾入地狱见阎罗王，升大高座，瞋责吾云：'汝何因向化度寺明藏师房内食常住僧果子？宜吞四百颗热铁丸，令四年吞了。人中一日当地狱一年，四日便了。从正月二十六日至二十九日便尽，或日食百颗。'"当二十六日惺了之时，复有诸鬼取来法眼。复共鬼斗，相趁力屈不加，复闷暴死。至地狱，令吞铁丸。当吞之时，咽喉开缩，身体燋卷，变为红色。吞尽乃苏。苏已，王又语言："汝何因不敬三宝，说僧过恶？汝吞铁丸尽已，宜受铁犁耕舌一年。"至二十九日既吞铁丸了，到正月三十日平旦复死。

这篇记载充满佛家因果报应的思想，但也透出一些值得重视的信息，如高法眼为高颎玄孙，身份是"唐亲卫"，龙朔三年（663）正月二十五日赴中台（尚书省）参选，家住长安义宁坊东南隅，面向街开门，在化度寺东侧等。

根据上述记载，高法眼为高颎的玄孙，所谓"玄孙"即五代之后，即曾孙之子、孙子之孙。《史记·孟尝君传》有："文承闲问其父婴曰：'子之子为何？'曰：'为孙。''孙之孙为何？'曰：'为玄孙。'"如此，高法眼当为高表仁曾孙，即高安期或高仲舒之子。然而，高法眼罹病在龙朔三年（663），高仲舒开元（713—741）中尚存世，两者如为父子，则年龄不符。唐代道宣撰《集神州三宝感通录》卷下中有一则记事，为我们提供了新的线索：

又龙朔三年正月二十七日，有京师高表仁孙子，常读《法花经》。乘马从顺义门出，有两骑追之曰："今捉获矣。"其人问曰："卿是何人？"答曰："我是阎王使者，故来追卿。"其人惶忙走马西出，欲投普光寺。使人曰："疾捉寺门，勿令入，入即得脱。"及至寺门，乃见一骑捉门。又西走欲入开善寺。又令骑捉门。遂尔相从西奔，欲还本宅。宅在化度寺东，恐道远，乃欲入醴泉坊。一骑在前，其人以拳击之，鬼遂落马。后鬼曰："此人大粗。"急曳下挽却头发，即被牵发，如刀割状，遥掷于地，亦随落马。家人举还，至晚苏，云："备见阎王，云：'君何盗僧果子？何事说三宝过？'遂依伏罪，无敢厝言。王言：'盗果之罪，合吞铁丸四百五十枚，四年受之方尽。说过之罪，合耕其舌。'因放令出，遂苏。"少时还终，口如吞物，遍身疱赤，有苦楚相缠。经日方醒，云："经一年吞百余丸，其苦难言。"明日复尔，恰经四日，吞丸亦尽。方欲拔舌耕之，拔而不出。勘案所由，乃云："曾读《法华》，舌不可出。"遂放令活。今见在化度寺圆满师处，听法忏悔云云。

文中不言名字的"其人"，为高表仁孙子，从与"龙朔三年正月二十七日"时间相同，及记事内容基本相仿来看，当与唐代释道世《法苑珠林》卷四十六的"高法眼"为同一人。结合两则记事，高法眼身为"亲卫"，赴中台参选，盗食庙里供果等，龙朔三年（663）尚属年少，或为高叡、高昱之子；如果从年龄来判断，其父年龄应该比高叡、高昱更大，则推测高表仁另有一长子也未必不可。

121

关于高表仁赴日事迹，中日史籍均有记载，各书内容互有出入，但亦可互为补充。兹将笔者目前搜集到的相关资料，罗列于下（中国文献在前，日本文献列后）。

（1）唐杜佑《通典》卷一百八十五《边防》："大唐贞观五年，遣新州刺史高仁表持节抚之。浮海数月方至，仁表无绥远之才，与其王争礼，不宣朝命而还。由是遂绝。"

（2）宋庞元英《文昌杂录》卷二："余读《唐会要》，贞观十五年，太祖遣新州刺史高表仁持节至倭国，古倭奴国也。在新罗东南，居大海中。表仁浮海数月方至，自云：'路经地狱之门，亲见其上气色蓊郁。又闻号叫锤锻之声，甚可畏惧。'世之言地狱者多矣，信非妄邪。"

（3）宋司马光撰《资治通鉴》卷一百九十三《唐纪》九："（贞观五年）十一月……丁卯，倭国遣使入贡。上遣新州刺史高表仁持节往抚之。表仁与其王争礼，不宣命而还。"

（4）宋乐史《太平寰宇记》卷一百七十四《四夷》三《东夷》三："唐贞观五年，使至。太宗矜其路远，遣新州刺史高表仁持节抚之，浮海数月方至。自云：'路经地狱之门，亲见其上气色翕翕。又闻链煅之声，甚可畏惧也。'表仁负绥远之才，与其王争礼，不宣朝命而还。由是遂绝。"

（5）宋王溥撰《唐会要》卷九十九："贞观十五年十一月，使至。太宗矜其路远，遣高表仁持节抚之。表仁浮海数月方至。（自云："路经地狱之门，亲见其上气色蓊郁。又闻呼叫锤锻之声，甚可畏惧也。"）表仁无绥远之才，与王子争礼，不宣朝命而还。由是复绝。"

（6）宋马端临《文献通考》卷三百二十四《四裔考》一《东》："唐太宗贞观五年，遣使入朝。帝矜其远，诏有司无拘岁贡，遣新州刺史高仁表往谕。与王争礼不平，不肯宣诏而还。"

（7）宋李昉等撰《太平御览》卷七百八十二《四夷部》三《东夷》

三《倭日本纻屿人虾夷国》："《唐书》曰……贞观五年，遣使献方物。太宗矜其道远，敕所司无令岁贡，又遣新州刺史高仁表持节往抚之。仁表无绥远之才，与王子争礼，不宣朝命而还。"

（8）宋欧阳修等《新唐书·日本传》："贞观五年，遣使者入朝。帝矜其远，诏有司毋拘岁贡，遣新州刺史高仁表往谕。与王争礼不平，不肯宣天子命而还。"

（9）宋王钦若等撰《册府元龟》卷六百六十二《奉使部·绝域》："高表仁为新州刺史，贞观中，倭国朝贡。太宗矜其道远，诏所司无令岁贡，又遣表仁持节抚之。表仁浮海数月方至，云：'路经地狱之门，亲见其上气色葱郁，有烟火之状，若炉锤号叫之声。行者闻之，莫不危惧。'"

（10）宋王钦若等撰《册府元龟》卷六百六十四《奉使部·失指》："唐高表仁，太宗时为新州刺史。贞观十一年十一月，倭国使至。太宗矜其路远，遣表仁持节抚之。浮海数月方至，表仁无绥远之才，与其王争礼，不宣朝命而还。繇是复绝。"

（11）宋王钦若等撰《册府元龟》卷九百二十五《总录部·谴累》："高颎为仆射，后被诛。其子盛道，官至莒州刺史，徙柳城而卒。次宏德，封应国公，晋王府记室；次表仁，封渤海郡公，并徙蜀郡。"

（12）宋王钦若等撰《册府元龟》卷九百三十三《总录部·诬构第二》："高颎为左仆射，加上柱国、齐国公，坐事，以公就第。顷之，颎国令（史不书名氏）上颎阴事，称其子表仁谓颎曰：'司马仲达初托疾不朝，遂有天下。公今遇此，安知非福？'于是，帝大怒，囚颎于内史省而鞫之。"

（13）宋郑樵《通志》卷一百九十四《四夷传》第一《东夷》："唐贞观五年，遣新州刺史高仁表持节抚之，浮海数月方至。仁表无绥抚之才，与其王争礼，不宣朝命而还。"

（14）明陈耀文撰《天中记》卷九《海》："地狱门：贞观中，遣新州刺史高表仁持节至倭国，在大海中。表仁浮海数月方至，自云：'路经地狱之门，其上气色蓊郁。闻叫号锤锻之声，甚可畏惧。'（《唐会要》）"

（15）明徐应秋撰《玉芝堂谈荟》卷二十三："《海槎余录》：贞观中，遣新州刺史高表仁持节至倭国，在大海中，浮海数月方至。自云：'路经地狱门，其上气色幽郁。闻叫号锤锯之声，甚可畏惧。'"

（16）明叶春及《石洞集》卷十一《志论》四《秩官表总论》："是故，刘洎不长史于康州，以督府李廷珙之春也，高仁表之新也，陈行范之泷也，陆东升之端也。旧也，何以不表行范？贼廷珙、仁表遥授，东升守将。《通志》本《旧唐书》刺史行范矣，其为贼也。何吾亦《旧唐书》本尔，冠春、泷猛首于刺史？其刺史之也，仍其号也。其猛之也，正其名也。东升之守将，廷珙、仁表之遥授何？廷珙归宋，南汉尚据岭南；仁表使倭奴，故宠以新州刺史。"

（17）明胡宗宪撰《筹海图编》卷二《王官使倭事略》："唐太宗贞观五年遣使持节抚倭：倭使入阙，帝矜其远，诏有司无拘岁许贡，遣斯州刺史高仁表持节抚之，浮海数月方至。仁表无绥抚之才，与其王争礼，不宣朝命而还。"

（18）明张燮撰《东西洋考》卷十二《逸事考》："贞观五年，日本使者入朝。帝矜其远，诏有司毋拘岁贡，遣龙州刺史高仁表往谕。与王争礼不平，不肯宣天子命而还。"

（19）清《大清一统志》卷四百二十四《日本》："唐贞观五年，命新州刺史高仁表持节抚之，浮海数月方至。仁表与其王争礼，不宣朝命而还。由是遂绝。"

（20）清《渊鉴类函》卷二百三十一《边塞部》二："杜氏《通典》曰……唐贞观五年，遣新州刺史高仁表持节抚之，浮海数月方至。仁表无绥远之才，与其王争礼，不宣朝命而还。由是遂绝。"

（21）清《渊鉴类函》卷一百四十二《政术部》二十一《奉使》三："与其争礼，莫能措言。（又曰唐高表仁，太宗时为新州刺史。贞观十一年，倭国使至。太宗遣表仁持节抚之，浮海数月方至。表仁无绥远之才，与其王争礼，不宣朝命而还。由是遂绝。）"

（22）清郝玉麟等《广东通志》卷五十八《外番志》："贞观五年，倭遣使入贡来朝。帝矜其远，诏有司无拘岁贡，遣新州刺史高仁表往谕。与王争礼不平，不宣诏而还。"

（23）［日］《日本书纪》卷二十三舒明天皇四年（632）："四年秋八月，大唐遣高表仁送三田耜，共泊于对马。是时，学问僧灵云、僧旻及胜鸟养，新罗送使等从之。冬十月辛亥朔甲寅，唐国使人高表仁等泊于难波津。则遣大伴连马养迎于江口，船卅二艘及鼓吹旗帜皆具整饰。便告高表仁等曰：'闻天子所命之使到于天皇朝迎之。'时高表仁对曰：'风寒之日，饰整船艘，以赐迎之，欢愧也。'于是，令难波吉士小槻、大河内直矢伏为导者，到于馆前。乃遣伊岐史乙等、难波吉士八牛引客等入于馆，即日给神酒。"

（24）［日］《日本书纪》卷二十三舒明天皇五年（633）："五年春正月己卯朔甲辰，大唐客高表仁等归国。送使吉士雄摩吕、黑摩摩等，到对马而还之。"

（25）［日］瑞溪周凤《善邻国宝记》卷上："《唐录》曰：太宗贞观五年，倭国遣使献方物。太宗矜其路远，无令岁贡。又遣州使者高表仁持节往抚之。表仁无绥远之才，与王争礼，不宣朝命而还。"

（26）［日］瑞溪周凤《善邻国宝记》卷上："（舒明天皇四年）八月，释僧旻从唐使高表仁，共沙门灵云来归。"

第六章
驱散战争硝烟的和平使者（郭务悰）

唐麟德元年（664），镇守百济的唐将刘仁愿，派遣朝散大夫郭务悰使日。当时的日本朝廷采取一系列反常措施：先是以镇将私使为理由，不许郭务悰入京上表；接着在郭务悰返回百济后，数度命令太宰府在对马岛、壹岐岛、筑紫国设置防人、烽火台，并在筑紫国建造水城。[1]

在郭务悰的突然访日与日本朝廷的异常对策之间，究竟有何种关联呢？在探讨这个问题之前，我们先来回顾一下公元7世纪中叶百济亡国的始末。

一

百济亡国始末

朝鲜半岛自公元4世纪以后，逐渐形成高句丽、百济、新罗三国鼎立的格局。5世纪后期，高句丽南侵，与百济、新罗频频发生冲突。6世纪中叶，新罗独占有争议的汉江流域，与高句丽、百济结下冤仇。

---

1 《日本书纪》天智天皇三年是岁条云："是岁于对马岛、壹岐岛、筑紫国等置防与烽，又于筑紫筑大堤贮水，名曰水城。"

7世纪以降，朝鲜半岛的三国纷争，出现逐步升级的趋势。争斗各方为获得外援，分别与唐或倭结盟，从而使半岛地区的争端，扩大为东亚地区的国际纠纷。

百济义慈王自641年即位以后，与高句丽联手攻打新罗。654年，两国联军占据新罗北境三十余城，新罗武烈王速派王子仁门赴唐求援。唐于永徽六年（655）二月遣营州都督程名振、左卫中郎将苏定方征伐高句丽，其后又两度出兵征伐。与此同时，征讨百济的计划也在紧锣密鼓准备中，如显庆四年（659）十一月二十一日任命苏定方为神丘道总管；十二月初日本第四次遣唐使入唐，高宗敕令"国家来年必有海东之政，汝等倭客不得东归"，日本使节"遂逗西京，幽置别处；闭户防禁，不许东西"[1]，出兵之意明矣。

唐显庆五年（660）三月，高宗派苏定方率十三万水陆大军东征。唐军从莱州出发，渡过黄海，在百济西部登陆，新罗武烈王亲率五万精兵前往接应。唐与新罗联军经德物岛沿白村江（锦江）溯流而上，七月十日对百济王都泗沘城（今韩国忠清南道扶余郡）形成包围。

在唐罗联军夹攻之下，百济都城朝不保夕。义慈王督军勉强支撑了三天，于十三日趁夜幕弃城出逃，遁往熊津城。《日本书纪》齐明天皇六年（660）九月五日条引"或本"云：

今年七月十日，大唐苏定方率船师军于尾资之津，新罗王春秋智率兵马军于怒受利之山，夹击百济，相战三日，陷我王城。同月十三日，始破王城。

---

1 《日本书纪》齐明天皇五年（659）七月三日条引《伊吉连博德书》。

七月十八日，百济守军见大势已去，义慈王以下君臣阵前求降，自此，约始建于345年的百济国宣告灭亡。八月十五日，唐军在王城内五层石塔的壁面上镌刻《大唐平百济国碑铭》，记录征讨百济的始末。

同年九月三日，苏定方授郎将刘仁愿唐兵一万，以新罗王子金仁泰统兵七千佐之，使之镇守百济旧都泗沘城；然后押解百济君臣九十三人、俘虏一万二千人西归报捷。

从表面上看，百济亡国的直接

图6-1　韩国忠清南道定林寺内《大唐平百济国碑铭》拓本

原因，是唐军的介入，但不能否认，一国之兴亡必有其复杂的内因。《日本书纪》齐明天皇六年（660）七月十六日条引高句丽沙门道显的《日本世纪》云：

> （齐明六年）七月云云，春秋智借大将军苏定方之手，使击百济亡之。或曰，百济自亡。由君大夫人妖女之无道，擅夺国柄，诛杀贤良，故召斯祸矣。可不慎欤！可不慎欤！

百济灭国是东亚各方势力长期博弈的结果，同时诱发白村江海战、高句丽灭国、新罗崛起等一系列的连锁反应，开启了东亚整体格局分化重组的端绪。

二

白村江海战

　　唐军主力班师归朝之后，百济遗臣达率黑齿常之、恩率鬼室福信及僧人道琛等，"诱聚散卒"以图复国。唐显庆五年九月二十三日，百济残兵围攻泗沘城，一度突入唐军阵地外栅，武烈王亲率新罗军驰援，始得解开重围。

　　翌年（661）二月，百济再度聚兵攻打泗沘城，唐命带方州刺史刘仁轨赴援，百济兵被迫退至任存城。是年六月武烈王病逝，太子金法敏继位，号文武王。时唐再伐高句丽，文武王率军助阵，然战事不利，次年（662）春天唐与新罗相继引兵而退。百济闻讯士气大盛，向熊津都督刘仁愿及带方州刺史刘仁轨致书讽言："大使等何时西还，当遣相送。"（《资治通鉴》）

図6-2　唐代名臣刘仁轨

　　早在百济灭国之初，即已"遣使诣高丽、倭国乞师，以拒唐兵"（《资治通鉴》）。据《日本书纪》齐明天皇六年（660）九月五日条，百济使者已至日本告急："今年七月，新罗恃力作势，不亲于邻。引构唐人，倾覆百济。君臣总俘，略无噍类。"十月，鬼室福信遣使献唐俘百余人，又乞师救援，并要求放回在日本作人质的丰璋王子[1]。其表称：

---

1 福信要求送回王子，亦见于《日本书纪》齐明天皇七年四月条："夏四月，百济福信，遣使上表，乞迎其王子纠解。"还有一些其他史料，如：《备中国风土记逸文》作"（齐明六年）百济遣使乞救"；《旧唐书·百济传》作"遣使往倭国迎故王子扶余丰立为王"；《日本世纪》作"百济福信献书，祈其君纠解于东朝"；等等。

唐人率我蛮贼，来荡摇我疆场，覆我社稷，俘我君臣。而百济国，遥赖天皇护念，更鸠集以成邦。方今谨愿，迎百济国遣侍天朝王子丰璋，将为国主。（《日本书纪》齐明天皇六年十月条）

齐明天皇答应送还丰璋王子，并同意发兵助其复国，从而使半岛的战火再次升级，也为唐与日本发生直接军事冲突埋下伏线。天皇雷厉风行，当即下诏：

乞师请救，闻之古昔；扶危继绝，著自恒典。百济国穷来归我，以本邦丧乱，靡依靡告。枕戈尝胆，必存拯救；远来表启，志有难夺。可分命将军，百道俱前。云会雷动，俱集沙喙；翦其鲸鲵，纾彼倒悬。宜有司具为兴之，以礼发遣。（《日本书纪》齐明天皇六年十月条）

661年正月，齐明女皇亲赴九州，欲统兵渡海西征，因旅途劳顿于七月病故，出征计划只得推延。八月，皇太子（天智天皇）令先遣部队及辎重渡海；九月，五千日本兵护送王子丰璋回国。[1]

次年（662）正月，日本以矢十万支、丝五百斤、绵一千斤、布一千端、韦一千张、稻种三千斛资助百济；三月又赐百济王布三百端；五

---

1 《日本书纪》天智天皇即位前纪（661）云："九月，皇太子御长津宫。以织冠授于百济王子丰璋，复以多臣蒋敷之妹妻之焉。乃遣大山下狭井连槟榔、小山下秦造田来津率军五千余，卫送于本乡。于是，丰璋入国之时，福信迎来，稽首奏国朝政，皆悉委焉。"但是，天智天皇元年（662）五月条云："大将军大锦中阿昙比逻夫连等，率船师一百七十艘，送丰璋等于百济国。宣敕以丰璋等使继其位，又予金策于福信，而抚其背，褒赐爵禄。于时，丰璋等与福信稽首受敕，众为流涕。"丰璋回国当在661年、662年五月条或叙抵达百济后之事。《旧唐书·百济传》云："福信杀道琛，并其兵众。扶余丰但主祭而已。"亦作龙朔元年（661）。

月大将军阿昙比逻夫连等率舟师一百七十艘增援；日本本土则"修缮兵甲、备具船舶、储设军粮"，随时准备渡海赴援。（《日本书纪》天智天皇元年是岁条）

天智天皇二年（663）三月，日本再派两万七千精兵增援，唐军闻讯亦任命右威卫将军孙仁师为熊津道行军总管，统舟师七千进驻熊津城，以防不测。

百济得到来自日本的援军，一度将势力扩张到全罗北道一带。好景不长，同年五月至六月间，君臣之间发生严重内讧，丰璋王以酷刑斩杀大将鬼室福信，导致百济的军事实力大为削弱。《日本书纪》天智天皇二年（663）六月条云：

> 百济王丰璋，嫌福信有谋反心，以革穿掌而缚。时难自决，不知所为，乃问诸臣曰："福信之罪，既如此焉，可斩以不？"于是，达率德执得曰："此恶逆人，不合放舍。"福信即唾于执得曰："腐狗痴奴！"王勒健儿，斩而醢首。

鬼室福信骁勇善战，为百济复国之栋梁，但为人刚愎专横，与丰璋王意见不合，先起弑君之心，结果枉丢一命。《旧唐书·百济传》叙其事：

> 时福信既专其兵权，与扶余丰渐相猜贰。福信称疾，卧于窟室，将候扶余丰问疾，谋袭杀之。扶余丰觉，而率其亲信，掩杀福信。

唐与新罗抓住百济军心不稳的良机，调兵遣将准备主动出击。七月，文武王率新罗军与据守熊津城的唐军会合；八月十三日，包围百济

第六章　驱散战争硝烟的和平使者（郭务悰）

王所居的周留（一名州柔）城。自此揭开惨烈的白村江海战序幕。

八月十七日，唐将刘仁愿、孙仁师与新罗王率步兵围住周留城；唐将刘仁轨、杜爽与百济降将扶余隆则领战船一百七十艘列阵于白村江口。二十七日，卢原君率日本援军万余，分乘战船千艘，与唐水军不期而遇。《三国史记》描述了这场四国介入的遭遇战：

> 此时倭国船兵，来助百济。倭船千艘，停在白沙。百济精骑，岸上守船。新罗骁骑，为汉前锋，先破岸阵。

此战"日本不利而退，大唐坚阵而守"[1]。次日，日本诸将与百济王会商，依仗兵力上的优势，妄信"我等争先，彼应自退"，未加整顿部署，便"率日本乱伍中军之卒，进打大唐坚阵之军"，结果被唐军"左右夹船绕战"，使日军"赴水溺死者众，舻舳不得回旋"，仅焚毁战船就近半（《日本书纪》天智天皇二年八月二十八条）。丰璋王脱身逃往高句丽，残军尽皆投降，百济复国遂成泡影。《旧唐书·刘仁轨传》载云：

> 仁轨遇倭兵于白江之口，四战捷，焚其舟四百艘。烟焰涨天，海水皆赤，贼众大溃。余丰脱身而走，获其宝剑。伪王子扶余忠胜、忠志等率士女及倭众并耽罗国使，一时并降。百济诸城，皆复归顺。

据《日本书纪》天智天皇二年（663）九月七日条载："百济州柔城始降于唐。是时国人相谓之曰：'州柔降矣，事无奈何，百济之名绝于

1　《日本书纪》天智天皇二年（663）八月十七日条云："贼将至于州柔，绕其王城。大唐军将，率战船一百七十艘，阵列于白村江。"同月二十七日条："日本船师初至者，与大唐船师合战。日本不利而退，大唐坚阵而守。"

今日.'"白村江一战后，东亚的政治格局为之一改：唐朝与新罗联手灭百济，继而灭高句丽，迫使日本从半岛引身自保；新罗统一半岛后，国力足与日本分庭抗礼，两国竞相靠拢唐朝，以提高国际地位，从此形成唐风文化在东亚百花齐放的局面。

三

日本的对唐政策

救援百济的惨重失败，不仅使日本在半岛的既得利益丧失殆尽，同时深恐唐军乘胜进攻本土。

唐麟德元年（664）五月，郭务悰奉百济镇将刘仁愿之命出使日本，此时日本的统治集团尚未从战败的惊恐中缓过气，面对唐使的猝然造访，显得手足无措。郭务悰自五月抵达至十二月离去的约半年间，《日本书纪》天智天皇三年（664）共录有以下五条相关记事：

(1) 五月十七日："百济镇将刘仁愿，遣朝散大夫郭务悰等，进表函与献物。"

(2) 十月一日："宣发遣郭务悰等敕。"

(3) 十月一日："中臣内臣遣沙门智祥，赐物于郭务悰。"

(4) 十月四日："飨赐郭务悰等。"

(5) 十二月十二日："郭务悰等罢归。"

从第一条记事来看，郭务悰是百济镇将刘仁愿遣派的使节，当时位居朝散大夫之职，携有表函与献物。然而，据《善邻国宝记》[1]所引《海外国记》[2]，郭务悰一行到达对马岛，同行有唐人三十并百济人百余，表函即为镇将刘仁愿的牒书：

图6-3 刘仁愿纪功碑
（韩国忠清南道）

> 天智天皇三年四月，大唐客来朝。大使朝散大夫上柱国郭务悰等卅人、百济佐平祢军等百余人，到对马岛。遣大山中采女通信侣、僧智辨等来，唤客于别馆。于是智辨问曰："有表书并献物以不？"使人答曰："有将军牒书一函并献物。"乃授牒书一函于智辨等而奉上，但献物检看而不将也。

从上文可知，郭务悰一行四月先到对马岛，官衔全称是"大使朝散大夫上柱国"；日本朝廷遣使迎至太宰府别馆，五月十七日交接牒书与礼物。

然而，日本官员对郭务悰一行深怀戒心，经过盘问检查，仅将牒书转呈朝廷，拒收唐使所赠礼物。天智天皇大概阅读了郭务悰所呈的牒书，曾亲宣敕旨。《海外国记》保存了这份敕书的部分内容，但该敕书已被地方官员暗做手脚，即对唐使谎称传达"筑紫太宰辞"，而不言天

---

1 《善邻国宝记》：由日本禅僧瑞溪周凤编撰，成书于1470年，主要收集中国、日本、朝鲜之间的古今外交文书。

2 《海外国记》，一名《海外记》。成书于9世纪末的藤原佐世《日本国见在书目录》在"土地家"之部将其著录为"海国记 册卷"。成书于13至14世纪的《本朝书籍目录》亦在"土地家"之部将其辑录为："海外国记 四十卷（天平五年春文撰）。"据此可知，此书成于733年，著者为春文。

皇敕旨，意欲降低接待规格：

> 九月，大山中津守连吉祥、大乙中伊岐史博德、僧智辨等，称
> 筑紫太宰辞（实是敕旨），告客等："今见客等来状者，非是天子使
> 人，百济镇将私使。亦复所赍文牒，送上执事私辞。是以使人得入
> 国[1]，书亦不上朝廷。故客等自事者，略以言辞奏上耳。"

日本朝廷认定郭务悰"非是天子使人"，仅是"百济镇将私使"，是
故拒收牒书，只听口奏。郭务悰上京不得，呈表不能，虽觉前途渺茫，
但看到日本先是赐物（十月一日），接着飨宴（十月四日），又感到或有
一线转机，便不肯轻易归帆。如此僵持到十二月，日本正式递交一份牒
书，算是下了逐客令：

> 十二月，博德授客等牒书一函，函上著镇西将军："日本镇西
> 筑紫大将军牒在百济国大唐行军总管。使人朝散大夫郭务悰等至，
> 披览来牒，寻省意趣：既非天子使，又无天子书；唯是总管使，乃
> 为执事牒。牒是私意，唯须口奏；人非公使，不令入京。"

郭务悰至此死心，带着使命未果的遗憾，于十二月十二日匆匆返回
百济。

从上述引摘的《日本书纪》及《海外国记》的内容分析，白村江海
战硝烟甫散，日本对半岛方面的动静神经过敏，郭务悰既为敌军将领的
使节，自然受到猜疑和戒防。日本虽然在救援百济的战役中损兵折将，
但在心理上依然不甘屈服。在此情况下，唐将刘仁愿于百济复国失败的

1　得入国：疑上脱"不"字，所谓"入国"当指入京。

次年，以"百济镇将"的占领军头衔遣使传书，有可能被理解成是一种挑衅行为。日本特以"镇西将军"的名义挡回使者、拒收牒书，摆出一副针锋相对的抗衡态势。

郭务悰离去之后，日本唯恐唐军乘胜追击，一方面优厚安置百济的亡国臣民，另一方面增设防人和烽火台，自664年起先后筑起四道防线：即以对马、壹岐、筑紫为第一线；长门（今山口县）为第二线；赞岐的屋岛城（今香川县屋岛）为第三线；大和的高安城（今奈良县高安山）为第四线。[1]

然而，通观整个7世纪的唐日关系，甚至在两国发生直接军事对抗的7世纪中叶，日本摄取唐文化的步子也未曾放慢过。从派出遣唐使的频率看，甚至表现出比其他时期更为积极的态度。630—894年约260年间，日本共有二十次遣唐使的任命，实际成行十六次，约平均每13年任命一次，每16年成行一次。从下表可以看出，在白村江海战（664）前后约15年间（653—669），共有六次遣唐使成行，频率约为平均数的5倍。[2]

表6-1　653—669年间遣唐使派遣情况

次　序	出发日期	使　　节	归国日期
第二次	653年	吉士长丹、高田根麻吕	654年
第三次	654年	高向玄理、河连麻吕	655年
第四次	659年	坂合部石布、津守吉祥	661年
第五次	665年	守大石、坂合部石积	667年
第六次	667年	伊吉博德、坂合部石积	668年
第七次	669年	河内鲸	671年(？)

1　王金林：《简明日本三代史》，天津人民出版社1984年版，第83—84页。

2　关于遣唐使的次数，有十八次、十九次、二十次三种说法，主要是由于其判定依据标准不尽相同。详情请参照拙著：《聖德太子時空超越》，日本大修馆书店1994年版，第34—37页。

这些事实足以佐证日本针对百济镇将使节采取的回避措施，并未反映其对唐政策的主体趋向。仔细分析上引天智天皇的敕旨与镇西将军的牒书，可以发现日本拒之门外的只是百济镇将的"私使"；换言之，倘若是唐朝天子的"公"使，必会被奉若贵宾。也就是说，在7世纪的唐日关系中，日本在文化上追随唐朝是其主要方面，在军事上对抗唐朝只是次要因素。

经过白村江海战的惨痛教训，日本统治集团再次体验到唐朝的强盛，于是开始全方位地学习唐朝的政治、经济、文化，将两国关系中的不利因素迅速转化为有利因素，为随之而起的奈良盛世打下了基础。

四
唐使刘德高赴日

郭务悰的使日引起日本朝野的猜疑和恐慌。那么，此行的目的究竟是什么呢？笔者认为百济灭国之后，唐朝的军事目标迅速移向久攻不下的高句丽，向日本频频派遣使节，是一种远交近攻的策略。

乾封元年（666），唐从百济腾出手来，集聚大军第四次征讨高句丽，经过长达两年的恶战，终于攻陷平壤城，俘获高藏王，半岛局势遂趋平稳。

郭务悰于百济甫亡而高句丽将灭之际受命赴日，显然是为了缓解唐日在白村江海战中激化的矛盾，稳住兵力空虚的南部局势，确保唐军主力投入北部战场。

郭务悰使命未果返回百济后，唐朝基本摸清了日本朝廷的矛盾心理，遂于翌年（665）派出以刘德高为首的大型使团，名正言顺地赴日通聘。唐使一行二百五十四人七月至对马岛，九月到达太宰府并进表

函。《日本书纪》天智天皇四年（665）九月二十三日条云：

> 唐国遣朝散大夫沂州司马上柱国刘德高等（等：谓右戎卫郎将上柱国百济祢军、朝散大夫上柱国郭务悰，凡二百五十四人），七月廿八日至于对马，九月廿日至于筑紫，廿二日进表函焉。

郭务悰与祢军均是上次使团的核心人物，而在第二次使团中继续身负重任，说明此次使节的身份虽然从"百济私使"升格为"唐朝公使"，但前后两个使团在对日政策上具有明显的连续性。此外，祢军从百济官职"佐平"[1]改为唐朝官职"右戎卫郎将上柱国"[2]，大概也有淡化百济灭国阴影的用意。

唐使此行为了消除日本方面的顾虑，达到两国亲善之目的，在各种细节方面都作了周密的准备。将百济旧臣祢军改为唐朝官职便是其中一例，此外还邀入唐日僧定惠同船赴日，意在疏通双方的感情。

定惠亦作贞慧、定慧（日语读音相同），是显臣藤原镰足的长子，据《元亨释书》卷九记载，他于白雉四年（653）随遣唐使吉士长丹、高田根麻吕入华，师从慧日寺神泰学佛：

> 释定慧，大织冠之长子也。初孝德帝有妃，孕已六月。大织冠宠遇厚，赐妃为夫人，约曰："所生儿，若男为卿子，女为朕子。"

---

1 据《三国史记》记载，古尔王二十七年（260）制定百济官位，共分十六等，依次为左平、达率、恩率、德率、扦率、奈率、将德、施德、固德、季德、对德、文督、武督、佐军、振武、克虞。祢军位居佐平（同"左平"），为百济一品大臣。

2 "右戎卫"为唐朝十二卫之一，郎将乃其部局朔府的次官，相当于正五品上。"上柱国"为勋位最上级，《唐六典》云："凡勋，十有二等。十二转为上柱国，比正二品。"

既而生慧，故名以镰足之子。投沙门慧隐出家。白雉四年，随遣唐使浮海，乃到长安城。高宗永徽四年也。师慧日寺神泰习学，殆十岁。调露元年，伴百济使而至，白凤七年九月也。

定惠生于臣家，实是王子，其身份显贵不同常僧。关于定惠的归国年份，尽管有许多异说，但此据《日本书纪》"定惠以乙丑年付刘德高等船归"之语，定为天智天皇四年（665）。

刘德高一行于是年九月抵达筑紫并进表函，日本方面在确定是唐朝天子的使节后，立刻迎其入京城，翌月在今京都府宇治市附近的菟道举行盛大的检阅仪式，大概是对唐使入京表示欢迎。唐使于十月入京，十二月归国，其间的活动见诸《日本书纪》的有以下几条：

(1) 十月十一日："大阅于菟道。"

(2) 十一月十三日："飨赐刘德高等。"

(3) 十二月十四日："赐物于刘德高等。"

(4) 十二月是月："刘德高等罢归。"

(5) 是岁："遣小锦守君大石等于大唐云云。（等：谓小山坂合部连石积、大乙吉士岐弥、吉士针间。盖送唐使人乎?）"

《日本书纪》的记载虽然简略，但从最后一条记事可以察知刘德高使日达到了预期目的。由刘德高使日促成的第五次遣唐使，是白村江海战以后日本的首次正式遣使，使臣守君大石位尊小锦，说明日本朝廷对此次遣唐使的重视。

第五次遣唐使的目的，有人以为是为了参加唐高宗的泰山封禅之仪，但从现有的史料判断，这种说法不免有些牵强。据《册府元龟·帝王部·封禅二》，唐高宗于麟德二年（665）十月二十九日发洛阳赴泰山，其时"突厥、于阗、波斯、天竺国、罽宾、乌苌、昆仑、倭国及新罗、百济、高丽等诸蕃酋长，各率其属扈从"，守君大石一行于同年十二月离开日本，因此不可能在十月底随驾赶赴泰山。

其实，参加泰山封禅的日本使节，是带方刺使刘仁轨从百济领带而去的。《唐会要》卷九十五新罗条云：

> 麟德二年八月，法敏与熊津都督扶余隆盟于百济之熊津城，其盟书藏于新罗之庙。于是，带方州刺史刘仁轨领新罗、百济、耽罗、倭人四国使，浮海西还，以赴大山之下。

刘仁轨所领的日本使，池内宏以为是白村江海战中降伏的倭人（《满鲜史研究》上世第二册），或更近事实。

据《旧唐书·刘仁轨传》，刘仁轨因领四国使节赴泰山之会，"高宗甚悦，擢拜大司宪；乾封元年，迁右相兼检校太子左中护；累前后战功，封乐城县男。"这从一个侧面反映，在白村江海战之后，如何驱散战争硝烟、恢复东亚的和平秩序，成为唐朝对外政策的急务，而这与刘德高使日的目标亦是一致的。

关于刘德高出使日本的史料不多，尤其是在日期间的活动不得其详，然而《怀风藻》的大友皇子小传中有一则珍稀资料：

> 皇太子者，淡海帝（按：天智天皇）之长子也。魁岸奇伟，风范弘深，眼中精耀，顾盼炜烨。唐使刘德高，见而异曰："此皇子风骨不似世间人，实非此国之分。"

刘德高使日得以促成第五次遣唐使入朝，大概与郭务悰、祢军、定惠等人的大量幕后工作有很大关系，同时刘德高本人的外交手段也一定起了相当的作用，上述《怀风藻》的小传传递出唐使与皇太子兼诗人大友皇子交游的细节，为我们的想象提供了一些素材。

五

郭务悰三度使日

刘德高使日的成功，使唐日两国摆脱了军事冲突的阴影，为建立睦邻友好关系奠定了基础。

据《日本书纪》载，刘德高返回次年（667）十一月九日，刘仁愿遣熊津都督府熊山县令上柱国司马法聪等，送日本使节大山下境部连石积等至太宰府，完成使命后司马法聪马不停蹄于十三日返回，日本方面则派"以小山下伊吉连博德、大乙下笠臣诸石为送使"。这一次礼节性的迎来送往，唐日双方显示出高度的外交默契，即唐朝方面集中力量用兵于高句丽，日本方面则认清了朝鲜半岛变局的大势。

总章元年（668）九月十二日，"司空英国公绩破高丽，拔平壤城，擒其王高藏及其大臣男建等以归。境内尽降……以其地为安东都护府，分置四十二州"（《旧唐书·高宗本纪》）；十月"大唐大将军英公打灭高丽"（《日本书纪》）的消息就传到日本，于是日本不失时机地遣使入唐"贺平高丽"。

总章二年（669）十一月，河内鲸领衔的日本使节团抵达大唐，咸亨元年（670）三月入长安"贺平高丽"，此事见载于《册府元龟》《唐会要》《新唐书》等诸书，可见唐朝对此非常重视。

咸亨二年（671），据《日本书纪》记载，正月十三日"百济镇将刘仁愿，遣李守真等上表"，七月十一日"唐人李守真等、百济使人等并罢归"，虽然史书未言明遣使目的，但从百济使节相伴等情况判断，推测是礼送途经半岛归国的"贺平高丽"使河内鲸一行。紧接着十一月，郭务悰率两千余人的大型使节团，分乘四十七艘船抵达日本，把7世纪中叶的唐日外交推向一个高潮。《日本书纪》天智天皇十年（671）十一月十日条载：

> 十一月甲午朔癸卯，对马国司遣使于筑紫大宰府言：
>
> 月生二日，沙门道久、筑紫君萨野马、韩岛胜娑婆、布师首磐四人，从唐来口："唐国使人郭务悰等六百人，送使沙宅孙登等一千四百人，总合二千人，乘船卅七只，俱泊于比知岛。相谓之曰：'今吾辈人船数众，忽然到彼，恐彼防人惊骇射战。'乃遣道久等，预稍披陈来朝之意。"

郭务悰汲取前两次使日的教训与经验，十一月二日暂泊对马岛附近的比知岛，派遣同行的日本僧道久等向对马岛国司通报来意，俟对马岛国司向太宰府禀报，然后才率船队驶入筑紫，被安置在大津馆（《善邻国宝记》）。这一举措说明郭务悰在对日外交方面，已是经验老到的专家。

出人意料的是，积极推进这一时期对唐外交的天智天皇，在郭务悰到达筑紫后不久的十二月三日去世，继位的天武天皇于翌年（672）三月十八日，派遣专使阿昙连稻敷至筑紫，向郭务悰等报天智天皇丧讯。其时，唐使"咸着丧服，三遍举哀，向东稽首"（《日本书纪》），表示沉痛哀悼。

郭务悰审时度势，了解到天智天皇生前笃信佛教，即命工造阿弥陀像一尊以祈冥福，此举深得日本朝廷赞赏。此像后由持统天皇下赐太宰府，用以在大隅与阿多弘扬佛教。（《日本书纪》持统天皇六年闰五月十五日条）

同月二十一日，郭务悰向天皇专使进书函和信物。郭务悰所上书函，据《善邻国宝记》卷上所引《菅原在良勘文》，题为《大唐皇帝敬问倭王书》[1]，证明郭务悰此行身为唐朝公使，携有天子表函，所以受到日本朝廷的隆重礼遇。

　　《日本书纪》载录了日本朝廷对唐使的厚赐，即五月十二日"以甲胄、弓矢赐郭务悰等。是日，赐郭务悰等物，总合絁一千六百七十三匹、布二千八百五十二端、绵六百六十六斤"。五月三十日，郭务悰一行扬帆归国。

　　郭务悰先后三次出使日本，第一次作为百济镇将刘仁愿的使节，于白村江海战的次年（664）赶赴日本，从全局看是唐朝远交近攻的策略，从局部看是为了驱散弥漫在唐日两国之间的战争硝烟。此次出使虽因日本的对唐政策而告失败，但郭务悰也因此把握了日本朝廷的心理，并将其迅速转达给唐朝政府，为制定以后的对日政策提供了重要的依据。

　　第二次使日是在665年，郭务悰辅佐唐使刘德高开辟出与日本国打交道的渠道，完成了睦邻外交的重任，基本消除了笼罩在两国之间的战争阴云。

　　事隔6年，671年，郭务悰以唐朝大使的身份再次率领庞大的使团访问日本，恰逢在唐日关系改善中起主导作用的天智天皇去世，郭务悰

1　《善邻国宝记》卷上鸟羽院元永元年（1118）条云："宋国附商客孙俊明、郑清等书曰：'矧尔东夷之长……宜敢事大之诚云云。'此书叶旧例否，命诸家勘之。四月廿七日，从四位上行式部大辅菅原在良，勘唐以来献本朝书例曰：'……天智天皇十年，唐客郭务悰等来聘。书曰：大唐帝敬问日本国天皇云云。天武天皇元年，郭务悰等来，安置大津馆，客上书函。题曰：大唐皇帝敬问倭王书。'"此外，《异国牒状记》亦载："天智天皇十年，牒状到来。书：大唐皇帝敬问日本国天皇"；"天武天皇元年二月，唐牒状上题云：大唐皇帝敬和王问书"。

以其外交家的精明，妥善处理这一突发事件，赢得日本朝廷的敬重，为增进两国友好作出了贡献。

唐与新罗联手，先灭百济，继亡高句丽。此后，新罗羽翼渐丰，已成尾大不掉之势。朝鲜半岛的主要矛盾，从三国鼎立转向唐与新罗的抗争。从咸亨元年（670）开始，新罗军队加强攻势，蚕食唐军驻扎的百济旧城，唐罗矛盾逐渐公开化。百济镇将刘仁轨于咸亨二年（671）正月派李守真等使日，同年十一月唐朝又遣深谙日本事务的郭务悰出使，这人概与半岛局势的变化不无关系。郭务悰随行人员中有"送使沙宅孙登等一千四百人"，可推测其中包括大量避乱的百济难民。笔者由此联想起在郭务悰首次使日时，亦有百余百济人同行，其中很可能也包含自愿移居日本的难民。

综上所述，郭务悰三次使日，都是为了善后处理半岛战事的残局，增进唐日之间的相互了解；在此意义上，这位在中国文献中事迹不显的唐人，不仅是一位活跃于7世纪东亚国际舞台的出色外交家，更是一位值得纪念的驱散战争硝烟的和平使者。

第七章
佯装狂人的日本入唐僧（智藏法师）

提及智藏，想必读者脑海中浮现出来的是唐代秘教集大成者的不空（Amoghavajra）。开元八年（720），十五岁的不空随同其师金刚智从狮子国（今斯里兰卡）渡唐，在其师殁后奉其师遗志归国，天宝五载（746）再携大量真言秘典返回长安，促成中国秘教之完成。不空（不空金刚）是其汉名，又得玄宗赐"智藏"之号，其门下有后来成为空海之师的惠果。

以智藏为号的不空作为往来于东南亚的国际人士享有盛名，但是作为本章传主的、往来于唐日间的智藏却是另有其人。以日本为舞台而活跃的智藏，作为三论宗的二祖，虽是飞鸟时代佛教界的重量级人物，但其生平及经历却有着诸多的谜团。

比如其俗姓虽被认为是熊凝氏或禾田氏，但关于其出生地却有吴国和日本两说。他曾入唐留学，却被世人称作"吴学生"。关于其入唐年份、归国时期、在唐时间以及生卒年月，悉数不详。特别不可思议的是，他在留学期间长期佯狂度日。

本章就以这位风格特立的入唐学生为对象，试图探寻这类时常与苦恼、孤独相伴的国际人士的内心世界。

一

两位智藏

作为势力横跨飞鸟时代至奈良时代的三论宗之第二传，有关智藏的传记资料在文学及佛教文献中多有留存。在文学史料中虽仅见于《怀风藻》，但在佛教史料中却多见于诸如《大乘三论师资传》《三国佛法传通缘起》及《本朝高僧传》等。

然而，此中却有一大陷阱。翻检吉川弘文馆的《国史大辞典》，由高田良信氏执笔的《智藏略传》依据佛教史料记述道：

> 智藏，生没年不详。七世纪三论宗学僧。中国吴国出生。姓为熊凝氏。福亮在俗时之子。随其父福亮于齐明天皇时期来日，住于法隆寺、元兴寺，从慧灌修学三论。其后入唐，拜谒吉藏质询三论之余蕴、极其奥义而归国。古来一直被视为我国三论宗二祖。归国后专于法隆寺宣讲三论，致力于其弘通。天武天皇二年（673）大和川原寺书写《大藏经》之际，受敕命而任督役，因此功绩而升任僧正。入寂之年等皆不明。弟子有大安寺道慈、元兴寺智光、礼光等。

梳理上文要点可知：智藏是吴国之人；姓熊凝氏；齐明朝（655—661）随其父福亮赴日；依高句丽僧慧灌受三论宗；入唐学于吉藏；作为日本三论宗之二祖于天武天皇二年（673）任僧正；弟子中有道慈、智光等。

此条略传中仍有问题留存。例如，熊凝氏是吴国之姓还是日本之姓，并未加以明确。又，若随其父福亮于齐明朝来日的话，那就与福亮于舒明十年（638）开基法起寺（《法起寺塔露盘铭》）、大化元年

（645）被任命为十师（《日本书纪》）等事实无法相合。而且，开创隋朝三论宗之吉藏（嘉祥）已于623年圆寂，绝无可能教授在数十年后才入唐的智藏。

那么，文学史料中又如何呢？东大寺教学部所编《丝绸之路往来人物辞典》（同朋舍，1989年4月版）基于《怀风藻》撰写的《智藏传》记载道：

> 智藏　ちぞう　遣唐留学僧、三论宗学僧。俗姓禾田氏。7世纪后半期天智天皇时代入唐留学，于吴越之间依硕学之尼僧学佛法。因学业称誉而为同伴学僧所嫉妒，佯装为狂僧。持统朝归国，接受试业时应答如流，诸学僧听众皆惊。天皇补任智藏为僧正，时年73岁。《怀风藻》中收其五言诗二首。（后略）

从上文中抽出与佛教史料不同之处，则有：俗姓为禾田氏；入唐时期为天智朝（661—671）；留学中教授之师为吴越尼僧。此外还包含未见诸佛教史料而独有的内容，如：留学中佯狂；在归国后的试业中大放异彩；留下汉诗二首；补任僧正时年七十三岁。

在佛教与文学两系统之史料中描述的智藏形象有不小的出入，因此出现了《怀风藻》中登场的智藏与《僧传》中所记载的作为三论宗二祖的智藏并非同一人物之说。例如《日本佛教人名辞典》就分别为两位智藏设立词条如下：

> 智藏　飞鸟时代三论宗之僧。生卒不详。讳智藏　生吴（中国）出熊凝氏　师灌慧、吉藏　事福亮在俗时之子，随父于齐明天皇时代（655—661）来日，住法隆寺、法兴寺（飞鸟寺），就慧灌学三论。后入唐就嘉祥寺吉藏受三论奥义而归国（三论宗二

祖）。以后住法隆寺弘扬三论，673年因督役大和川原寺《大藏经》书写之功绩而任僧正。

以上是以佛教史料为基础构建的智藏形象，与之相对，《怀风藻》中登场的智藏形象则如下：

> 智藏 飞鸟时代入唐僧。生卒不详。讳 智藏 出 禾田氏 事 天智天皇时代（661—671）入唐，就吴越间之尼僧学法。然而同伴嫉妒并欲加害之，因此伴狂而获免于难，持统天皇时代（686—697）归国。其行动虽显奇异，但曾一度敷衍说法令众人敬服。

然而，综合分析佛教史料与文学史料，可以发现两者在最基本之处存在共通点，应当认为两者实为同一人物。究其理由如下：其一，二人皆活跃于7世纪中叶；其二，二人皆有入唐留学的经验；其三，二人皆曾担任僧正；其四，二人皆被称作"吴学生"。如果在飞鸟时代存在拥有如此多的共通点而且还重名的僧侣的话，可谓近乎奇迹。

基于上述分析，笔者试图将迄今为止分割为二人的智藏形象拼合为一体来考察。由于割裂的历史较为漫长，拼合处或许有些许龃龉，但整体来看，这位飞鸟时代的高僧形象可谓跃然纸上。

二

智藏是否是混血儿

智藏的出身是个麻烦的问题。"禾田氏"的记载见于《怀风藻》，即"智藏师者，俗姓禾田氏"，而"熊凝氏"的记载却未见诸文献。《国史大辞典》《日本佛教人名辞典》煞有介事地认为这对"熊凝氏"父子从中国渡海而来，然而中国并无如此姓氏。

认为智藏是熊凝氏的根据，想必出自诸书中"智藏系福亮在俗时之子"的记载。有关其出身的史料，管见所及，大约如下：

○《怀风藻》："智藏师者，俗姓禾田氏。"

○《扶桑略记》卷五："智藏任僧正，吴学生，福亮僧正在俗时子也。"

○《僧纲补任》："僧正智藏（同日任。吴国人，福亮在俗时子也）。"

○《元亨释书》卷三十一："僧智藏，吴国人，福亮法师俗时子也。"

○《三论祖师传》："释智藏，吴国人，福亮法师在俗之时子。"

○《三论祖师传集》卷下："僧正智藏（天武天皇治二年三月任僧正，吴学生，福亮僧正在俗时子也）。"

○《本朝高僧传》卷一："释智藏者，吴国人，福亮在俗时之子。"

○《南都高僧传》："智藏僧正，日本之人也。"

除去《怀风藻》中"禾田氏"与《南都高僧传》中"日本之人"的记载之外，其他文献皆认为智藏为"福亮在俗时子"，甚至是"吴国人"或"吴学生"。由于汉文特有的暧昧性，如《本朝高僧传》一文中的记载既可以理解为"释智藏系吴国人，福亮在俗时之子"，也可以理解为"释智藏系吴国人福亮在俗时之子"。若从僧传，尤其是《僧纲补任》等叙述模式来看，"吴国人""吴学生"应当并非修饰后续的"福亮"，而是修饰前面的"智藏"。

《扶桑略记》《僧纲补任》等认为智藏系福亮之子的文献，其成书皆可以追溯至平安时代，若无积极的理由或是有力的证据来否定其记载，可姑且接受这一事实。关于福亮，据《僧纲补任抄出》上"吴人，熊凝氏，本元兴寺"，又据《本朝高僧传》卷一中"释福亮，姓熊凝氏，本吴国人。来朝出家，从高丽慧灌僧正习禀三论，兼善法相"，可知其本来系吴国人，移居日本后以熊凝氏自称，继而出家受教于慧灌。

如果福亮从赴日至出家期间以熊凝氏自称的话，那么其在俗时所生子智藏自然也以熊凝氏为姓。因此，如果承认福亮与智藏的父子关系，智藏为熊凝氏的推论就自然而然成立了。

此外，更麻烦的是智藏的出生地。若据《国史大辞典》《日本佛教人名辞典》，可知智藏是与其父福亮一同渡日的，那么他应该出生于中国江南地区。虽并无验证此说的确凿资料，但从年龄推断，这在某种程度上是可能的。

关于福亮之东渡日本，若以舒明十年（638）依圣德太子之遗言而兴建法起寺来看，最迟当在圣德太子尚在世时期（574—622），推测在推古十七年（609）左右。另一方面，被认为是智藏大弟子的道慈生于670年左右，若以十五岁出家来算，那么智藏685年前后仍在世。据《怀风藻》载智藏享年七十三岁来逆推，可知其生年应当在612年以后。因此，进行极限计算的话，亦可得出智藏是在福亮赴日之后才出生这一结论。

然而，以《僧纲补任》为首，《元亨释书》《本朝高僧传》等书皆称智藏为吴国人又是何故？这或许是基于其父亲的出身而有的称呼。对于智藏，最合适的称呼应当是"吴学生"而非"吴国人"。"吴学生"一称不仅见于平安时代的《扶桑略记》，奈良时代的《怀风藻》目录中亦作"僧正吴学生智藏"，显然"吴学生"的记载更为古老。所谓"吴学生"，是指有在吴地（中国江南）留学经历者。

智藏若是赴日之后以熊凝氏为姓的福亮所生之子，其为混血儿的可能性就极其高了。因为福亮之所以能以日本姓氏为姓，只能是迎娶了熊凝氏女性之故。

此外，最难解的问题是熊凝氏与禾田氏的关系。《怀风藻》中"智藏师者，俗姓禾田氏"的记载与佛教史料中的熊凝氏相矛盾。对此，横田健一氏提出独特的解释：

> 虽无史料明确证明智藏系福亮之子一说，但应当存在某些根据，使此说一直得以流传。如此一来，福亮亦可能是禾田氏。[1]

这一看法与将福亮定名为熊凝氏的《国史大辞典》《日本佛教人名辞典》正相反，而将福亮定名为禾田氏。横田健一氏又结合大野保氏"禾田即粟田"之说，得出见于《新撰姓氏录》的粟田氏系"皇别姓氏，既非吴国人也非高丽人"的结论，以之为智藏日本人说的根据。

熊凝氏与禾田氏，取其一方，就必须割舍另一方。将智藏形象分割为二的元凶实际正出于此。那么是否有两说并存的两全之策呢？笔者在此姑且大胆地推测，福亮因某种缘故与熊凝氏分离后出家，此时将未成年的二子托付给了禾田氏。

如前所述，如果福亮于推古十七年（609）左右赴日，在圣德太子薨殁前后（622）出家，那时[2]智藏应尚在幼年。追随其父而剃发时，最早也应在十五岁左右。

1　[日]横田健一：《白鳳天平の世界》，创元社1973年版，第278页。

2　福亮出家的时期及经过皆不详，视其舒明十年（638）作为太子近侍而开基法起寺，这应当与622年舍冈本宫为寺院的太子临终遗言之间存在某种关联。另据诸书其受教于推古三十三年（625）来日的慧灌的记载来看，其出家时间应当在此以前。

三

三论宗之谱系

三论宗初次传入日本，据传是在推古天皇三十三年（625）正月。该年，僧慧灌从高句丽远道而来。慧灌曾渡隋，师从嘉祥大师吉藏（549—623）修习三论之学。到日本之后，久住飞鸟的元兴寺（也称法兴寺）讲义三论宗，由朝廷补任为僧正。凝然所撰《三国佛法传通缘起》记载了日本三论宗师资相承的谱系。

> 慧灌僧正以三论宗授福亮僧正，福亮授智藏僧正。智藏越海入唐，重传三论。遂乃归朝，弘通所传，此第二传也。智藏授法于道慈律师。（中略）三论一宗传自唐土有三代之传。一云慧灌僧正之传，二云智藏僧正之传，三云道慈律师之传。

关于此谱系图，仍有数处疑问值得关注。

首先关于第一传，先于慧灌赴日的人称"三宝栋梁"的高句丽僧慧慈与百济僧慧聪皆被视为三论学僧（《日本书纪》）。此二人成为圣德太子的智囊，《三经义疏》与吉藏说之间存在相似性，当是受二人的影响。[1]继之赴日的百济观勒住元兴寺弘扬三论，推古三十二年（624）受命为日本首代僧正。翌年，自高句丽派遣而来的慧灌成为第二任僧正，

1　关于《三经义疏》与吉藏说的关联，可参考：［日］井上光贞：《三経義疏成立の研究》，《日本古代思想史の研究》，岩波书店1986年版，第166—170页。

当时包括福亮在内的九任僧正皆是以元兴寺为据点的三论僧人。[1]

如此，初期三论宗的学统皆由朝鲜半岛僧人担任，其中慧慈与慧聪人称"三宝栋梁"，观勒为日本史上首代僧正，无论是学识还是声望，他们较之慧灌皆有过之而无不及。既然如此，那作为后辈的慧灌又为何是三论宗之首传？

另外，关于第二传，略过福亮而以智藏充任，亦是令人费解。平井俊荣氏指出："以智藏而非福亮为第二传是何故？福亮也曾入唐，也曾担任僧正，若以他为第二传也无不妥。"[2]福亮既是智藏之父，也是其师。曾担任僧正，还被选为十师，相较于为其子为其徒的智藏，无论是经历还是地位，福亮的地位不用赘述，然而却不能有第二传者的荣誉。

对此，平井俊荣氏提出出人意表的新说。他指出，无论是出身、经历、学识及地位等，"对于'三论宗三传'一说的产生背景而言，此类事实皆不重要"。他还主张，最为重要的是"将所得学问传向何处这一点"。[3]

的确，据《大乘三论师资传》等的谱系图，第一传的慧灌是元兴寺，第二传的智藏是法隆寺，第三传的道慈是大安寺，三传分别以特定的寺院为中心。

不过，若将三论宗的谱系置于南都六宗这一佛教界成立的情形中，上述指摘则未必称得上是正确的。毋宁说能否成为一宗之祖的重要条件

1　据大约9世纪后半成书的香山元宗《大乘三论师资传》中有："第三十七难破长浦丰前宫孝德天王治天下万丰日天皇乃请元兴寺僧高丽国慧观法师，令讲三论。其讲了日，天皇即拜任以僧正。是则日本僧正第二。同寺三论观勒僧正其第一矣。（中略）从之以后，福亮法师等九僧正，皆此元兴寺三论宗也。"

2　[日]平井俊荣：《南都三論宗史の研究序説》，[日]速水侑编：《奈良仏教の展開》，雄山阁1994年版，第138页。

3　[日]平井俊荣：《南都三論宗史の研究序説》，[日]速水侑编：《奈良仏教の展開》，雄山阁1994年10月，第138—139页。

之一，就是留学经历的有无。

以三论宗而论，第一传者的慧灌相较前辈慧慈、慧聪、观勒而言，唯一优越的即是其曾前往中国依吉藏学习三论之学问的经历。[1]继之，我们可以推知福亮之所以不能成为第二传者，是因为未能传习唐土地道的学问。也就是说福亮只是赴日之后出家，并未再度入唐留学。[2]智藏与神泰同出于福亮门下，他能够越过其父，超越同门而成为第二传者的，正因为他是唯一一个曾入唐留学的人。

相同的情况还发生在第二传者上。智藏门下同时有道慈、智光、礼光。智光著有《净名玄论略述》等十四部（约50卷）章疏，是当时屈指可数的学者，可仅有两部著作的道慈却凭入唐留学的优势成为第三传。

从上述情况来看，我们不难察知智藏入唐留学的重大意义。然而，智藏在此行中不幸沦为狂僧，却是谁也不曾料想到的。

四
佯装狂僧

关于智藏的入唐求法经历，《怀风藻》中记载："淡海帝之世，遣学唐国。时吴越间有高学之尼。法师就尼受业。六七年中，学业颖秀。（中略）太后天皇之世，师向本朝。"

淡海（近江）帝即天智天皇，从《日本书纪》等中查找其治世时

1　关于慧灌入唐的记录可见于《三国佛法传通缘起》《东大寺具书》《元亨释书》等。

2　关于福亮入唐的记载虽见于《元亨释书》《本朝高僧传》等后世僧传，但仅有"受三论于嘉祥"这一表述。福亮若是自慧灌受启蒙而后入唐，与受教于慧灌、在福亮来日的两年前业已亡故的嘉祥（吉藏）的记载矛盾。

（661—671）中日往来的记载，可知当时前往中国的船有以下五回：

　　（1）天智三年（664）十二月，作为百济镇将使节赴日的郭务悰归国。

　　（2）天智四年（665）十二月，唐使刘德高等归国。

　　（3）天智六年（667）十一月，作为百济镇将使节赴日的司马法聪等归国。

　　（4）天智八年（669）十一月，遣唐使河内鲸等至中国，翌年三月贺平定高句丽。

　　（5）天智十年（671）七月，作为百济镇将使节赴日的李守真等归国。

　　据井上光贞所言，智藏系天智四年入唐，天智十年归国。[1]如此说来，入唐的翌年（666）一月，倭国使曾经参列泰山封禅之仪，因此刘德高归国时必然有日本人同行。

　　横田健一将智藏归国定在天武十二年（683），若自天智四年算起，"留学时间过长"。若自"天智十年唐使郭务悰等来朝，翌年五月归朝时随行"来算，"受业六七年，对应在唐长达十年，就并无窒碍"。[2]

　　若依照横田健一所倡之说，智藏等当于天武元年（672）五月出航，这就与《怀风藻》所说"淡海帝之世"相龃龉。另外，并无证据能够证明诸书将其归国后被任命为僧正的年份记载为天武二年（673）是对天武十二年（683）的误记。因此其说难免有臆测之嫌。

　　在此若留意五回船的目的地，可以发现抵达中国本土的只有（2）

1　[日]井上光贞：《日本古代思想史の研究》，岩波书店1986年版，第211页。

2　[日]横田建一：《白鳳天平の世界》，创元社1973年版，第281页。

与（4），其他三回皆是前往唐统治下的百济。因此，虽然天智八年一说也是有力的候补项，但是综合考虑天武二年这一归国下限，以及"六七年中"这一留学时间，井上光贞氏所主张的"天智四年出发，同十年归国"假说应当更具有说服力。[1]

接下来，我们将目光转向智藏的留学生活，对于"时吴越间有高学之尼。法师就尼受业"，井上光贞指出"其入唐后不学于长安而于'吴越之间'受学，也是由于其出身和学统的缘故吧"[2]。会稽附近是三论宗的发祥地，福亮的故乡应当就在周边。

虽然受惠于这样的环境，然而学业优于同伴却成为灾难，及早察觉危险及身的智藏于是恣意散乱头发，以狂人的姿态在路上暴走。权引《怀风藻》的记载如下：

> 六七年中，学业颖秀。同伴僧等颇有忌害之心。法师察，计全躯之方，遂被发阳狂，奔荡道路。密写三藏要义，以木筒盛，著漆秘封，负担游行。同伴轻蔑，以为鬼狂，遂不为害。

在这狂人的假面背后，隐藏着珍惜光阴一味抄写经、律、论三藏教典的留学僧姿态，实在令人感动。为了未来将珍贵的写经带回日本，智藏将写经收纳到木筒中，为防湿气还以漆密封，他一边等待归国的时机，一边背着木筒行动。

---

1 《怀风藻》"太后天皇之世，师本朝向"中"太后天皇"通常认为是持统天皇（687—697年间在位），横田健一为迎合天武十二年（683）归国说的完整性，将其拟定为翌年即位的则天武后。井上光贞支持喜田贞吉博士之说，认为是天智与天武之间即位或称制的倭姬，以天智四年（665）入唐之年来算，第七年是天智十年（671），正好与倭姬从该年十二月至翌年七月处于皇位期间符合。

2 ［日］井上光贞：《日本古代思想史の研究》，岩波书店1986年版，第211页。

正是通过将自己装扮成"鬼狂"，智藏才忍辱负重活了下来。若非如此，他或许也将同那位在长安醴泉寺佛经译场留名的日本人灵仙三藏一样死于非命。下手杀害灵仙者，有说是日本人，也有说是新罗人。据圆仁《入唐求法巡礼行记》记载："有人密谋药杀，遇毒而亡。"杀害灵仙的动机，是为了夺取从日本送来的砂金，还是出于对灵仙非凡才能的嫉妒，事到如今已经无从考证。

承和时期遣唐使中的留学僧圆载也曾有过私吞金钱、谋杀同胞的嫌疑。据圆珍《行历抄》记载，圆载是因为惧怕其曾侵犯尼僧并生有子息的丑闻流传到日本，因此而谋划杀害归国的僧侣。圆载与圆珍的不和众所周知，因此也不能保证《行历抄》的记载全系事实。

围绕留学僧发生的明争暗斗，大多因名（嫉妒）与利（金钱）而起，灵仙与圆载的情况也是如此吧。不过，迫使智藏不得不佯狂的原因，难道仅仅是同伴留学僧的嫉妒吗？如果将目光转向当时的东亚局势，或许将牵扯到更为复杂的情况。

五
苦尽甘来的舞台

除了智藏入唐时的经历，《怀风藻》又记述了智藏结束六七年留学后归国时的奇异行动：

> 太后天皇之世，师向本朝。同伴登陆，曝凉经书。法师开襟对风曰："我亦曝凉经典奥义。"众皆嗤笑，以为妖言。

天智十年（671），智藏翘首以盼的归国机会终于到来。据《日本书纪》记载，该年十一月，唐国使人郭务悰等六百人及百济送使一千四百人分乘七艘船到达日本，由于当时白村江之战的阴云未散，也为避免误解，事先派遣沙门道久、筑紫君萨野马、韩岛胜裟婆、布师首磐四人至对马说明情况。笔者推测智藏应当与道久等一同加入此次的船队中。

虽说已经踏上归国之路，城府极深的智藏依然在继续表演。抵达陆地（或许是对马）时，丝毫不顾同伴正忙于曝晒被海水濡湿的贵重书籍，智藏突然大开胸襟，向风放言"我亦曝凉经典奥义"。这番话其实在暗示其秘藏于木筒中的写经，然而同伴却未能察觉，只是付诸一笑。

接受国家经费资助的留学生在归国后有义务报告学业，即在天皇面前测试留学的成果如何。《怀风藻》将其称作"试业"。

> 临于试业，升座敷演。辞义峻远，音词雅丽。论虽蜂起，应对如流。皆屈服，莫不惊骇。

终于轮到智藏了。此时，他平日的狂态瞬间消失，登上讲坛，不仅以优美的语音诠释佛典的奥义，面对纷至沓来的质询亦能从容应答，令周围的人惊服。最后，传记以"帝嘉之，拜僧正。时岁七十三"结尾。

关于智藏补任僧正，据《三国佛法传通缘起》记载："大化二年丙午，慧师、慧轮、智藏三殷同时任僧正。是三论讲竟日之劝赏也。"大化二年（646）举行三论讲演的法会，作为讲师的智藏等三人皆被任命为僧正。

不过，智藏若如前所述系福亮到日本之后所生，在大化二年，以三十岁左右的年纪就任僧正实在太早。另外，就任僧正20年后才入唐留学也显异样。因此，任命僧正的时间应当在《僧纲补任》等书记载的天武二年（673）。

关于其经过，据《扶桑略记》第五记载"（天武二年）同三月于川原寺始写一切经。同月智藏任僧正"。《元亨释书》卷二十一详述："（天武）二年二月二十七，帝即位，敕于川原寺写大藏经。沙门智藏督役，故任僧正。"

上述记载时间、地点、经过皆清楚，较之抽象的大化二年之说更可信。而且这是自唐归朝两年之后的事情，与《怀风藻》所记"帝嘉之，拜僧正"的时间相呼应。

不过，若以此处"时岁七十三"为僧正任命的年龄，亦不合理。倒推一下，智藏生于601年，入唐时六十五岁，在弟子道慈十五岁时，他就是八十五岁。所以"时岁七十三"并非任僧正之年，按照《怀风藻》的叙述模式，应当理解为其殁年，即673年。

假如智藏生于620年左右，那入唐时约四十五岁，归国时约五十一岁，任僧正时五十三岁，道慈入门时是六十五岁。这样算来就合乎道理了。

8世纪以前的遣隋使及遣唐使在选任成员时，一向有注重渡来人血统的倾向，尤其重视语言能力佳的唐日混血儿，混血儿充任判官、录事、译语、留学生等的机会非常多。

如此想来，自孩提时代便从吴国人父亲和高句丽人慧灌处接受语言及佛学教养的智藏，是需要长期滞留在唐的留学僧候补最佳人选。

然而，智藏为何要滞留在远离文化中心地的吴越，而非7世纪时留学僧们向往的长安呢？从稍后一些加入延历时期遣唐使团的最澄与空海的情况来看，学习天台宗的最澄留在江南，而学习密教的空海则远赴长安。留学目的不同，求学的地方也不同。之所以滞留于三论宗发祥地的吴越，也是因为智藏的学问系统，这也暗示了《怀风藻》中的智藏与僧传中的智藏系同一人物。

另一不可忽视的要素是其父福亮系吴人出身这一点。智藏前往吴越留学，在某种意义上亦是回归故乡，父亲一方的亲族想必会倾心援助。从小掌握的吴方言此时亦能派上大用场，想必助力颇多。"六七年中，学业颖秀"也可谓是必然的结果。

幸与不幸，有时不过是一纸之隔。对于智藏而言，不幸是成为饱受思乡及方言难通之苦的同伴的嫉妒目标。但是，迫使智藏不得不做出佯狂之举的，或许并非只是来自同伴的嫉妒。

智藏尚在唐时，白村江之战（663年）的硝烟还未消散，唐将进攻日本的流言犹在。在此稍前，因被怀疑不当搜集唐朝出兵百济的情报，遣唐使一行受到唐的追究，混血儿韩智兴与赵元宝被迫背上莫须有的罪名，受到处罚。

在此东亚国际局势吃紧的时期，与韩智兴、赵元宝一样，拥有两个祖国的智藏想必也深处两难的困境中。在此情势之下，对于混血儿智藏而言，除佯狂之外，别无安生之道。

不过，换个视角来看，能够佯狂骗过同伴耳目，成就学业，这是拥有超强忍耐力与非凡才能的人方能完成的奇举。一说，这位传奇的主人公归国后，住法隆寺弘扬三论，并继承父亲的圣德太子信仰，使《三经义疏》讲释定例化。[1]

智藏的文学素养与汉文实力从《怀风藻》所收的两首五言诗中可以窥知一二。其诗作亦是把握智藏人格与心境的重要资料，因此笔者不避烦琐引载如下。

五言玩花莺一首

桑门寡言晤，策杖事迎逢。

以此芳春节，忽值竹林风。

1　[日]井上光贞：《日本古代思想史の研究》，岩波书店1986年版，第210页。

求友莺嫣树，含香花笑丛。

虽喜遨游志，还愧乏雕虫。

五言秋日言志一首

欲知得性所，来寻仁智情。

气爽山川丽，风高物候芳。

燕巢辞夏色，雁渚听秋声。

因兹竹林友，荣辱莫相惊。

吟诵两首诗时，于首尾"桑门寡言晤""荣辱莫相惊"二句最令人心有余响。被迫佯狂多年之人对俗世的荣辱早已不惊，即便言谈无多，只以山水花鸟为我友，这位策杖的老年国际人士依然不舍遨游之志。

第八章
娶唐女为妻的留学生（阿倍仲麻吕）

古都西安，一座汉白玉唐式纪念碑矗立在唐代遗址上的兴庆宫公园内。其正面镌刻隶书"阿倍仲麻吕纪念碑"八字，背面的长篇碑文叙述阿倍仲麻吕的事迹，左侧是《望月怀乡》和歌与汉译，右侧为唐代诗人李白《哭晁卿衡》哀悼诗。

往昔的长安，是东亚唯一一个人口百万的国际大都会，据说当时有超过十万外国人居住于此。然而，历经千余年依然被这座城市怀念的外国人，除了阿倍仲麻吕之外，还有谁曾获得如此殊荣呢？

广袤的中国大地人杰物华，每个时代均有伟人辈出。阿倍仲麻吕作为其中一

图8-1　西安兴庆宫遗址公园内的阿倍仲麻吕纪念碑

人，作为历史人物，其功绩虽流芳后世，被传颂至今，但他作为个体的生活细节却几乎被遗忘殆尽。阿倍仲麻吕少年时代入唐求学，七十二岁高龄埋骨异乡。在唐生活的50多年间，人们甚至不知道他有无恋爱或结婚。

一

宰相千金

1998 年 6 月某日，一封信寄送至笔者在早稻田大学的研究室。信是由讲谈社选书编辑部寄出的。当时，拙著《唐视野下的遣唐使：大唐帝国的混血儿们》刚由讲谈社出版不久。此信正是编辑部的 S 君为笔者转送来的读者反馈意见。

迅速开启信封，乃知寄信人 F 先生是居住于日本的华侨，原籍为中国台湾新竹县，如今在宫崎县日向市经营一家私人医院。信的内容主要是就拙著中提出的"阿倍仲麻吕国际婚姻说"发表看法。信中说："据我所知，仲麻吕是与唐朝宰相张九龄的女儿结婚。" F 先生还在信中就以下三点提出疑问：

(1) 仲麻吕大约于何时成亲？

(2) 其妻是为张九龄第几女？

(3) 其子孙境况如何？

"张九龄的女儿？"看到这，笔者甚至怀疑自己的眼睛。若 F 先生所说确有其事，那在中日古代史的研究领域中，称其为"世纪大发现"恐怕亦不为过。想到此处，我立刻奔向图书馆查阅资料以求证。

张九龄（678—740），字子寿，别名博物，广东韶州人。据传，其七岁便有"神童"之美誉。进士及第后，出任校书郎，并由此登上政治舞台。他在玄宗时代辅佐皇帝，可谓开创"开元盛世"之大功臣，被称为一代名相。新旧《唐书》均有传，不过并未发现他与阿倍仲麻吕之间有瓜葛的记录。

查阅结果虽不如人意，但笔者的热情丝毫未减。因为在 F 先生的来信中，还一同寄来了作为证据的随笔《何为客家》一文。下面将其中涉及的阿倍仲麻吕（唐名为朝衡或晁衡）婚姻相关内容摘录如下。

　　1988年10月，碰巧有机会去西安旅行。在西安兴庆宫公园游览阿倍仲麻吕的纪念碑时，有了一大发现。……纪念碑的背面记录了朝衡的经历。他作为遣唐使的随员来到唐朝，于717年到达长安。其后仕于唐朝，受玄宗厚遇，出任中央图书馆馆长一职。此外，他还与宰相张九龄（678—740，广东省韶州曲江人）女儿结为夫妇。入唐35年后，阿倍仲麻吕在五十六岁时获准归国。他从苏州乘船出发，但因遭遇暴风雨，最终辗转漂至越南。后来阿倍仲麻吕又再次回到长安，终生未归日本。……见到此碑，我始知阿倍仲麻吕娶了客家女儿，也因此对仲麻吕产生了亲近感。若是仲麻吕得以再现于当世，我与他应当可用客家语交谈吧。此一场景，即便仅存于想象之中，也是令人欣喜不已的。

　　在4世纪左右，中国处于五胡十六国之乱世，北方的汉民族因战争而南迁，后在中国南部，主要是广西、广东一带定居。这一迁移集团后来便被称为"客家人"。他们像是进入时光胶囊一般，不随时间的推移而改变，始终保持着汉民族古老的文化传统和生活习惯。

　　F先生因为其先祖是客家人，所以对于张九龄这位登上宰相之位的客家杰出人物，极其关注。

　　关于阿倍仲麻吕的记录，中日两国的历史文献并不鲜见。但是在这些资料之中，毋言其国际婚姻，即便是关于其结婚成家的记载也未发现只言片语。这便很容易让人以为这位十九岁（一说十七岁）便入唐的青年才俊大概是形单影只终其一生，最后埋骨于异国他乡。

　　因此，作为古代史的研究者，若是听说发现阿倍仲麻吕娶唐朝宰相张九龄千金为妻的证据，绝无不心动之理。当时，笔者作为特别研究员身在早稻田大学，于是第一时间致电在中国的朋友、同事，请他们拍摄被称为"证据"的阿倍仲麻吕纪念碑上的碑文。

一周后，翘首以待的国际包裹终于到达，内有四张照片。碑之正面有"阿倍仲麻吕纪念碑"字样，金字镌刻。左侧有李白《哭晁卿衡》诗："日本晁衡辞帝都，征帆一片绕蓬壶。明月不归沉碧海，白云愁色满苍梧。"右侧是阿倍仲麻吕《望月怀乡》和歌原文（略）与汉译："翘首望东天，神驰奈良边。三笠山顶上，想又皎月圆。"

可惜最重要的背面碑文，由于行文太长，文字很小，仅凭照片实在难以判读。于是又马上拜托朋友帮忙再寻碑文的详细内容。两天后，传真终于到达。碑文的文字端正，内容清晰呈现。对照照片，一字一句判读后，却没有发现F先生所说的"证据"。[1]

后来，据朋友告知，因纪念碑较高，仅凭肉眼难以辨读上面的文字，当时是借助了望远镜一字一句照录下来的。

受益于F先生，笔者充分体验了推理小说中描写的那种峰回路转的

1　阿倍仲麻吕纪念碑上的全文如下："阿倍仲麻吕中文曰仲满，日本遣唐留学生。公元七一七年与学问僧玄昉、学生吉备真备随遣唐使多治比县守入唐，求学长安，勇于任事，为玄宗所赏，因留中国不去，易姓名为朝衡，文士或直题为晁衡。官左补阙、仪王友、秘书监，兼卫尉卿。七五三年遣唐使藤原清河将返国，仲麻吕动归志，玄宗命加使节衔报命偕藤原去。海上遇风漂至安南，遂再归，仕于唐，历肃、代朝，擢左散骑常侍、安南都护。七七零年卒，年七十，追赠潞州大都督。仲麻吕留唐五十四年，接遇日使，给遣覆溺，于中日文化交流、两国友好颇多效力。两国自古有交通，然遣使莫盛于唐之开元以降。日本之奈良朝，日本新建平城京，即今之奈良市也。是时，日使先后数辈，随行者往往以百数，其留学归国者随所建树，咸著声闻。然在中国，皆不及仲麻吕之久仕于唐，广交名士，倾动朝野，流誉若是其甚也。仲麻吕好学能诗，其《望月怀乡》之歌，《衔命辞国》之作，或留传日土，或讽诵中朝。唐诗人若李白、王维、储光羲、赵骅、包佶之属，皆与往还。当七五三年仲麻吕之归国也，传闻遇风漂没，李白至作《哭朝卿衡》一诗悼之，此真可谓古今之佳话。"

惊险感。虽然期待的奇迹并未出现，但此番经历却成为笔者进一步补充拙见"阿倍仲麻吕国际婚姻说"的契机。[1]

二
唐人妻与日本姬

关于阿倍仲麻吕最终娶唐女为妻一事，在史料中虽尚未发现明证，但这并不影响"阿倍仲麻吕国际婚姻说"的成立。

关于阿倍仲麻吕波澜万丈的传奇生涯，已有众多成就斐然的研究成果问世。如杉本直治郎的《阿倍仲麻吕传研究——朝衡传考》等，堪称经典作品。若无新资料发现，研究空间似乎已穷尽，后来者难以有所作为。大概因为上述缘故，目前学界对阿倍仲麻吕的研究日渐式微，但以阿倍仲麻吕为主人公创作的小说却不断问世。这正好证明了一句话："史学家山穷水尽之时，文学者则柳暗花明。"例如，大原正义的《长安之月：阿倍仲麻吕传》、辻原登氏的《飞翔的麒麟》等，均是有极大反响的长篇小说。此外，由中国东方歌舞团编排的歌剧《杨贵妃与阿倍仲麻吕》，搭乘纪念中日邦交正常化30周年之顺风车，在中日两国公演，获得巨大成功。

阿倍仲麻吕顺利通过被称为"天下难关"的科举考试，从此平步青云，达到荣华顶点。他虽始终心怀归乡之念，却最终埋骨异国他乡。在这样一个传奇人物的身上，既有着8世纪普通日本人难以体验到的浪漫情节，又有着耐人寻味的众多谜团。因此，阿倍仲麻吕成为作家发挥想

1　此后不久，笔者撰写了《阿倍仲麻吕的国际婚姻について》一文，发表于帝塚山大学人间文化学部《研究年报》1999年12月的创刊号上，也算是间接回报了F先生的好意。

象力的载体，最合适不过。阿倍仲麻吕常成为文学作品中的主人公，也就不难理解了。

阿倍仲麻吕的经历，尤其是文献记录极少的在唐经历，作为文学创作的素材，确实有广阔的想象空间。不过，历史研究者倒也无须一味哀叹无所作为，虽不能恣意驰骋想象，但也可发问一二。

例如，阿倍仲麻吕在长安度过其青春时代，然史料中既无其与人共谱恋曲之记录，亦未见其与异国女子成婚之内容。日本学者高木博对此颇感疑惑："终其一生于唐土的仲麻吕，身边无唐人女子，实在有些不可思议。"[1]此疑问并非高木博一人独有，早在此前，蜚声国际的中国文学研究权威吉川幸次郎，也曾谈及阿倍仲麻吕的婚姻问题。

1976年6月，"前进座"[2]的河原崎长十郎准备创作有关阿倍仲麻吕的戏剧，便拜访京都大学教授吉川幸次郎，咨询相关问题。宾主二人欢谈阿倍仲麻吕轶事之际，河原崎长十郎突然发问："仲麻吕在唐朝也应娶妻了吧？"吉川幸次郎冷不丁地被问及此，当时一笑而未作答。但他毕竟是位严谨的学者，事后仔细查阅各种资料，然后从容作了如下回应：

> 阿倍仲麻吕客居长安达五十载。如王维诗题中所述及"秘书晁监"，表明了他曾任秘书省的长官。秘书省相当于宫廷的图书馆、编纂局，秘书监是从三品的高官。由此推想，他身边至少应有姬侍吧。[3]

---

1 [日]高木博：《万葉の遣唐使船——遣唐使とその混血児たち》，教育出版中心1984年版，第174页。

2 日本著名剧团。

3 [日]吉川幸次郎：《仲麻吕在唐》，《吉川幸次郎全集27》，筑摩书房1987年版。

167

第八章　娶唐女为妻的留学生（阿倍仲麻吕）

这一答案，尚有相当大的不确定性。就倡导实证研究的吉川幸次郎而言，这其中的推测成分，应该是他所能容忍的最大限度了吧。另外，他还特意补加一句，以降其责："大正之世，宫内省图书头，也就是日本的秘书监森林太郎先生，也在其留学过程中，有过《舞姬》的轶事。"这里所提到的"森林太郎"，就是那位近代日本大文豪森鸥外的本名，《舞姬》写的正是他在德国留学期间的浪漫情事。

吉川幸次郎所说的"姬侍"，本身便是一个暧昧的回答。即便阿倍仲麻吕身边真的有姬侍存在，这与本章所要探求的国际婚姻问题也不宜相提并论。然而，关于阿倍仲麻吕的婚姻问题，绝不是笔者毫无来由的胡乱猜想。此源头可追溯至江户时代刊行的《安倍仲麻吕入唐记》一书。此书作者为誓誉，分别有宝历七年（1757）和宽政二年（1790）年的刊本。[1]

图8-2 誓誉《安倍仲麿入唐记》

根据书中内容，阿倍仲麻吕为求取中国的历算书《金乌玉兔集》，随遣唐使渡海入唐，在唐时得到日本留学生吉备真备相助，先在围棋大战中取胜，后解读《野马台诗》成功，最终如愿平安回国。

初见此书，其内容颇似改编自《江谈抄》所载的故事，与以《江谈抄》为蓝本的《吉备大臣入唐绘词》等十分相似，但其中还是有些独特之处。其中与本章相关联的，便是书中出现了阿倍仲麻吕的妻子。

---

[1] 《安倍仲麿入唐記》的解题与录文，可参见成田守的《安倍仲麿入唐記①》《安倍仲麿入唐記②》，载《大東文化大学纪要（人文科学）》第36号（1998年3月）、第38号（2000年3月）。日语中"安倍"与"阿倍"同音，两者经常混用；"麿"为日语汉字，为"麻吕"的合字。

由于故事情节比较复杂，以下择要归纳之。据说阿倍仲麻吕入唐之后，曾回过日本一次，并在日本娶妻生子，子名满月丸。随后阿倍仲麻吕舍妻再次渡唐，其妻因而愤然自杀，其子满月丸则一边流浪一边探寻父亲行踪。

虽然在可靠的文献记载中，并无阿倍仲麻吕"成婚"的明证，但是从当时的情况来看，其"未成婚"之说则更难让人认同。假如他真的有过结婚经历，那结婚对象是"唐人妻"还是"日本姬"，依然是个需要破解之谜。

三
入仕之途

假定阿倍仲麻吕的妻子是"日本姬"，那便偏离了本章的主题。因此，下面主要对其娶"唐人妻"的可能性加以考察。在说明此问题之前，有必要先廓清阿倍仲麻吕的在唐经历。

以多治比县守为押使的第九次遣唐使，是和铜三年（710）都城由藤原京迁至平城京之后的首个遣唐使节团。正因为如此，该使团备受朝野期待。五百五十七名成员分乘四艘海船入唐，人数规模空前。[1]

日本养老元年（717）三月，押使以下人员由难波津启航，同年八月踏上入唐征途。何时踏上唐土，尚不得而知。但据《册府元龟》载，遣唐使在开元五年（717）十月一日之前，已经抵达长安。[2]这一时期，

1　《扶桑略记》卷六元正天皇条提到该次遣唐使"乘舡四艘，五百五十七人渡海"。
2　《册府元龟》卷九七四《外臣部·褒异》十一月丁卯（一日）条载："日本国遣使朝贡。"翌日（二日），玄宗下敕云："日本国远在海外，遣使来朝。既涉沧波，兼献邦物。其使真人莫问等，宜以今月十六日于中书宴集。"

正是玄宗治世时。史称"开元之治"时期的盛唐文化达到了最顶峰。

这里值得瞩目的是，吉备真备及阿倍仲麻吕二人身负俊才之名，以留学生身份加入遣唐使行列。《续日本纪》称："我朝学生，播名唐国者，唯大臣及朝衡二人而已。"[1]此处的"大臣"是指回国后荣升至"右大臣正二位勋二等"的吉备真备，"朝衡"系阿倍仲麻吕在唐朝使用的汉名。

入唐之时，阿倍仲麻吕年仅十九岁[2]，正如王维诗中所描述的"名成太学，官至客卿"，他先进入太学攻读，尔后科举及第，踏上仕途，成为唐王朝的客卿。关于阿倍仲麻吕入太学一事，基本无疑义。因为储光羲在《洛中贻朝校书衡》中有"伯鸾游太学"之句，杨亿在《杨文公谈苑》中也称其"太学应举，仕至补阙"。

唐朝的最高教育机关为国子监，下有国子学、太学、四门学、律学、书学、算学六个分支。各个学校设定不同的入学资格，其依据便是出身和家世。其中，国子学招收的对象为三品以上官吏的子孙，太学为五品以上，四门学为七品以下。也就是说，只有五品以上文武官吏的子孙方有资格进入太学。阿倍仲麻吕作为日本人乃是特例，可以推测，应该是有一些特殊的原因才使其入得太学。

日本学者村上哲见认为，阿倍仲麻吕曾入太学，虽然原委无从知晓，但有诸多证据证明仲麻吕求学于六学中的太学，应该是事实，并推断允许其入学乃是唐朝对海外留学生的特殊优待：

　　从唐统治者方面考虑，这应该是唐政府欢迎外国使者及留学

1　《续日本纪》卷三十二光仁天皇宝龟六年十月壬戌条。

2　藤原仲实编纂的《古今和歌集目录》载："灵龟二年（716），以选为入唐留学问生，时年十有六。"据此，阿倍仲麻吕入唐时为十七岁，但据其事迹及卒年推算，一般认为其入唐时为十九岁。

生，并予以优待的政策体现。在中国传统的认识中，天子为天下（世界）唯一的支配者，绝不会与周边国家平起平坐。但是，外国使者与留学生之造访，正是天子德被海外的证据，因此唐朝非常欢迎他们。……礼遇留学生及留学僧之行为，正是基于这种思想。[1]

村上哲见虽然关注到这个问题，但反复考虑阿倍仲麻吕进入太学的各种可能性，最后得出一个无甚新意的结论："虽然具体情况不明，但想来只能是其出众的学识得到赏识。"[2]这种说法落不到实处，因此令人略感失望。

按照当时唐朝的惯例，破格出仕者均需要有一定地位的人物为其推荐。虑及阿倍仲麻吕的推荐者，深受玄宗宠爱的辨正[3]立刻浮入脑海之中，当是不二人选。高木博着眼于此，展开大胆推论："仲麻吕以日本留学生的身份得以求学于唐朝的国立大学，后进士及第，并成为唐朝官吏。他能走上这条与众不同的人生之路，其中辨正的举荐及帮助，可谓功不可没。"[4]

此外，还有一个可能是唐朝政府承认阿倍仲麻吕在日本的门第。藤原仲实在《古今和歌集目录》中，记仲麻吕为"中务大辅正五位上船守之男"，即其父阿倍船守具有"五位上"的位阶。如果唐朝认定日本的"五位"相当于唐朝的"五品"，那么阿倍仲麻吕便有了入学太学的资格。

---

1 ［日］村上哲见：《漢诗と日本人》，讲谈社1994年版，第72—73页。

2 ［日］村上哲见：《漢诗と日本人》，讲谈社1994年版，第73页。

3 日本入唐僧。玄宗在郡王时代即与其结为棋友，后还俗娶唐女为妻，生有秦朝庆、秦朝元二子。

4 ［日］高木博：《万葉の遣唐使船——遣唐使とその混血児たち》，教育出版中心1984年版，第76页。

关于阿倍仲麻吕入唐朝最高学府求学的具体原委，有着多种可能性，如出身名门、前辈辨正的热心斡旋、不逊唐人的才学，等等。或许正是上述诸多要素的共同作用，才使阿倍仲麻吕向着他丰富多彩的留学生活迈出了第一步。

阿倍仲麻吕随第九次遣唐使于养老元年（717）入唐一事，前文已经论述过。据《古今和歌集目录》所引用的《国史》，与吉备真备"播名唐国"的仲麻吕，"灵龟二年八月廿二日（乙丑），为遣唐学生留学生。……《国史》云：本名仲麿，唐朝赐姓朝氏，名衡，字仲满。性聪敏，好读书。灵龟二年，以选为入唐留学问生，时年十有六。"《古今和歌集》中频频征引的《国史》（即指《六国史》）内容，推测应是《日本后纪》中已散佚不传的延历二十二年（803）三月六日条。[1]

一般认为，到中国后改汉名的第一个日本人，是遣隋使小野妹子（改名为苏因高）。此举到遣唐使时代，已经十分普遍。在东野治之制作的《唐名一览表》中，便有许多实例可举。只是东野治之将阿倍仲麻吕的唐名误标为"仲满"（字），正确的应该是"衡"（名）。[2]

还有一点，东野治之尚未提及。在遣唐使中，不仅有人改名，亦有人改姓。例如，担任733年启程的第十次遣唐使团大使的多治比广成，到唐朝后便改姓为"丹墀"。[3]而像阿倍仲麻吕这样，既改名又改姓的情况似乎比较特殊，《旧唐书·日本传》特意记上一笔："其偏使朝臣仲满，慕中国之风，因留不去。改姓名为朝衡，仕历左补阙、仪王友。"

1　[日]長野正：《藤原清河伝について──その生没年をめぐる疑問の解明》，[日]和歌森太郎先生还历纪念论文集编集委员会编：《古代·中世の社会と民俗文化》，弘文堂1976年版。

2　[日]东野治之：《遣唐使船──東アジアのなかで》，《歴史を読みなおす4》，朝日新闻社1994年版，第71页。

3　参照《日本三代实录》卷十二清和天皇贞观八年（866）二月二十一日条记载。

这里的"偏使"通常是指副使，但若有押使或执节使位于其上，那么也可指代大使。此时的阿倍仲麻吕年未满二十，还是留学生身份，所以不可能是副使。想必是将其与曾经短暂作为大使候补人选，但很快因故辞退的阿倍安麻吕混为一谈了。

对于"朝"姓，究竟是唐朝所赐，还是仲麻吕自己所改，其详情目前尚不能确定，但此姓却颇有来由。唐元和七年（812），林宝受朝廷之命，网罗历代姓氏，编成《元和姓纂》一书。该书第五卷记录了唯一属于日本人的姓氏"朝臣"："朝臣：日本国使朝臣真人，长安中拜司膳卿同正，朝臣大父拜率更令同正。朝臣，姓也。"

朝臣真人是指粟田真人。他率领的第八次遣唐使于唐长安二年（702）横渡东海，漂流至楚州。朝臣大父则指巨势祖父，当时为副使。由此可知，朝臣为日本人之姓，当时已被唐人广知。可以推测，在《古今和歌集目录》中被记作"安倍朝臣仲麿"的阿倍仲麻吕，入唐后便以唐人熟知的"朝臣"为姓，后又仿唐风取其中一字为姓。

综上所论，留学生阿倍仲麻吕在辨正的大力保荐下，以留学生的身份进入专门培养高级官吏的太学，后又通过了严格的科举考试，进士及第，遂以朝衡（又称晁衡）之名仕于唐朝。入宋僧成寻游历开封时，曾在梵才三藏处见到《杨文公谈苑》，他在《参天台山五台山记》卷五延久四年（1072）十二月二十九日条中抄录下有关阿倍仲麻吕客居长安的简要经历：

> 开元中，有朝衡者，隶太学，应举，仕至补阙。求归国，授检校秘书监，放还。王维及当时名辈，皆有诗序送别。后不果去，历官至右常侍、安南都督。

作为文人出世的首任官职，阿倍仲麻吕担任的是左春坊司经局的校书，即备受瞩目的皇太子（瑛王）身旁的图书管理者。随后，升任皇帝的谏官——左补阙，其职责主要是直言进谏皇帝的得失。出任此职被认为是登龙门的最佳途径。后历任仪王友、卫尉少卿、秘书监、卫尉卿、左散骑常侍等，官至安南节度使，去世后朝廷又赠潞州大都督。表8-1是按年代顺序罗列的阿倍仲麻吕在唐所历官职。[1]

表8-1　阿倍仲麻吕在唐任官表

官　名	官位	时间
左春坊司经局校书	正九品下	721—727年
左拾遗	从八品上	727—731年
左补阙	从七品上	731年
仪王友	从五品上	734—751年
卫尉少卿	从四品上	752—753年
秘书监卫尉卿	从三品	753年
左散骑常侍	从三品	760—761年
镇南都护、安南都护	正三品	760—761年
安南节度使	正三品	766年
潞州大都督	从二品	770年以后

受封唐朝官职的遣唐使，除了阿倍仲麻吕外尚有数人，但他们所受之职位多为挂名之虚衔。如粟田真人的司膳卿、巨势祖父的率更令、大伴古麻吕的光禄卿、吉备真备的秘书监等。作为唐朝的客卿，被授以实职的日本人，就目前所知只有埋骨唐土的阿倍仲麻吕和藤原清河二人。[2]

1　[日]杉本直治郎：《阿倍仲麻吕传研究——朝衡传考》，育芳社1940年版。另可参见：[日]村上哲见：《漢詩と日本人》，讲谈社1994年版，第76页。
2　根据2004年在西安发现的遣唐使井真成墓志碑文，井真成去世后玄宗赠其从五品上的"尚衣奉御"，虽然也是虚职，但其生前应该担任过实职。

藤原清河在归国无望的情形之下，娶唐女为妻，晚年得女，名唤"喜娘"。而比藤原清河更具唐人气质的阿倍仲麻吕，又会为我们演绎怎样的浪漫情节呢？关于他的朋友交往，笔者将在下一部分中尝试展现。

四
新婚的祝贺诗

　　横跨东海的一介留学生，从国家最高学府学成毕业，又突破科举难关踏上仕途，使得多少长安学子惊讶艳羡，尽可想象推演。仲麻吕凭借其诚实的人格和出众的才能，为身旁众人所倾慕，并得以与当时的一流文人结为至交。

图8-3　阿倍仲麻吕木雕像（奈良县樱井市阿部文殊院金阁浮御堂）

　　在唐人给仲麻吕的赠诗中，储光羲的《洛中贻朝校书衡》一首，从时间上来看，被认为是最早的。

万国朝天中，东隅道最长。

朝生美无度，高驾仕春坊。

出入蓬山里，逍遥伊水傍，

伯鸾游太学，中夜一相望。

落日悬高殿，秋风入洞房。

屡言相去远，不觉生朝光。

　　从诗题以及"高驾（指朝衡）仕春坊"一句便可知，这是阿倍仲麻吕在任左春坊司经局校书时（721—727）受赠的诗。储光羲于开元十四年（726）高中进士，以此推之，这首诗的成诗时间应该就在726年至727年之间。假定是727年的话，那时的阿倍仲麻吕大约为二十七岁。

"洛中"指东都洛阳，故作诗的地点为洛阳，应是毫无疑问的。由此可以推测，当时阿倍仲麻吕也应该是在洛阳。关于这首诗，吉川幸次郎作了以下的解读：

> 储氏作为自然诗人，可与王维、孟浩然并称。竟以"朝生美无度，高驾仕春坊"之句，赞誉一个异国青年。此处"春坊"乃指东宫太子的御所。……此外，阿倍仲麻吕是在"洛中"，也就是东都洛阳受赠此诗歌的。由此可知，他的办公场所不在西都长安的东宫职本厅，而在东都洛阳的支厅。[1]

关于阿倍仲麻吕奉职于"东都洛阳的支厅"，尚未发现有直接证据，但诗中"逍遥伊水傍"一句，也许可以作为旁证。[2]毫无疑问，"伊水"即流经洛阳周围的河名。然而，与"逍遥伊水傍"相对的诗句"出入蓬山里"，也是不能忽视的。关于"蓬山"，有人认为是青山的泛称，也有人以为是蓬莱山（传说中的海上仙山）的简称。[3]其实，这些诠释都不太恰当。这里的"蓬山"是与"伊水"对应，应当指代西京长安。

检索《全唐诗》，可知"蓬山"常被用在诗句中指称长安。例如，刘长卿《送李端公赴东都》诗中有"惆怅蓬山下，琼枝不可忘"，诗人便是从蓬山——即长安，为李端公送行。此外，"蓬山"还可用以指称集贤院，如独孤及《奉和中书常舍人晚秋集贤院即事寄赠徐薛二侍御》诗

1　[日]吉川幸次郎：《仲麻吕在唐》，《吉川幸次郎全集27》，筑摩书房1987年版。
2　杨知秋编注：《历代中日友谊诗选》，书目文献出版社1986年版，第16页。
3　张步云：《唐代中日往来诗辑注》，书目文献出版社1984年版，第13页。

中有"汲家同刊谬，蓬山共补亡"，武元衡《酬谈校书长安秋夜对月寄诸故旧》诗中有"蓬山高僧传新韵，槐市芳年挹盛名"，等等，均可为证。

参考以上诸例，"出入蓬山里"一句的意思便明晰了。正因为阿倍仲麻吕的办公地点是在长安，所以运用了"出入"一词。洛阳自始至终不过是偶尔"逍遥"之地罢了。诗中"屡言相去远"一句，透露了重要信息。笔者认为应该可以将这首诗看作是身处洛阳的储光羲写给"相去远"的友人的一首赠诗，而此处"相去远"的友人，正是人在蓬山（长安）的阿倍仲麻吕。

接下来的问题是，储光羲为何要赠诗给阿倍仲麻吕？此作之成，有何背景？在这里，"落日悬高殿，秋风入洞房"两句尤其值得深究。

"洞房"一词，虽然有例外的用法（如表示仙人的洞窟以及内房），但主要是指女性的闺房以及新婚的房间。此外，诗中"落日"亦隐含有"春宵一刻值千金"之意。读罢此诗，华丽的新居之中，大红灯笼处处高挂，让人不由得浮想联翩，亦可感知少年出仕的阿倍仲麻吕所独有的浪漫气质融合于此诗之中。

以"洞房"为关键词搜索《全唐诗》，符合条件的作品不下百首，以下列举几个笔者认为较为典型的用例。

(1) 刘希夷《晚春》："佳人眠洞房，回首见垂杨。"

(2) 王琚《姜女篇》："遥闻行佩音锵锵，含娇欲笑出洞房。"

(3) 杜甫《洞房》："洞房环珮冷，玉殿起秋风。"

(4) 王建《秋夜曲二首》："秋灯向壁掩洞房，良人此夜直明光。"

(5) 权德舆《夜泊有怀》："心想洞房夜，知君还向隅。"

(6) 元稹《闺晚》："夜色侵洞房，春烟透帘出。"

(7) 朱庆余《近试上张籍水部》："洞房昨夜停红烛，待晓堂前拜舅姑。"

要言之，"落日悬高殿，秋风入洞房"一句，描绘的并非是阿倍仲麻吕的住宅，而应将其理解为新婚的洞房。关于这一点，对照当时的社会习俗以及阿倍仲麻吕的际遇，应该有相当大的可能性。当时的进士及第，从某种意义来说，便意味着将来的飞黄腾达。关于热闹的庆功宴场景，高木博描写如下：

> 当日，庆祝场所设在长安郊外的曲江池旁，天子亲率文武百官驾临。来自宫廷教坊的乐人与舞女为数众多，在曼妙的乐舞之中，奢华的琼林宴开席了。进士们似乎不用在意何时散场，只是随着宴会的节奏，尽情地享受。对于他们而言，这一天，应是他们人生中最为光彩的一天吧。[1]

俗语有云"五十少进士"（《唐摭言》），意指即便是五十岁方荣登进士一科，仍然算得上是年轻的。而二十岁时便一跃而名垂黄榜的幸运儿，自然成为绅士淑女们瞩目的对象。阿倍仲麻吕正是因为在太学苦学，成为了这样的幸运儿。再加上，他有着被储光羲誉为"美无度"的外貌，毫无疑问会被众多年轻人青睐。想必耳濡目染开放唐风的阿倍仲麻吕，迟早会体验爱情的美妙滋味吧。

身在洛阳的友人储光羲为仲麻吕描绘了一幅美丽的场景：在丝丝秋风柔柔吹过的良宵里，在相交至深的达官名流们的声声祝福中，阿倍仲麻吕笑拥长安新娘，踏入饰有大红灯笼的洞房之中。正是在这美好的想象的驱动下，诗人才会信笔写下了这赠送好友的祝贺之诗吧。

1　[日]高木博：《万葉の遣唐使船——遣唐使とその混血児たち》，教育出版中心1984年版，第74页。

五

不娶高国

在与阿倍仲麻吕有关的唐人酬唱诗中，蜚声诗坛的王维所作之诗可谓其中翘楚。《送秘书晁监归日本国》被《唐诗选》收入，是脍炙人口的名作。阿倍仲麻吕是在天宝十二载（753）开始担任秘书监的，同年六月，被允许归国，后随第十二次遣唐使团大使藤原清河一起踏上归途。从长安出发之前，阿倍仲麻吕题留别诗《衔命还国作》一首，以慰挚友。

> 衔命将辞国，非才忝侍臣。
> 天中恋明主，海外忆慈亲。
> 伏奏违金阙，骖骓去玉津。
> 蓬莱乡路远，若木故园邻。
> 西望怀恩日，东归感义辰。
> 平生一宝剑，留赠结交人。

由于阿倍仲麻吕当时身兼秘书监和卫尉卿之职，位居从三品高位，若想辞官回乡必须得到朝廷的许可。因此这里的"衔命"应理解为仲麻吕作为唐朝的使者，送日本使返回本国。这首诗被收入了

图8-4 绘有《阿倍仲麻吕望乡图》的绘马

第八章 娶唐女为妻的留学生（阿倍仲麻吕）

《全唐诗》，由此也可推知阿倍仲麻吕具有杰出的诗才。

再说回王维的送别诗，诗前尚有五百多字的长序文。"名成太学，官至客卿"之后，有"必齐之姜，不归娶于高国"一句。这一句颇值得玩味，目前已有不少解读。

高木博将其训读为"必齐之姜，归，不娶高国"。他的看法是，"阿倍仲麻吕在唐期间，应该没有娶唐女"，并认为"十九岁的少年留学生转眼到了五十五岁。在这期间，并未听闻阿倍仲麻吕与唐朝女性曾经结过亲"。[1]

由于高木博对储光羲的诗句"落日悬高殿，秋风入洞房"未加关注，故认为在唐30余载的仲麻吕一直形单影只，也因此误读了王维的诗序。高木博的误读很可能是受杉本直治郎所著《阿倍仲麻吕伝研究：朝衡伝考》的影响。汉学大家吉川幸次郎，很早就对此提出疑问：

> 送别宴主人王维所写诗序中的"必齐之姜，不归娶于高国"一句，乃是用了艰深的典故。杉本氏将其解为仲麻吕独身一生，与原意南辕北辙。[2]

"必齐之姜，不归娶于高国"句中，包含了两个故事。首先，"必齐之姜"语出《诗经·陈风·衡门》："岂其取妻，必齐之姜。"郑玄在此处加注："何必大国之女然后可妻，亦取贞顺而已。"作为固有名词的"齐姜"，原指春秋时代齐桓公的女儿，后成为晋献公的夫人，是美丽贤

---

1 ［日］高木博：《万葉の遣唐使船——遣唐使とその混血児たち》，教育出版中心1984年版，第173页。

2 ［日］吉川幸次郎：《仲麻吕在唐》，《吉川幸次郎全集27》，筑摩书房1987年版。

淑、高贵大方的女性，后世便专用"齐姜"指出身大国皇族的美人。[1]

关于"不归娶于高国"一句，其中的"高国"并非像高木博解释的那样，是作为一个词语来表示"上国"，即大唐，而应该作为两个词语来分开理解。"高国"其实是春秋时代齐国的重臣高氏和国氏的并称。宋代孙光宪所撰《北梦琐言》中有："必娶高国，婚求王谢。"意思是说，春秋豪族高氏和国氏，以及六朝名门王氏和谢氏的千金小姐们，一直是年轻贵公子们梦寐以求的理想新娘。

如此看来，"必齐之姜，不归娶于高国"一句理解为"（妻）必齐姜，归不娶高与国"应该更为恰当吧。"齐姜"与"高国"二者运用了对比的手法，"齐姜"是具有皇族血统的公主，"高国"乃是豪族出身的女子。根据王维诗序的文脉以及从仲麻吕的境遇来考虑，可以认为"齐姜"是用来比喻宗主国唐朝的女子，"高国"则是指代臣服国日本的女子。也就是说，与高木博的解释不同，王维在此序文中，乃是称誉仲麻吕深受唐风浸润，不娶日本女子，客居异国，迎娶了唐女。

在唐王朝，为了与周边民族政治联姻，常将李氏一族的女性嫁入异域，而出于对文武大臣的褒美，赐李氏女于臣子的个案也有。若综合考虑仲麻吕与玄宗皇帝的关系，以及他在唐王朝的地位，再加上王维诗中所用"齐姜"一词通常指代的是皇女，仲麻吕迎娶的妻子具有唐王朝国姓的可能性也是难以排除的。

再说些题外话。天宝十二载（753），阿倍仲麻吕以唐朝送使的身份与藤原清河同船，向着日思夜想的故乡进发，好不容易驶到冲绳，却因

1　诸桥辙次博士在大修馆书店版《大汉和辞典》中认为齐姜是齐桓公的宗女、晋文公的夫人。杨知秋在《历代中日友谊诗选》中也持此说。但事实并非如此。当年晋献公迎娶齐国公主齐姜之后，征伐骊戎，后带回两位美女（骊姬）日夜宠爱，终致国倾。在此之前，公子重耳为躲避骊姬迫害，亡命出逃，并娶齐桓公宗女，后归国即位，是为晋文公。也就是说，齐姜应是晋献公的夫人、齐桓公的女儿。

遭遇逆风而被吹至安南（今越南），后于天宝十四载（755）回到长安。

高木博认为，仲麻吕在经历安南漂流，九死一生回到长安之后，便断了回乡之念，与相爱的唐女结为百年之好。[1]据王维的诗序可知，当阿倍仲麻吕被允许归国之时，他已经与唐女结合；再由储光羲的诗可知，这一时间可以上溯到开元十四年（726）。

本章主要以唐诗作品为线索，谈了阿倍仲麻吕的国际婚姻问题。虽然相关历史文献匮乏，但尚有一些可资佐证的史料。在仲麻吕归乡无望客死异国后的第九年，也就是宝龟十年（779）五月六日，《续日本纪》中有以下记录：

> 前学生阿倍朝臣仲麻吕，在唐亡故。家口偏乏，阙葬礼仪。敕赐东絁一百匹，白绵三百屯。

由此可知，仲麻吕是有后人的。原文中"家口"应该是指遗族吧。杉本直治郎认为："可能是仲麻吕死后，在唐土的遗族未备葬礼。而日本方面在宝龟十年五月来朝的唐使孙兴进处得知此事，于是在他即将归国之时，托其带东絁百匹等物吧。"[2]这便表明了仲麻吕在唐是有妻子儿

1　[日]高木博：《万葉の遣唐使船——遣唐使とその混血児たち》，教育出版中心1984年版，第173页。

2　[日]杉本直治郎：《阿倍仲麻吕伝研究——朝衡伝考》，育芳社1940年版。另外，在岩波书店1998年版新日本古典文学大系16《续日本记（五）》第546页的补注35中有如下注解："直木译注中，将'家口'解释为'仲麻吕在日本的亲人'，但是仲麻吕从日本出发的时候只有十九岁，若当时仍在人世，已是八十二高龄，所以他在日本很可能仅有甥侄等一些旁系亲属。杉本直治郎在《阿倍仲麻吕传研究》中指出，这些物品是赏赐给仲麻吕在唐朝的亲人，并且是托唐的送客使带去。本条述及的对遗族的赏赐，恰好为唐使即将归国之时，应可以证明杉本所做的推论。"

女的。

　　既然仲麻吕在唐有妻有子，那也就意味着他至少有过一次婚姻。在当时人口超百万的长安，有十万以上的异族人士居住，国际婚姻盛行，唐王朝在政策上亦给予认可。[1]综合这些因素，笔者赞同高木博的意见，风华之年便进士及第，以精英之姿踏上仕途的仲麻吕，实在没有理由在异国形单影只50多年。

1　关于居住于长安的外国人人数，可参考拙著《唐から見た遣唐使——混血児たちの大唐帝国》。关于唐王朝的国际婚姻政策，贞观二年（628）六月十六日德宗颁布诏令："诸藩使人，娶得汉族妇女为妾者不得并返其国。"

第九章
玄宗敕令厚葬的遣唐使人（井真成）

2004年3月下旬，笔者接到位于日本大阪的四天王寺国际佛教大学的讲学邀请，离开浙江大学赴日做客座教授。笔者在浙江大学指导的两名博士生也随同前往。

回想这一年的经历，与"古代"结缘颇深。我在四天王寺国际佛教大学开设的中日文化交流史课程，讲课内容以"古代"为主。浙大的两名博士生，一位专攻遣唐使，另一位聚焦入宋僧，均属"古代"范畴。每逢周末或节假日，师徒常结伴去奈良等地寻访名寺古刹，流连"古代"而忘返。然而，这一年让笔者印象最深刻的，却是远在西安发现的井真成墓志。

2004年9月21日下午，书斋里的电话铃声骤响，日本共同通讯社驻上海记者传来惊人消息："西安发现遣唐使墓志！墓主姓井名真成。"

唐元和元年（806）正月十六日，空海为师惠果撰写墓志，今志文犹存而墓碑不现，学人叹为千古遗憾；井真成名不见经传，而其墓志惊现当

图9-1　井真成墓志之盖

代，实令人难以置信。9月22日，中央电视台第四频道播出新闻，其中提到墓志刻有"国号日本"四字，始才信其真。

10月10日，墓志藏主西北大学召开新闻发布会，共同通讯社在第一时间发给笔者墓志全文传真，同时进行电话采访（见2004年10月11日《产经新闻》）。因此机缘，我成了见证这一历史盛事的幸运者之一。

对研究唐代外交史、日本遣唐使的学者来说，井真成墓志的发现堪称千载难逢的机遇，中日各路学者各抒己见，提出诸多富有创意的观点。仅就中国学者而言，王建新教授率先发表墓志录文，今天看来录字、补字偶有失误，但其开创之功不可没；张云方先生从中国葬俗入手，考证墓志缺损的下葬日期，别出心裁；我的一位学生葛继勇观摩实物，辨出"闻道"应该是"问道"，也算小有斩获。

所谓"仁者见仁，智者见智"，中日两国学者的文化背景本不相同，学术风格又各具特色，双方在关注重点、背景解析乃至文章断句、字词理解诸方面呈现多样性，不仅无碍学术交流，通过坦率地交换意见，更有利于促进学术繁荣。

一

千年墓志惊现西安

2004年10月10日，西北大学与陕西省文物局联合召开新闻发布会，公布西北大学刚从民间收购的一方唐代墓志。这块方形墓志貌不惊人：上部覆斗形的盖为青石，边长约37厘米；下部的底为白玉石，边长约39厘米。上下石料既不统一，墓石的尺寸也偏小，在现存的唐代墓志中规格不算很高。

但墓志记载的内容，却引起世人的广泛关注。盖面用篆书分四行刻有12字："赠尚衣/奉御井/府君墓/志之铭"。底面用楷书分十二行刻有171字（下表□内为阙字，繁体字、异体字照录）：

表9-1　井真成墓志内容

	a	b	c	d	e	f	g	h	i	j	k	l	m	n	o	p
1	贈	尚	衣	奉	御	井	公	墓	誌	文	并	序				
2	公	姓	井	字	真	成	國	号	日	夲	才	稱	天	縱	故	能
3	□	命	遠	邦	馳	騁	上	國	蹈	禮	樂	襲	衣	冠	束	帶
4	□	朝	難	与	儔	矣	豈	圖	強	學	不	倦	問	道	未	終
5	□	遇	移	舟	隟	逢	奔	駟	以	開	元	廿	二	年	正	月
6	□	日	乃	終	于	官	弟	春	秋	卅	六				皇	上
7	□	傷	追	崇	有	典		詔	贈	尚	衣	奉	御	葬	令	官
8	□	即	以	其	年	二	月	四	日	窆	于	萬	年	縣	滻	水
9	□	原	禮	也	嗚	呼	素	車	曉	引	丹	旐	行	哀	嗟	遠
10	□	兮	頹	暮	日	指	窮	郊	兮	悲	夜	臺	其	辭	曰	
11	□	乃	天	常	哀	兹	遠	方	形	既	埋	兮	異	土	魂	庶
12	歸	兮	故	郷												

关于墓志文的句点、判读、补字，中日学者之间存在较大分歧，中国学者之间的意见也未趋统一，笔者的解读方案如下（文字置换为通用简体字）：

图9-2　井真成墓志碑文

赠尚衣奉御井公墓志文并序

公姓井，字真成。国号日本，才称天纵。故能 衔 命远邦，驰聘上国。蹈礼乐，袭衣冠；束带 立 朝，难与俦矣。岂图强学不倦，问道未终； 壑 遇移舟，隙逢奔驷。以开元廿二年正月□日，乃终于官弟，春秋卅六。皇上 哀 伤，追崇有典；诏赠尚衣奉御，葬令官 给 。即以其年二月四日，窆于万年县浐水 东 原，礼也。呜呼！素车晓引，丹旐行哀；嗟远 人 兮颓暮日，指穷郊兮悲夜台。其辞曰："寿 乃天常，哀兹远方；形既埋于异土，魂庶归于故乡。"

墓主井真成是一位被埋没千余年的日本遣唐使。他于开元二十二年（734）去世，年仅三十六岁。唐玄宗追赠其为从五品上的"尚衣奉御"，敕令以官费安葬，堪称中日文化交流史上一段美谈佳话。

查检日本遣唐使年表，井真成入唐时间应在717年或733年。综合考量各种因素，笔者判定井真成在717年随第九次遣唐使来华的可能性最大。同一批遣唐使中还有阿倍仲麻吕、吉备真备、玄昉等名垂青史的人物。

这方墓志在学术界引起轰动的一个重要原因，是它在当时现存实物中最早出现"日本"国号，由此引发日本国号乃唐朝所赐等议论。而对于一般民众来说，真正感人的是铭文的最后两句："形既埋于异土，魂庶归于故乡。"

墓志还传递着鲜为人知的诸多信息，在某些局部问题上很可能会改写历史，因此中日两国学者都在潜心破译，提出不少富有创见的观点。笔者在此不揣浅陋，围绕井真成与唐国子监的问题略陈管见，以求教于大方高贤。

二

"留学生"与"学生"

从中日两国的媒体报道看，均称井真成为"留学生"。这个称呼看似无可厚非，但还是有些商榷余地的。

首先，"留学生"这个词，除了《旧唐书》《太平御览》提到日本"留学生橘免势"外，《四库全书》未见其他用例，推测应是日本独创的"和制汉语"；其次，成书于720年的《日本书纪》对入隋唐求学者，一概不称"留学生"；再者，在成书于797年的《续日本纪》中，"留学生"一词最初出现于735年的记事。

据墓志记载，井真成于734年去世，推测其于717年随第九次遣唐使入唐，那时"留学生"作为专用术语，大概还没有问世。值得注意的是，对于608年日本首批派往隋朝求学的僧俗，《日本书纪》中对两者的身份有明确区分：学习佛教的称"学问僧"，学习其他的叫"学生"。[1]

在《续日本纪》之后的史书中，称呼呈现细化趋势，如出现"请益""住学""留住""留学""还学""游学""求法"等词。这些称呼随时代而变迁，不仅是东亚文化互动的产物，同时亦标明了求学者特定的身份。比如说，日本向隋唐派遣僧俗求学，但派往朝鲜半岛的仅限于"学问僧"，说明"学生"是中日文化交流的特殊形态。

"学生"和"学问"均是中国词汇，从"学问"派生出"留学"与"还学"，则属日本独创，区别在于求学时间的长短。"学生"的原义指隶属官学的生徒，以学习经史为业。在日本遣唐诸生中，专攻一门技艺

---

1 《日本书纪》卷二十二推古天皇十六年（608）九月十一日条："是时，遣于唐国学生倭汉直福因、奈罗译语惠明、高向汉人玄理、新汉人大国，学问僧新汉人日文、南渊汉人请安、志贺汉人惠隐、新汉人广齐等并八人也。"

者称作"请益生"。"学生"与"请益生",两者虽有时间长短之分,但区别主要在于学习内容不同。

《日本书纪》中,凡言"学问"必指僧侣,如称"学生",则定为俗士。《续日本纪》以后,也基本遵此惯例。虽然"请益生"和"请益僧"、"留学僧"和"留学生"逐渐互用,但僧侣不言"学生",俗士不称"还学生",说明区别还是存在的。[1]

花费如许笔墨推敲称呼,是为了确定井真成入唐时的身份。如果推定井真成于717年入唐,那么同行者中的"学生"可举出阿倍仲麻吕、吉备真备,"请益生"则有大和长冈,"学问僧"有玄昉等。井真成长期滞留唐朝,墓志说他"强学不倦,问道未终",应该属于"学生"身份。

"留学"是一个后起的日本词汇,相对"还学"而言,指不搭乘原船回国、滞留唐朝求学的僧俗;而"学生"则是与中国科举制度关系密切的术语,特指入籍官学、修学经史的生徒。如然,则阿倍仲麻吕、吉备真备、井真成三位"学生",与专攻律令的大和长冈不同,其目标俱为进入唐朝的官学。

"学生"和"留学生"虽一字之差,但前者是中国词汇,后者是日本词汇,两者的文化背景及文章脉络有所不同。"学生"是《日本书纪》的专用术语,特指求学中国传统文化者;"留学生"始出《续日本纪》,兼指长期求学的僧俗,两者的使用时代及学习目的应加以区别。

---

1 在日本汉文正史《六国史》中,仅见一例"学问生",即《续日本纪》卷十九天平胜宝六年(754)十一月十一日条:"大唐学问生无位船连夫子授外从五位下,辞而不受,以出家故也。"《怀风藻》称入唐僧为"大唐学生""唐学士",应与这部汉诗集刻意使用唐式姓名、官衔有关。

三

国子监入学的年龄规定

井真成在唐的求学经历，关乎其生前有无任官以及对墓志内容的解读，所以颇受关注，学界争议也多。问题的焦点之一是井真成有无进入国子监学习。日本有相当一部分学者对此持否定意见。

在讨论这个问题之前，有必要弄清井真成的年龄。因为进入唐朝国子监学习，是有年龄限制的。唐代国子监隶属尚书省礼部，管辖六学，即国子学、太学、四门学、律学、书学、算学。[1]据《新唐书·选举志》："凡生，限年十四以上、十九以下，律学十八以上、二十五以下。"除了律学条件稍稍放宽，其他各学的入学年龄相同：十四岁以上、十九岁以下。这个年龄限制是有根据的，中国古代称十五岁为"成童"、二十岁为"弱冠"，入学年龄应在此之间。[2]

如果遣唐使有意让随同的学生进入国子监，在选拔阶段就得考虑年龄因素。先看阿倍仲麻吕（唐名"朝衡""晁衡"），储光羲在《洛中贻朝校书衡》中提到"伯鸾游太学"，杨亿在《杨文公谈苑》中说他"太学应举"，王维在《送秘书晁监还日本国并序》中则云"晁司马结发游圣，负笈辞亲，问礼于老聃，学诗于子夏……名成太学，官至客卿"，其入太学当无疑问，而且年龄为"结发"。

所谓"结发"，犹言"未冠"，即二十岁之前。《唐摭言》载李华寄

1　广文馆亦属国子监管辖，加之则成六学一馆。此外，还有尚书省祠部下的崇玄馆，门下省所辖的弘文馆，东宫属下的崇文馆，中书省太医署下的医学，秘书省下的小学，以及地方的州学、府学、县学等。

2　汉刘熙《释名·释长幼》："十五曰童，故礼有阳童。牛羊之无角者曰童，山无草木曰童，言未巾冠似之也。女子之未笄者亦称之也。二十曰弱，言柔弱也。"《释名·释首饰》："帽，冒也。巾，谨也。二十成人，士冠，庶人巾，当自谨修于四教也。"

赵骅诗云"未冠游太学",韦应物《赠旧识》诗有"少年游太学,负气蔑诸生"。检索唐代文献,士人"游太学"多在少年,鲜有例外。[1]外国学子入太学,似也遵循这一原则,如《新唐书·吐蕃传》:"吐蕃遣大臣仲琮入朝。仲琮少游太学,颇知书。"阿倍仲麻吕生于698年,按中国实足年龄算法,717年恰好十九岁,与"结发"的称呼契合。

再看井真成的年龄,有日本学者(如铃木靖民教授)将其生年推定为699年的,即比阿倍仲麻吕小一岁。[2]也有中国学者推定井真成比阿倍仲麻吕大三岁,则井真成出生于695年。铃木靖民教授是按照虚岁算法,所以得出入唐时井真成十九岁、阿倍仲麻吕二十岁的结论。如果依据足岁算法,三十六岁去世的井真成应该生于698年,即与阿倍仲麻吕同岁,入唐时刚好十九岁,具有进入国子监学习的资格。

至于吉备真备,其生年至今还是个谜团,虽然一般工具书采纳695年的说法,此外还有693年、699年的异说。[3]如果是693年或695年出生,即过了"弱冠",按理就失去了入学国子监的资格。日本选拔人才不易,怎会派遣无望进入国子监的学生呢?如果是699年出生,则为十八岁,与阿倍仲麻吕、井真成同样具有入学国子监的资格。那么,为什么会出现年龄不一致的说法呢?

笔者想起《古今和歌集目录》引载《国史》中的一段,其中提到灵龟二年(716)入选"留学生"的阿倍仲麻吕"年十有六"(实际十八足岁)。联想到遣唐使来华前有所谓的"借位"制度,大使级的官员甚至

1　其中偶有例外,如《旧唐书·高子贡传》载:"高子贡者,和州历阳人也。弱冠游太学,遍涉《六经》,尤精《史记》。"

2　[日]铃木靖民:《中国西安の日本遣唐使墓誌と墓主井真成》,《東アジアの古代文化》第123期,2005年。

3　[日]中西进、王勇主编:《日中文化交流史丛书10人物》,大修馆书店1996年版,第68—69页。

使用日本不存在的官名以迎合唐朝（如粟田真人的"民部尚书"），且当时在入唐前后改换姓名风气颇盛，为了进入国子监而隐瞒年龄的可能性也不能说没有。吉备真备生年出现多种说法或许与此有关。

四

四门学入学的身份资格

国子监对所辖各学的入学资格，除了年龄要求之外，对学生的"门荫"（即父祖官阶）也有具体而详细的规定。

依据《唐六典·国子监》，国子学生三百名，要求"文武官三品已上及国公子孙、从二品已上曾孙"；太学生五百名，接纳"文武官五品已上及郡县公子孙、从三品曾孙"；四门学生五百名，取"文武官七品已上及侯伯子男子"及"庶人子为俊士"者；律学生五十名、书学和算学各三十名，资格均为"文武官八品已下及庶人之子"。

图9-3　国子监

阿倍仲麻吕得以进入太学，大概与他的"门荫"有关。《古今和歌集目录》说他是"中务大辅正五位上船守子男"，如果将日本的位阶与中国的品阶对应，那么阿倍仲麻吕具备进入太学的资格。

正因为有这样的对比，人们就对门户低微的吉备真备、井真成入学国子监表示怀疑。目前我们还无法确定井真成的家系。日本有些学者在论述国子监制度时，还是疏忽了一些重要史料。

据《玉海·唐四门学》，四门学生总数为一千三百人，其中五百人的选录标准大抵同《唐六典》，问题是余下的八百人，要求是"庶人之俊异者为之"，同时引录一通开元七年（719）的敕令："通一经及未通经而聪悟有文辞、史学者，入四门学为俊士。"这条敕令同时也出现在《新唐书·选举志》中，应当是可信的。

按照《唐六典》的要求，吉备真备和井真成进不了国子学、太学，也进不了四门学；但按照开元七年的敕令，他们完全有资格入选四门学的八百人中。这道敕令虽然是719年下的，但四门学中增加的八百个名额，从语气推测应该此前就有了。

五

四门学助教赵玄默

谈到这里，笔者又想起《旧唐书》中的记载："开元初，又遣使来朝，因请儒士授经，诏四门助教赵玄默就鸿胪寺教之。"这条记事显得有些唐突，遣隋使和遣唐使数十次来华，请一位国子监教官在鸿胪寺授课，可谓空前绝后。

日本有些学者对此作出种种推断，如认为赵玄默也许兼任鸿胪寺官员，也有人认为日本留学生因为数量稀少，像井真成、吉备真备那样私淑特定学者的形态属于主流，[1]等等。但从中国史料来看，上述推断是难以成立的。

如果几次应举而不中，转而私淑某位老师尚可理解，可刚刚入唐就放弃进入国子监的机会，那不禁会让人怀疑日本选派的学生素质有问题。如果是不具备入学资格，那就是日本的选拔制度存在缺陷。更何况四门学的大门是敞开的，即便对经书一窍不通，只要"聪悟有文辞、史学"就能以"俊士"入学。

顺便提一句，到了开元二十一年（733）五月，唐玄宗又下了一道敕令："诸州县学生年二十五已下八品九品子，若庶人生年二十一已下，通一经已上及未通经精神通悟有文词史学者，每年铨量举选，所司简试，听入四门学充俊士。即诸州人省试不第情愿入学者听。"（《唐会要·学校》）连年龄的坎儿也放低了，甚至省试落第者也能自由入学。

唐玄宗下的二道敕令，内容上前后连贯，宁可降低标准，也要积极鼓励有志学习者进入四门学。有这样优厚的条件和宽松的环境，被唐人誉为"好学"的井真成、吉备真备为何踌躇门外呢？

笔者推测，《旧唐书》所说的"请儒士授经"，大概是为三名学生进行入学辅导，时间不会太长，不会是一种常态。遣唐使于开元五年（717）十月抵达长安，即使赵玄默立刻奉诏开课，他在"四门助教"的任上最长也不过两个月。

---

1 2005年1月，在日本专修大学与西北大学联合举办的"新発見 遣唐使の墓誌をめぐって"研讨会上，矢野健一教授发言认为："たしかに、鴻臚寺において趙玄黙に師事した学生の一人が吉備真備であったことに異論はないが、それを真備一人に限定する必要はないように思われる。墓誌に井真成の官歴はもとより、学歴についても触れられていないのは、国子監の所管する正式な教育機関に属さず、皇帝の特命で鴻臚寺において四門助教趙玄黙に私淑する特殊な形態をとったためであろう。"详细内容可参见专修大学遣唐使墓志研究组所编：《井真成墓誌研討会资料》。

赵玄默为学官，乃国子祭酒阳峤所荐，时与尹知章、范行恭等齐名，号为"名儒"。《旧唐书·阳峤传》："阳峤……又除魏州刺史，入为国子祭酒，累封北平伯，荐尹知章、范行恭、赵玄默等为学官，皆称名儒。"

据《新唐书·马怀素传》，开元初赵玄默以直国子监身份参与编写《续七志》，《玉海》卷五十二则把时间框定在"开元五年冬"。开元十三年（725），改集仙殿为集贤殿、丽正书院为集贤院，诏院内五品以上为学士，六品以上为直学士，时赵玄默以四门博士为直学士。

赵玄默曾与群臣向玄宗献诗，玄宗赐各人赞辞，据《古今事文类聚新集》辑录的《赐赞褒美》，玄宗皇帝赐予赵玄默的赞辞为："赵玄默才比丘明，学兼儒墨，叙述微婉，讲论道德。"

井真成墓志记述简练，他在唐朝17年的生活我们不得详知，只能从唐代的背景资料及墓志的只言片语作些揣摩。

按照以上的推论，井真成应该进入四门学，接受朝廷衣粮资助[1]，基本生活也有了保障。难以想象他在入唐时便带来近20年生活所需的资金，也无法期待从本国托寄经费，这要在9世纪民间商船发达以后才有可能。

但是，国子监学生是有年限的，唐宪宗元和初上奏的《科处应解补学生奏》（见《全唐文》），5年不堪应举、9年应考落第者一概除名。因此，井真成即使进入四门学，最长不过9年。如果井真成参加考试，可能选择比较容易过关的明经。

墓志中说他"袭衣冠""束带立朝"[2]"终于官弟""葬令官给"，俱

---

1 据石见清裕先生估算，每位学生年得"绢二十五匹"，相当于五十名男子缴纳的数量。此外还有"四季时服"。

2 检索《全唐文》，"束带立朝""立朝束带"的用例颇多，均是针对生前任官者使用。

暗示井真成已经出仕。"衣冠"不仅仅指鲜丽的装束，唐代有所谓的"衣冠户"，特指科举成名者；"束带"往往与"布衣"连用，表示身有官职（《柳宗元集》卷二十三）；"官弟""官给"更说明墓主并非布衣，唐玄宗追赠"尚衣奉御"，是个从五品上的高级官职，属于"士"的阶层，这应该与他生前的官历有关。

最后一个问题，相对于"尚衣奉御"的官阶而言，井真成的墓葬显得简陋。这大概与其是外国人有关。墓葬主要由家人、亲戚、宗族操办，身在异国的井真成不具备这个条件，就连官阶更高的阿倍仲麻吕也是"葬礼有阙"（《续日本纪》），所以不能完全以唐人的墓志标准相比照。

第十章
唐人赠别诗中的"鉴上人"（鉴真）

　　鉴真作为唐代中日友好交往的象征，备受中日两国学术界关注，但是研究者多侧重于宗教、历史、艺术、医学等方面，运用文学资料独辟蹊径者寥寥无几。日本学者藏中进较早注意到唐诗与鉴真的关系，指出唐人皇甫曾的《赠鉴上人》实系送别鉴真之诗。这一独创性的阐释，不仅对传统的鉴真研究带来冲击，而且也为古代中日文化交流史增添佳话。

　　本章在吸收和扬弃藏中进成果的基础上，对《赠鉴上人》文本进行更深入的探讨，认为《全唐诗》列为别题的"赠别筌公"应是正题，并利用唐人佚书《延历僧录》等资料，论证"筌公"或为鉴真名号；同时稽考皇甫曾与鉴真的人际关系，指出灵一、灵祐是皇甫曾与鉴真交往的接点，纠正了藏中进的某些观点，完善了藏中进学说的部分环节。

图10-1　戒坛院鉴真和上木像（日本福冈）

一

郑谷《赠日东鉴禅师》

唐玄宗天宝十二载（753）正月元日，文武百官及各国使臣云集长安大明宫含元殿，出席规模盛大的拜朝贺正仪式。上年抵达长安的日本遣唐使藤原清河一行已经谒见过玄宗皇帝，获得"有义礼仪君子之国"称号。[1]此次元日朝会，日本位居西班第二，新罗名列东班之首，遂引发"席位"之争，结果由吴怀实将军出面调停，让日本与新罗对调了事。这一事件如果属实，说明了当时日本的国际地位有所提升。[2]

据《册府元龟》卷九七一记载，元日朝会之后，玄宗皇帝又于三月及六月接见日本使臣。三月接见之际，藤原清河提出招聘鉴真赴日传教，由于玄宗命令道士同行，结果不了了之；六月的谒见大概是辞行，玄宗任命朝衡（阿倍仲麻吕）为送使，遣鸿胪大卿蒋挑捥护送至扬州，着淮南道处置使魏方进沿路照应。

藤原清河一行大致八月离开长安，沿运河一路南下，十月十五日至扬州延光寺拜见鉴真。鉴真自天宝元年（742）接受入唐僧荣睿等的邀请决意东渡以来，12年间先后经历五次失败，遣唐使的来访，再次燃起

1　唐人思托在《延历僧录》卷二中记载："使至长安，拜朝不拂尘。唐主开元天地大宝圣武应道皇帝云：'彼国有贤王君，观其使臣趋揖有异。'即加号日本为有义礼仪君子之国。"

2　关于此次事件，论者多引《续日本纪》卷十九天平胜宝六年（754）正月三十日条云："副使大伴宿祢古麻吕自唐国至。古麻吕曰：'大唐天宝十二载，岁在癸巳正月朔癸卯。百官诸蕃朝贺，天子于蓬莱宫含元殿受朝。是日，以我次西畔第二吐蕃下，以新罗使次东畔第一大食国上。古麻吕论曰：自古至今，新罗之朝贡大日本国久矣。而今列东畔上，我反在其下，义不合得。时将军吴怀实见知古麻吕不肯色，即引新罗使次西畔第二吐蕃下，以日本使次东畔第一大食国上。'"信其真者有之，疑其伪者有之。根据思托《延历僧录》卷二中"复元日拜朝贺正，敕命日本使可于新罗使之上"的记载，笔者以为不会是空穴来风。

图10-2　鉴真渡海（《东征传绘卷》局部）

了鉴真东渡的希望。

鉴真一行搭乘的遣唐使船，当年十一月十六日离开苏州黄泗浦，十二月二十日终于抵达日本。本章聚焦于鉴真决意第六次东渡（十月十五日）至遣唐使船出航（十一月十六日）约一个月期间发生的事件，稽考唐人曾赋诗为鉴真送行的史实。

早在80余年前，日本学者春日礼智就推断司空图及郑谷的《赠日东鉴禅师》为赠别鉴真之作。他在《日华佛教交涉史年表》天平胜宝六年（754）条中论述道：

正月十二日，唐僧鉴真并弟子法进、祥彦、道兴、昙静、思托、义静、法载、法成、智首、潘仙童、胡人安如宝、昆仑人军法刀、瞻波人善聪等二十四人，乘坐遣唐使大伴古麻吕的第三舶抵达筑紫太宰府。司空图及郑谷有《赠日东鉴禅师》诗，见《文苑英华》《全唐诗》《古今图书集成》。[1]

大致在同一时期，王婆楞在其所著的《历代征倭文献考》中，也认为《赠日东鉴禅师》所咏"鉴禅师"即为鉴真，但他把此诗的作者拟作"徐凝"，不知何据。

除了春日礼智提到的《文苑英华》《全唐诗》《古今图书集成》外，郑谷的《云台编》，周弼的《万首唐人绝句》，曹学佺的《石仓历代诗选》等亦有收录《赠日东鉴禅师》。《全唐诗》（卷六三三）列入司空图诗集[2]，《全唐诗》（卷六七五）则当作郑谷作品，《文苑英华》仅作"前人"，郑谷自编的《云台编》（卷中）亦收入此诗，想来作品当出自郑谷。其诗如下：

> 故国无心渡海潮，老禅方丈倚中条。
> 夜深雨绝松堂静，一点山萤照寂寥。[3]

如果此诗确系唐人为饯别鉴真所作，创作年代应该在天宝十二载（753）十一月十六日之前。可是被认为是作者的三人，司空图（837—908）、郑谷（842—910）属晚唐诗人，徐凝在元和年间（806—830）任侍郎，他们纵横诗坛的时期比鉴真东渡晚一个世纪以上，将"鉴禅师"比定为鉴真，缺乏根据。

---

1 春日礼智的《日華仏教交渉史年表》附载于1940年10月的《日華仏教研究会年報》第四号，虽然内容比较陈旧，但其中不乏独到见解。

2 张步云《唐代中日往来诗辑注》（陕西人民出版社1984年版），杨知秋编注《历代中日友谊诗选》（书目文献出版社1986年版），孙东临、李中华编著《中日交往汉诗选注》（春风文艺出版社1988年版）诸书，均把该诗作为司空图作品收录。

3 诸本文字略有出入，如《全唐诗》卷六三三收录司空图《赠日东鉴禅师》，"渡"作"度"，"山"作"飞"。

二

皇甫曾《赠鉴上人》

日本学者藏中进致力于鉴真周边新史料的发掘，对唐代的诗文作品进行了深入的考证，在反复梳理检验了各种文本错误之后，最终注目于盛唐与中唐时期代表性诗人皇甫曾（721—758）的《赠鉴上人》，认定诗题中的"鉴上人"就是鉴真。

此五言律诗的标题及文中均没有出现"倭""日本""扶桑""日东""海东"等词句，故松下见林所撰的《异称日本传》等名著均没有将其作为中日文化交流史的资料来看待。从这层意义来说，《赠鉴上人》虽然是广为人知的作品，但藏中进提出的观点可以说是一个"新发现"。

此作品除收录于《全唐诗》外，还收录于唐宋时代的《中兴间气集》《二皇甫集》《文苑英华》以及明代的《唐诗品汇》《古今诗删》等，流播甚广，影响颇大。《全唐诗》（卷二一〇）题为"赠鉴上人"，别题"一作赠别筌公"，兹引录如下：

> 律仪传教诱，僧腊老烟霄。
>
> 树色依禅诵，泉声入寂寥。
>
> 宝龛^{一作}经末劫^{一作未远国}，画壁见南朝。
>
> 深竹^{一作院}风开合，寒潭^{一作夏}月动摇。
>
> 息心归静理，爱道坐^{一作定至}中宵。
>
> 更欲寻真去，乘船过海潮。[1]

---

1 此诗各版本文字异同较多，除《全唐诗》考异之外，如《中兴间气集》中"动摇"作"对摇"，"归"作"居"，"过"作"泛"。此处参考彭定求、杨中纳等编：《全唐诗》，中华书局1996年版，第2184页。

诗题中的"鉴上人"到底指谁呢？藏中进仔细分析全诗的字句，认为满足"鉴上人"的人物，要具备以下四个条件：

(1) 僧侣，而且是具有多年"僧腊"的年老僧人；

(2) 精通戒律，且与禅有密切关系的僧人；

(3) 当时虽在静寂的僧堂中坐禅，但正在等待时机，准备"过海潮"的僧人；

(4) 与作者皇甫曾同时代的僧人。

藏中进通过反复论证，得出结论："满足上述条件的人物，我认为只有过海大师鉴真大和上。"在此，笔者首先对条件（1）（2）进行论述。

对应条件（1）的诗句为"僧腊老烟霄"。据真人元开（淡海三船）撰写的《唐大和上东征传》等可知，鉴真于垂拱四年（688）生于扬州江阳县，长安元年（701）于扬州大云寺出家，天宝元年（742）受入唐僧荣叡与普照招

图 10-3　唐招提寺内的鉴真之墓（日本奈良）

请，决意赴日传法，之后12年间六次东渡。如果此诗为赠给在天宝十二载（753）尝试第六次东渡的鉴真，那么当时鉴真已六十六岁，"僧腊"达53年，符合"僧腊老烟霄"的描述。

对应条件（2）的诗句为"律仪传教诱"与"树色依禅诵"。前句如

《唐大和上东征传》所载的"淮南、江左净持戒者，唯大和上独秀无伦，道俗归心，仰为受戒大师"那样，鉴真作为律宗名僧，备受尊崇。至于后句的"禅诵"，藏中进征引《唐大和上东征传》中的一节，指出鉴真师曾从智满学习禅门。[1]

> 其父先就扬州大云寺智满禅师，受戒学禅门。大和上年十四，随父入寺，见佛像感动心，因请父求出家。父奇其志，许焉。……便就智满禅师，出家为沙弥。[2]

还有一些资料可佐证鉴真与禅的关系，如鉴真赴日后不久，淡海三船所撰《初谒大和上二首并序》中就有"禅林戒网密"；鉴真没后，在石上宅嗣与藤原刷雄以及唐人高鹤林的追悼诗中，也有"禅草""禅光""禅院"等字眼。总之，作为描写"鉴上人"素行的"禅诵"，用在鉴真身上丝毫没有不适之感。

三
作诗的场所与时间

从上述《赠鉴上人》诗中描绘的年龄、经历以及宗派、素行等来推断，"鉴上人"比定为鉴真的两个条件极为一致。如果余下的地点和人

1　[日]藏中进：《唐大和上東征伝の研究》，樱枫社1976年版，第385页。
2　《唐大和上東征传》通行本（如大正新修大藏经本、群书类丛本、佛教全书本等）讹误甚多，故引文均据笔者校勘的高山寺藏古写本，参见王勇：《〈唐大和上东征传〉高山寺本题解并校录》，佐藤保先生古稀纪念论文集编辑委员会编：《中日文史交流论集》，上海辞书出版社2005年版，第16页。

际关系等问题也能解决的话，那么藏中进的学说将得到完善。

条件（3）中出现了"静寂的僧堂"，藏中进推定其场所为扬州的延光寺或龙兴寺。天宝十二载（753）仲秋，以藤原清河为大使的遣唐使一行自长安南下，在赴出发地苏州的途中，于扬州的延光寺会见鉴真，商谈第六次东渡事宜。当时的情景，《唐大和上东征传》中有如下生动的叙述：

> 天宝十二载岁次癸巳十月十五日壬午，日本国使大使特进藤原朝臣清河、副使银青光禄大夫光禄卿大伴宿弥胡万、副使银青光禄大夫秘书监吉备朝臣真备、卫尉卿朝衡等至延光寺，白和上云："弟子等早知和上五回渡海，向日本国，将欲传教。今亲奉颜色，顶礼欢喜。弟子等先录和上尊名并持律弟子五僧，已奏闻主上，向日本传戒。主上要令将道士去，日本君王先不崇道士法，便奏留春桃原等四人，令住学道士法。为此，和上名亦奏退。愿和上自作方便。弟子等自在载国信物船四舶，行装具足，去亦无难。"时和上许诺已竟。[1]

遣唐使劝诱之语"自作方便""去亦无难"似模棱两可，鉴真的回答看来斩钉截铁。于是，十月二十九日，鉴真逃离官府严密监视的龙兴寺，赶赴遣唐使船停泊的苏州黄泗浦，十一月十日乘上副使大伴古麻吕（大伴古万）的第三舶，十六日船队出港启程。

关于鉴真等待时机的寺院，藏中进指出："诗中描绘老僧居住的僧房以及庭前的光景，当为鉴真大和上在扬州龙兴寺或延光寺之时。"[2]藏

---

1 王勇：《〈唐大和上东征传〉高山寺本题解并校录》，佐藤保先生古稀纪念论文集编辑委员会编：《中日文史交流论集》，上海辞书出版社2005年版，第40—41页。

2 ［日］藏中进：《唐大和上東征伝の研究》，櫻枫社1976年，第382页。

图10-4 扬州大明寺（江苏扬州）

中进并没有明确是哪一个寺院。

关于作诗的时间，藏中进推定为鉴真自龙兴寺出走的"十月十九日"，并指出："如上所述，十五日日本遣唐使一行至延光寺拜访鉴真之后，皇甫曾听到鉴真接受招请将要渡海的消息需要二三天时间，如果将此要素考虑进去，确切的时间段为十七日、十八日、十九日这三天。"[1] 接着，藏中进又指出："从《唐大和上东征传》所载'十九日戌时从龙兴寺出，至江头乘船下'的状况来看，如果以《赠鉴上人》诗中'深竹风开合，寒潭月动摇'描绘的景观为线索，可进一步推定为十月十七日或十八日深夜。"[2]

需要说明的是，现存《唐大和上东征传》诸版本均把鉴真等自龙兴寺出走的时间记载为"廿九日"，但与下文"（十月）廿三日庚寅，大使处分，大和上已下分乘副使已下舟毕"的记述相悖，故"廿九日"被

1 ［日］藏中进：《唐大和上東征伝の研究》，樱枫社1976年版，第382页。
2 ［日］藏中进：《唐大和上東征伝の研究》，樱枫社1976年版，第383页。

认为是"十九日"的误写。

最后的条件（4）是关系到皇甫曾与鉴真是否为同时代人的问题。关于皇甫曾，《全唐诗》（卷二一〇）载其略传云：

> 皇甫曾，字孝常，冉母弟也。天宝十二载登进士第，历侍御史，坐事徙舒州司马、阳翟令。诗名与兄相上下，当时比张氏景阳、孟阳云。《集》一卷，今编诗一卷。[1]

此外，《中兴间气集》（卷下）、《新唐书》（卷二〇二）、《唐诗纪事》（卷二七）、《唐才子传》（卷三）等也有与上文大同小异的记载。

皇甫曾进士及第，《全唐诗》作"天宝十二载"。而此年，藤原清河率领第十二次遣唐使完成了使命，自长安出发，于十月十五日至扬州延光寺，招请鉴真渡日。可以发现，如皇甫曾荣登进士、藤原清河等途经扬州、鉴真决意第六次东渡等事件为巧合，那么皇甫曾赠呈鉴真饯别诗也纯属巧合吗？对此，藏中进指出："此年，三十三岁进士登第的皇甫曾，于初冬十月的这个时候至江都扬州。听说鉴真大和上决意赴日之事，极为感动，遂至鉴真居住的僧房拜见，赠诗表达惜别之情。"[2]

如上，我们对藏中进的观点作了一番概述。其功绩可谓至大，但并没有解决所有的疑问。比如，别题中出现的"筌公"究竟何人？鉴真与皇甫曾赠诗往来的交集何在？下文，笔者将对这两个问题进行考察，进一步完善藏中进提倡的新说。

---

1 彭定求、杨中纳等编：《全唐诗》，中华书局1996年版，第2179页。

2 ［日］藏中进：《唐大和上東征伝の研究》，樱枫社1976年版，第383页。

鉴上人与筌公

皇甫曾的《赠鉴上人》诗，收录于多种文献，针对这些文献中的文字异同，藏中进进行了细致的校勘。在此，我们省去烦琐的介绍，但关于诗题中的"鉴上人"与"筌公"的关系，至今未有令人信服的解释，故我们首先以此为切口进行探讨。

如上所述，《全唐诗》中载为"赠鉴上人（一作赠别筌公）"。也就是说，虽然以"赠鉴上人"为诗题，但又有"赠别筌公"的别题。查看其他文献，可发现《二皇甫集》《文苑英华》《皇甫御使诗集》（《唐诗百名家全集》所收）等均题为"赠鉴上人"，而只有《中兴间气集》题作"赠别筌公（一作赠鉴上人）"，"赠别筌公"为正题，"赠鉴上人"为别题。

《中兴间气集》为贞元元年（785）唐人高仲武收集肃宗、代宗二朝的名作而成，属于同时代的"唐人选唐诗"。因此，其史料价值自然比后世编撰的诗集要高，作为与原作品时代较近的善本，历代备受珍重。

那么，《中兴间气集》诗题中记录的"筌公"到底是何人呢？对此，藏中进指出："'筌公'是唐人呢，还是来自周边诸国在唐的留学者呢，今日难以究明。……管见所及，'筌〇'或'〇筌'之人未见于唐代的主要文献，《释氏疑年录》《唐人行第录》等也未收载。视'别筌公'为人名吧，其他唐代的文献没有记载，更没有见于日本文献。但不论如何，用'筌公'称呼诗文内容受到某些限制的佛教僧侣，是极为不恰当的。……因此，作为此诗的标题，'赠鉴上人'比较合适。"[1]

藏中进上述观点的主旨有两点：其一，未见以"筌"为名号的唐

1　[日]藏中进：《唐大和上東征伝の研究》，樱枫社1976年版，第381—382页。

人；其二，"筌公"的称呼不适合于僧侣。基于上述判断，藏中进主张舍去"赠别筌公"，而取"赠鉴上人"为诗题。但是，仅基于上述的理由，舍去与诗人皇甫曾同时代人编撰的《中兴间气集》的诗题，难以令人信服。考虑到这是一首赠送给欲渡海赴日的鉴真的送别诗，倒不如说"赠别"比单纯的"赠"要贴切。藏中进的判断是否有误呢？让我们进行下一步的探讨。

首先，要考虑的问题是僧侣可否称呼为"公"。有唐一代，僧侣的尊称，在其名后加上"公"的现象是极为普遍的。只要检索一下《宋高僧传》，就可以发现这样的例子不胜枚举。例如，在称呼玄奘三藏的弟子唐僧窥基和新罗僧圆测时，多使用"基公""测公"。另讳名为二字时，"公"放在第二字后是一种惯例。因此，"筌公"大概是名为"○筌"之人的敬称。名字具有这样特点的人物在唐代并不是没有。例如，《佛祖统纪》（卷十五）就出现名为"李筌"的唐人。

如果以上的分析无误，那么可以推测鉴真拥有"筌"这一俗名或法号。支持此推测的史料有《延历僧录·从高僧沙门释思托传》所载的以下文字：

> 思托述《和上行记》，兼请淡海真人元开述《和上东行传筌》。

学者们为解释"筌"字伤透了脑筋，迄今为止仍未有合理的答案。藏中进把此字视为书名一部分的同时，也指出："《和上东行传筌》这一称谓是否为书名？还是《唐大和上东征传》的别称或略称呢？仍存有疑虑。"[1]

也许这一制造麻烦的汉字"筌"背后隐藏着巨大的秘密吧。之

---

1 ［日］藏中进：《唐大和上東征伝の研究》，樱枫社1976年版，第10页。

所以如此，是由于"荃"与"筌"属于异形同字。"得鱼忘筌"的故事，原典为《庄子·外物篇》中所载的"荃者所以在鱼，得鱼而忘荃"。文中作"荃"，但意思与"筌"完全相同。《文选》中收录有郭璞的《江赋》，唐人李善在解释"罗筌"时指出："筌，捕鱼之器，以竹为之，盖鱼笱属。"也就是说，筌为用竹制作的渔具，故本字应该书写为"筌"。此外，用作"香草"之义时，二字可并用，但正字则为"荃"。

综上所述，《延历僧录》中出现的"荃"字，至今虽然难以究明，但与《中兴间气集》记载的诗题"赠别筌公"应该存在某种关联，可以视为指代鉴真之意。但是，"荃"字在《延历僧录》中的位置却极为不自然，也许其前后有脱字，或者是原写本错漏产生的。[1]

这些问题姑且不谈，我们大致可以判断，在收录皇甫曾作品的唐人选唐诗集中，诗题作"赠别筌公"是不能舍去的，"筌公"应为鉴真的名号。

五
灵一与灵祐

藏中进的新说中存在某些难以自圆其说的部分，没有抓住鉴真与皇甫曾之间的交集问题。以下笔者试就这个问题进行一些探讨。

鉴真多次渡航，触犯了严禁私自出国的唐代法律。天宝十二载（753）十月十五日，遣唐使至延光寺拜访鉴真之后，鉴真欲前往日本的

---

1 "荃"字尚有"序次""诠释"义项，而且草书字体与"鉴"相近，因此"和上东行传荃"也有可能是"荃和上东行传"的颠倒。此处暂且存疑，以待后考。

第十章 唐人赠别诗中的"鉴上人"（鉴真）

消息传遍扬州城内，官府遂派兵加强龙兴寺的警备。在此形势下，进士及第、刚登龙门的三十三岁青年诗人，为何去拜访欲打破国禁且已六十六岁的盲目老僧，并赠以惜别之诗呢？如果不对此疑问进行合理说明，那么把"筌公"或"鉴上人"比定为鉴真的决定性证据是不太充分的。

在稽考鉴真与皇甫曾的人际关系时，名为"灵一"的僧侣徐徐浮出水面。灵一的传记见于《文苑英华》（卷八四六所收的孤独及《唐故扬州庆云寺律师一公塔铭》）、《唐才子传》、《宋高僧传》和《全唐诗》等。

基于上述传记资料，我们可以对灵一的生涯作一简单回顾：开元十五年（727）出生，俗姓吴氏，广陵（今扬州）人；九岁出家，师事扬州龙兴寺法慎；之后，辗转于扬州庆云寺、延光寺，会稽南悬溜寺，余杭宜丰寺等；宝应元年（762）十月十六日，三十五岁圆寂于杭州龙兴寺。除佛学著作《法性论》之外，《全唐诗》收录其诗一卷，是一位被誉为"诗僧"的稀有俊才。

灵一在律学和诗文方面，均有较高的造诣。在律学方面，他与鉴真有种种关联；在诗文方面，则与皇甫曾保持密切交流。如果鉴真与皇甫曾之间存在交集，笔者认为可能是因为灵一。

首先，我们来看灵一与鉴真的交往。扬州龙兴寺经律院居住着鉴真的前辈法慎（666—748），其门下名僧辈出，有被誉为"慎门三一"的昙一、怀一、灵一等人。鉴真与法慎同宗同寺，门下的弟子们自然有所交流。如《唐大和上东征传》所载"超群拔萃，为世师范"的鉴真弟子灵祐即师从法慎，与"慎门三一"有密切的交流。《宋高僧传》（卷十四）收录的《唐扬州龙兴寺法慎传》所载法慎的"上首"弟子中，灵一与灵祐并举。《宋高僧传》（卷十五）收录《唐余杭宜丰寺灵一传》所载灵一的"友善者"中，列举了慧凝、明幽、灵祐、昙一、义宣等人的名字。此外，据《全唐文》（卷九一八）收录的《唐苏州开元寺律和尚坟铭并序》记载，僧辩秀于天宝四载（745）师从东海大师鉴真受戒，随会稽大师昙一传讲。

综上所述，通过法慎、灵祐以及昙一等人，鉴真与灵一之间应该存在多渠道的交流。他们之间的交集，还不仅仅是周边的人际关系，他们生活的故乡扬州、他们活动的场所延光寺及龙兴寺也不可忽视。

接下来，我们探讨灵一与皇甫曾的关系。灵一仅活三十五岁，人生旅程较为短暂，但其生命价值的丰富和深邃，通过其诗文淋漓尽致地展现出来。在其短暂的生涯中，佛教与文学的才能几乎同样卓越，世人尊称其为"诗僧"。这样的人物在唐代约有六十人左右，而灵一、灵澈、皎然、无可、法振、贯休、齐己等名列前茅。

灵一的作品在唐人高仲武所撰《中兴间气集》和姚合所撰《极玄集》中均录有四首。《全唐诗》（卷八〇九）也收录其诗一卷，并有如下略传：

> 灵一，姓吴氏，广陵人。居余杭宜丰寺。禅诵之暇，辄赋诗歌。与朱放、张继、皇甫曾诸人为尘外友。[1]

此外，据《宋高僧传》（卷十五）收录的《唐余杭宜丰寺灵一传》中所载，灵一的"尘外之友"有天台道士潘志清、襄阳朱放、南阳张继、安定皇甫曾、范阳张南史、吴郡陆迅、东海徐嶷、景陵陆鸿渐等人。

检索《全唐诗》，可以发现灵一与皇甫兄弟（皇甫曾、皇甫冉）曾多次相互唱和送别诗文，关系密切。在此，笔者仅把相关作品的诗题列举如下：

---

1 彭定求、杨中纳等编：《全唐诗》，中华书局1996年版，第9123页。

（1）刘长卿《寄灵一上人初还云门（一作皇甫曾诗）》（《全唐诗》卷一四八）

（2）刘长卿《寄灵一上人（一作皇甫冉诗、一作郎士元诗）》（《全唐诗》卷一四八）

（3）李嘉祐《同皇甫冉赴官留别灵一上人》（《全唐诗》卷二〇六）

（4）郎士元《赴无锡别灵一上人（一作刘长卿诗、一作皇甫冉诗）》（《全唐诗》卷二四八）

（5）皇甫冉《西陵寄灵一上人（一本题下有"朱放"二字）》（《全唐诗》卷二四九）

（6）皇甫冉《赴无锡寄别灵一、净虚二上人（一本有"还"字）云门所居（一作刘长卿诗、一作郎士元诗）》（《全唐诗》卷二四九）

（7）皇甫冉《小江怀灵一上人》（《全唐诗》卷二五〇）

（8）灵一《酬皇甫冉西陵见寄（一作西陵渡）》（《全唐诗》卷八〇九）

（9）灵一《酬皇甫冉将赴无锡于云门寺赠别》（《全唐诗》卷八〇九）

（10）灵一《赠别皇甫曾》（《全唐诗》卷八〇九）

（11）灵一《同使君宿大梁驿（与清江喜皇甫大夫同宿大梁驿诗小异）》（《全唐诗》卷八〇九）

根据上述诗题，我们可以确认，灵一与皇甫曾作为"尘外之友"，频繁应酬唱和诗文，与灵祐作为"友善者"，也有密切的交流。综上所述，灵祐为鉴真的门徒，是连接灵一与鉴真的重要人物。

此外，皇甫曾与诗僧灵一亲切交流之事实本身，也表明了皇甫曾对佛教，特别是律宗有深刻的理解。当他从灵一以及灵一身边的其他人员得知鉴真渡海的矢志不渝以及九死一生的冒险行为，一定会被深深打动。如果此事为真，那么我们就可以理解，皇甫曾深知会被官府处罚，仍悄悄地赴龙兴寺拜访鉴真、赠呈惜别诗的动机所在。

日本天平胜宝八年（756）六月二十一日，时值圣武上皇去世第四十九天，为了纪念这位宁乐文化巅峰的缔造者，光明太后借"七七"忌辰之际，将先帝遗爱珍宝舍入东大寺，并撰愿文赞颂故人遗德：

> 先帝陛下，德合乾坤，明并日月。崇三宝而遏恶，统四摄而扬休。声笼天竺，菩提僧正涉流沙而远到；化及振旦，鉴真和上凌沧海而遥来。（《东大寺献物帐》）

时距鉴真抵达日本[1]仅两年余，足见日本皇室对鉴真一行寄予巨大期望。此后又经7年，鉴真于日本天平宝字七年（763）在唐招提寺圆寂。双眼失明的鉴真在日本生活了近10年，他对日本文化的发展究竟做出了多大贡献呢？

由鉴真开创的律宗列"南都八宗"之一，在日本佛教史上的意义重大自不待言，他对日本文化的影响还涉及建筑、美术、工艺、书法、医学等方面，甚至连传播豆腐、香木、砂糖、纳豆、茶道、酱菜之类也算在鉴真的功劳簿上。

虽然后世的传闻不可全盘视作信史，但能从侧面佐证鉴真在日本的广泛并持久的影响力。著名的鉴真研究权威安藤更生博士曾说："日本人直到今天，依然在很多方面沐浴着鉴真和上的恩惠。"[2]

1　鉴真于日本天平胜宝五年（753）十二月十日到达日本。
2　[日]安藤更生：《鑑真》，吉川弘文馆1967年版，第1页。

第十章　唐人赠别诗中的"鉴上人"（鉴真）

第十一章
与唐人诗歌唱和的日本僧（空海）

空海系日本历史上著名人物，9
世纪初入唐求法，回国后创立日本真
言宗，与开创日本天台宗的最澄齐
名，为享誉平安时代佛教界之双璧。
空海多才多艺、著述等身，与其相关
的研究包括宗教、历史、文学、民
俗、艺术等多个学科领域。本章试图
利用史料价值易为历史学家忽视的唐
人送别诗，对空海在唐期间的行实进

图11-1　弘法大师像

行考证，并对唐人朱千乘的送别诗流传日本之情形及影响进行分析。

一

唐人送别诗

唐人赠予空海的汉诗，合赠答诗与送别诗共七首[1]。赠答诗二首推
定为空海逗留长安期间的作品，即从贞元二十年（804）十二月入长安

1　空海的七绝诗《在唐日观昶法和尚小山》，似也可归入此类作品。

到永贞元年（805）十二月决心回国期间，由马总与胡伯崇赠予。送别诗五首，应为元和元年（806）自长安出发南下，从明州出港之前受赠之作。

关于赠答诗二首，笔者已经撰文详细讨论其中所咏空海之形象[1]，因此本章仅以送别诗五首为素材，讨论与之相关的几个问题。唐人送别诗的作者，为朱千乘、朱少瑞、昙清、鸿渐、郑壬五人。因上述送别诗《全唐诗》失收，兹从圣贤所著之《高野大师御广传》[2]照录原文。

送日本国三藏空海上人朝宗我唐兼直方物而□□□□从海东诗叙[3]

前试卫尉寺丞　朱千乘

古貌宛休公，谈真说苦空。

应传六祖后，建化岛夷中。

去岁朝秦阙，今春赴海东。

威仪易旧体，文字冠儒宗。

留学幽微旨，玄关护法宗。

凌波无际碍，振锡路何穷。

水宿鸣金磬，云行侍玉童。

承恩见明主，偏沐僧家风。[4]

1　王勇：《唐詩に詠まんだ空海像》，《国文学解釈と鑑賞》5月号，至文堂2001年5月。

2　[日]密教文化研究所编：《弘法大师全集》（首卷），同朋舍1978年复刊版。

3　诗题中的"直"与"从"，旁注分别改成"贡"与"归"，即"送日本国三藏空海上人朝宗我唐兼贡方物而□□□□归海东诗叙"。诗题中缺损四字，或可补入"途经越州"。

4　"建化"在《弘法大师正传》中作"远化"，当是。"玄关护法宗"的"宗"，由于与"文字冠儒宗"押韵字相同，原文旁注改为"崇"，可备一说。

送空海上人朝谒后归日本国

越府乡贡进士　朱少瑞

禅客祖州来，中华谒帝回。

腾空犹弥锡，过海素浮杯。

佛法逢人授，天书到国开。

归程数万里，后会信悠哉。[1]

奉送日本国使空海上人橘秀才朝献后却还在[2]

大唐国沙门　昙清

异国桑门客，乘坏望斗星。

来朝僧天子，归译竺乾经。

万里洪涛白，三春孤岛青。

到官方奏对，圆像到王庭。[3]

1　"腾空犹弥锡"的"弥"，按照旁注应为"振"。"归程数万里"的"数"，旁注作"三"，存之备考。诗中的"天书"，途中不得拆看，当指唐朝的国书。关于日本遣唐使是否携带国书入唐，学术界争论已久。所谓"礼尚往来"，既然唐朝有国书送彼，岂有日本不携国书而来之理？虽是诗中区区二字，亦可为史学争鸣之一证。

2　关于诗题末字"在"，《弘法大师年谱》（《真言宗全书》）卷四考异"还下一本有在字，或作在大唐"，指出"在"的下面可能脱漏"大唐"两字。但"在"与"去"字体相近，也许是"去"的笔误。另一种推测是，"在"为"本"字，后面脱失"国"字。"却还本国"，则文意更为通顺。

3　"来朝僧天子"的"僧"，旁注为"唐"，当是。"归译竺乾经"的"经"，"圆像到王庭"的"王"，旁注分别作"程"与"天"，笔者对此难以苟同。"竺乾"为印度的别称，"竺乾经"即"佛经"之意。"王庭"是王宫之意，若为"天庭"，则变成指唐之皇宫，与吟咏归国的诗意不切。此外，"圆像到王庭"的"圆"，恐为"图"之误写；"到"与前句的"到"重复，也许改为"列"字更贴切。

216

奉送日本国使空海上人橘秀才朝献后却还在

大唐沙门　鸿渐

禅居一海隔，乡路祖州东。

到国宣周礼，朝天得僧风。

崇鱼梵远日，正蜃楼□空。

人至非徐福，何由寄信通。[1]

奉送日本国使空海上人橘秀才朝献后却还在

郑壬字　申甫[2]

承化来中国，朝天是外臣。

异方谁仰侣，孤屿自为邻。

雁塔归殊域，鲸波涉巨津。

他年续僧史，更载一贤人。[3]

1　"崇鱼梵远日，正蜃楼□空"的"崇鱼"与"正"，旁注考异为"山冥"与"日正"，变成"山冥梵远日，日正蜃楼空"。从字体构造来分析，"崇"大概是"山冥"的鱼鲁之误，即把两字错看成上下结构的一个字，不足的一个字取下句的"日"补充，致使下句缺损一字。如果把"崇"复原为"山冥"，文意顿时畅通："山冥鱼梵远，日正蜃楼空。"诗中"人至非徐福"一句，大概是徐福东渡传说与日本挂钩的较早用例。

2　"郑壬字"的"字"，旁注作"孚"，恐误。郑是姓，壬是名，申甫若为字，则应标记为"郑壬，字申甫"。

3　"异方谁仰侣"的"方"与"仰"，旁注为"才""作"。"异方"与下句"孤屿"成对，显然优于"异才"；"仰"与"作"形近，且"作"与下句"为"对仗，可从。

第十一章　与唐人诗歌唱和的日本僧（空海）

二

唐人送别地点

《高野大师御广传》基本按时间顺序列事，在关于空海等将于元和元年（806）八月从明州出港之前的行止中列举了朱千乘等五人的送别诗。根据文意揣摩推断，时间在八月前后，地点应在明州一带。

但是，空海等离开长安南下，在抵达遣唐使船停泊的明州之前，曾从杭州渡钱塘江至越州。由作于"元和元年四月日"的《请越州节度使求内外经书启》证实，空海至迟四月已经进入越州界，他虽然已得经疏"三百余轴"，犹叹"人劣教广未拔一毫，衣钵竭尽不能雇人"，遂恳求越州节度使馈赠"经律论疏传记，乃至诗赋碑铭、卜医五明"，以"发蒙济物""流传远方"[1]。

图 11-2　空海入唐渡海图（《高野大师行状图画》卷二）

1　据空海《上新请来经等目录表》，携归日本的典籍共216部561卷，王利器推算在越州刮书达250卷左右（参见王利器：《弘法大师与〈文镜秘府论〉》，北京市中日文化交流研究会编：《中日文化交流史论文集》，人民出版社1982年版，第102页）。空海一行是八月从明州启航的，其间在明州等地逗留数月，因此这250卷书籍不会全部得自越州。

那么，前述五首唐人送别诗，究竟作于越州，还是明州，抑或其他地方呢？在朱千乘的诗中，附有百余字的长篇诗序。笔者根据《高野大师御广传》，将全文照录如下：

> 沧溟无限，极不可究。海外缁侣，朝宗我唐。即日本三藏空海上人也。能梵书，工八体；缮俱舍，精三乘。去秋而来，今春而往。反掌云水，扶桑梦中。他方异人，故国罗汉。盖乎凡圣不可以测识，亦不可以智知。勾践相遇，对江问程。那堪此情，离思增远。愿珍重珍重□元和元年春沽洗之月聊序。当时少留诗云。[1]

《深贤记》（《弘法大师行化记》）将诗序中"勾践相遇，对江问程"之处校异为"勾践恐当作邂逅"，怀疑原文有误。但"邂逅"与"勾践"字形大异不说，"邂逅""相遇"成类义语重复，反而使文意产生龃龉。由于"勾践"为春秋时代之越王勾践，此处应指勾践之故地，当解读为"在越州相遇"之意。

查阅《全唐诗》，"勾践"之语出现过三回，其中两回均与"吴"并举使用。其一即李白《西施》中的"勾践征绝艳，扬蛾入吴关"，其二为刘驾《姑苏台》中的"勾践胆瞻日，吴酒正满杯"。因此，"对江问程"暗示空海等从吴地渡江入越地时与朱千乘等人邂逅，进而发展到吟诗饯别。

据谢海平推定，朱千乘作诗序是在惠果葬礼结束、空海决意回国之时，地点为长安[2]。但根据"勾践相遇，对江问程"等字句，长安之说

---

1 "勾践相遇"的"遇"，旁注为"过"，不妥。"沽洗之月"为三月的别称，旁注将"沽"改为"姑"，乃蛇足之嫌。

2 谢海平：《唐代诗人与在华外国人之文字交》，文史哲出版社（台北）1981年版，第88—89页。

未免牵强，推定为越州更为妥当。支持这一推断的，除了下文将会讨论的作诗时间，朱少瑞具有越府乡贡进士身份也是一个旁证。所谓"越府"，即指越州之治所，位于今绍兴一带。

三

送别诗作成的时期

如上所述，倘若我们推测唐人送别诗的吟咏地点在越州，那么接下来，便要了解成诗的时期。查阅附于岩波书店出版的日本思想大系系列的《空海》一书略年表，元和元年（806）条下记载："四月到达越州，致力于内外经书之搜集。"这大概是依据《请越州节度使求内外经书启》中"元和元年四月日"落款而得出的结论，长期以来都作为学术界的定论被认可。然而，仔细品读唐人送别诗并序，笔者发觉这个结论不太准确，有必要进行一些修正。

朱千乘的诗中有"去岁朝秦阙，今春赴海东"句，叙中亦有"去秋而来，今春而往"。"今春"指元和元年一月至三月，诗序之末尾更清楚地记载了执笔于"元和元年春沽洗之月"，因此"四月到达越州"的说法是错误的。

"沽洗"为乐律八音之一，常作为三月之别称而使用。据此可以断言空海等三月到达越州，与朱千乘等邂逅结交，稍后于四月将《请越州节度使求内外经书启》呈于越州刺史，为了得到所求之"经律论疏传记，乃至诗赋碑铭、卜医五明"，必定还要逗留一段时间，然后才东行至明州港口。

综上所述，根据朱千乘的诗序记载，空海于元和元年三月抵达越州，并与朱千乘等人酬唱惜别，当为事实。但问题是，此五首送别诗是否是在同一时期作于同一地点？下面，笔者就此作些考证。

朱千乘与朱少瑞二人，不仅诗题格式近似，而且"勾践"与"越州"意象相连，或许可视为同时期之作品。但昙清以下三人都用同一诗题，更有"雁塔归殊域"等暗示长安之诗句，也可能不是同时期的作品。

图 11-3　空海纪念碑（陕西西安）

可是，关于这五首送别诗，《高野大师御广传》中明确记载"唐家诗人才子缁素等，属赋饯别送大师诗并制序云云"，更有注记"出《杂英集》"。根据这些记载可知朱千乘之诗序不仅为自己诗作之序，亦是代表与空海邂逅交友之诸人叙述事情缘由之总序。而且，这些送别诗原本一并收录于《杂英集》这部佚书中。因此，把这五首送别诗与诗序看作一个整体比较合适。

根据以上分析，难以想象昙清等三人的作品，是空海到达越州之前为长安友人所赠。在没有出现新证据之前，将其视为与朱千乘等同时期吟咏之诗句较为妥当。兹举二例佐证之。

首先，是昙清诗中的"三春孤岛青"一句。"三春"虽然有"春季"及"三年"之意，但此处应为"春天的第三个月"即"三月"[1]。如果这个推断不错，则时间上正好与朱千乘诗序中的"沽洗之月"吻合。

其次，是朱少瑞与鸿渐的诗句酷似。朱少瑞诗"禅客祖州来，中华

1　唐人岑参的《临洮龙兴寺玄上人院同咏青木香丛》诗中有："六月花新吐，三春叶已长。"此处的"三春"即指"三月"。

谒帝回"与鸿渐诗"禅居一海隔,乡路祖州东",从字词到诗意都十分相似,视为同一席中之作品为妥。

四

朱千乘与昙清

赠予空海送别诗的唐人,在中国历史上都算不上有名的诗人。在群星闪烁、佳作迭出的唐代,他们的作品默默无闻,竟无一人入选《全唐诗》。然而,因为与空海的邂逅交往,他们得以名传至今,不失为中日交往的美谈佳话。

虽然送别诗的五位作者并非唐朝名人高士,但关于朱千乘与昙清,其事迹尚有些许线索可以追寻。

首先,关于朱千乘之官职,《高野大师御广传》记为"前试卫尉寺丞"。除去此官衔与诗序之撰写时期,朱千乘的传记全不清楚。甚至有人质疑唐朝是否有"前试卫尉寺丞"这一官职,如《弘法大师正传》中大概对"试"和"寺"拿捏不准,将其擅改为"前侍卫侍丞"。

"卫尉寺丞"是唐代实际存在的官名。在《新唐书》卷七十五下《宰相世系表五下》之"乌氏"条有"卫尉寺丞"的官衔,《旧五代史》卷四十二(唐书十八)之长兴二年(931)条亦可见"刑部员外郎裴选责授卫尉寺丞"。因此,《弘法大师正传》中将"寺"改为"侍"并无据。

"试"是唐宋官制之一。在唐制中,虽未正式任命但位居某一官职者称为"试";在宋制中,则将相比实际官阶低二等任官者称为"试"。由此看来,《弘法大师正传》改"试"为"侍"也欠妥。《高野大师御广传》中记录的朱千乘官衔并无错误,因官衔有个"前"字,表明朱千乘在元和元年（806）三月之前有过担任"试卫尉寺丞"之经历。

其次，关于昙清其人，《弘法大师年谱》眉批有："清字，《正传》作靖。昙清见《宋高僧传》，元和年间人。"引用这首诗的中国学者，似乎未曾留意《弘法大师年谱》的眉批，也没有查阅《宋高僧传》，因而记载多有出入。譬如，杨知秋认为昙清亦作"昙靖"[1]，孙东临则说他是"唐贞元前后僧人"[2]，张步云将作者记为"昙靖"，系中唐之人，经历与事迹不详云云[3]。

《宋高僧传》卷十五有"唐迪岳寺昙清传"，由"未详何许人也"开始，叙述昙清作为僧侣之事迹。据此可知，昙清最初师从吴地的道恒，与省躬交游甚密，其后逗留南岳教授弟子，元和年间与阆州（相当于今四川省阆中县）龙兴寺中的名僧义嵩发生争论，后朝廷判定昙清之学说正确。

五

朱千乘的佚诗

朱千乘虽有"试卫尉寺丞"这一武官的经历，但元和元年三月时已经退职，应该赋闲回到了故乡越州。他在当时绝对算不上有名的文人，但似乎热衷于诗文之道。

关于他的作品，杨知秋举例前述之送别诗，认为其诗现存者仅收录于《弘法大师正传》中的一首，其他在《全唐诗》中可见两句[4]。这种

1　杨知秋编注：《历代中日友谊诗选》，书目文献出版社1986年版，第42页。
2　孙东临、李中华编注：《中日交往汉诗选注》，春风文艺出版社1988年版，第30页。
3　张步云：《唐代中日往来诗辑注》，陕西人民出版社1984年版，第57页。
4　杨知秋编注：《历代中日友谊诗选》，书目文献出版社1986年版，第38页。

说法明显有误。朱千乘的作品未被收入《全唐诗》，但在日本人市河宽斋（河世宁）编修的《全唐诗逸》中，收录"锦缆扁舟花岸静，玉壶春酒管弦清"的联句。

《全唐诗逸》进而根据空海于弘仁三年（812）递呈朝廷的《献杂文表》目录（收录于空海诗文集《性灵集》卷四），叙述道："延历中，空海归自唐，表上所赍书籍，中有《朱千乘诗》一卷。"[1]虽然目前尚未发现《朱千乘诗》传本，但在日本流传的一些唐诗集中，除前述之送别诗外，还有朱千乘的一些其他作品。

其一，是传为空海亲笔书写的《新撰类林抄》的写本。此为京都国立博物馆藏本，被日本指定为国宝级文物，其卷首作"新撰类林抄卷第四第三帙上/春　闲散上"，共收录唐诗四十首（此外尚有称为"南院切"的逸文），其中包含朱千乘诗两首。原文以难以识读的草书体书写，兹据小川环树的判读引载如下[2]。

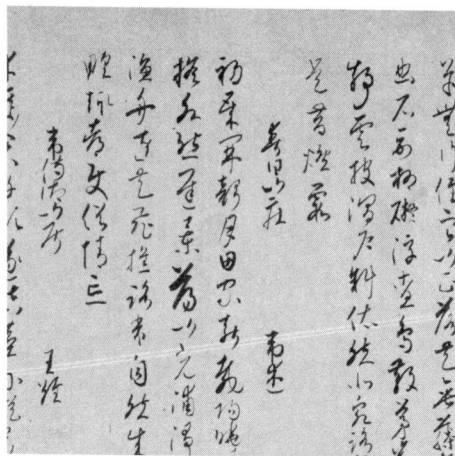

图11-4　日本京都国立博物馆藏《新撰类林抄》卷四残卷

1　《献杂文表》目录如下："《急就章》一卷，《王昌龄集》一卷，《杂诗集》一卷，《朱昼诗》一卷，《朱千乘诗》一卷，《杂文》一卷，《王智章诗》一卷，《赞》一卷，《诏敕》一卷，《译经图记》一卷。"

2　［日］小川环树：《〈新撰類林抄〉校読記》，《小川環樹著作集》第2卷，筑摩书房1997年版，第421—434页。

山庄早春连雨即事

朱千乘

崇朝竟日雨毵毵，万物萌牙春水灾。

白屋世情轻席户，青山老大厌莓苔。

常时杨柳烟中绽，今岁花枝雪未开。

节往始知阳气晚，和风不惜后亭梅。

早春霁后山庄即事

朱千乘

插槿未成篱，啼莺早已知。

日长春霁后，风暖柳烟宜。

席户门斜掩，渔舟钓直垂。

久将松竹比，宁惧岁寒移。

上药幽前圃，繁花压小枝。

素琴延玩月，清渭酌临池。

守道安贫老，专经数欲奇。

若为裁二鬓，羞向镜中窥。

    其二，是2000年日本学者在宫内厅书陵部（日本皇家图书馆）发现的伏见宫旧藏《杂抄》（卷十四）[1]。其时笔者在日本文部科学省所属国文学研究资料馆任客座教授，得知这一信息后即去查阅原件，后经交涉获准制成首份缩微胶卷，遂得仔细判读。兹据管见著录如次[2]：

1　[日]住吉朋彦：《伏见宫旧藏〈雜抄〉卷十四》，《書陵部紀要》第51号，2000年3月。

2　关于《杂抄》残卷，请参考王勇：《佚存日本的唐人诗集〈杂抄〉考释》，《文学遗产》2003年第1期，第22—31页。

书名：杂抄

编者：佚名

形状：粘叶装册子

类别：抄本

卷数：存一卷（卷第十四）

尺寸：高28.5厘米　宽12.7厘米

页数：正文48面，新补封页2面

编号：书陵部70165/1（伏2036）

　　《杂抄》残卷收录唐人乐赋类诗34首（住吉朋彦作35首），另附散文1篇。经检索《全唐诗》，34首作品中仅见16首，且诗题、作者、字句间有异同；其余的18首属于佚诗，包括令狐公、李端、李南、屈晏、朱千乘、崔国辅、法振、崔曙、张谓、郑遂、刘琼11人的作品。其中朱千乘《长门词》诗一首，未见于他书，可算是新出的唐代佚诗。谨录于此：

　　　　雪凌梅枝御柳风，春莺何啭妾愁中。
　　　　君王宠爱偏前殿，不许长门音信通。

　　朱千乘其人其事在中国史籍中湮没无闻，其作品更未见有诗集收录，然而令人颇感意外的是，在《新撰类林抄》及《杂抄》中他竟能与李白、王维、王昌龄、张九龄、崔国辅等著名诗人并肩登场，其中缘由值得探究。

　　笔者以为，佚存日本而中国不传的《新撰类林抄》及《杂抄》等，不能因为收录的多为唐人作品，而认定其为中国失传的诗集。日本历代汇编过大量的中国诗文集，上述两部诗集同时出现无名诗人朱千乘的作

226

品，恰恰可以证明诗集并非唐人编纂，而应该是出自日本人之手。

回过头来再看唐人赠空海送别诗，朱千乘作为赋闲的官绅主持其事，因而为饯别诗集撰写总序，同时还把自己生平所赋诗作汇成一卷，一并赠送给空海带往日本，这就是为何《献杂文表》中包含"《朱千乘诗》一卷"的缘故。

依据这个思路，空海是朱千乘作品流播东瀛、传世至今的唯一途径，保存在《新撰类林抄》和《杂抄》中的三首诗作，应该取自于空海携归日本的《朱千乘诗》一卷。进而可以推测，《新撰类林抄》和《杂抄》的编者可能就是空海，或者是空海门下之徒。

大概谁都不会想到，在中国默默无闻的诗人朱千乘，因为与空海邂逅而使其作品远渡东瀛，并且对日本文学产生了一定影响。其证据之一，是大江维时所著的《千载佳句》采录了朱千乘的联句"锦缆扁舟花岸静，玉壶春酒管弦清"。虽然只有短短一联，但如果考虑到《千载佳句》精选唐代名诗一千零八十三联，从平安时代开始成为文人贵族吟咏汉诗的最高范本，那么我们就不能再小看这个联句了。

关于这个联句的出处，小川环树推定采自《新撰类林抄》，但现存的《新撰类林抄》残卷中并无与此相对应的作品。笔者推断，《千载佳句》采录的联句，平安时代后期抄写的《杂抄》所收朱千乘诗，包括传为空海亲手抄录的《新撰类林抄》所收朱千乘诗，均有可能直接取材于空海携归的《朱千乘诗》一卷。

第十二章
跨洋过海的渤海国商人（李光玄）

　　日本东大寺教学部编撰的《丝绸之路往来人物辞典》（同朋舍，1989年版），几乎网罗了从汉代至唐代往来于丝绸之路的各色人物，总人数达到2112名，成为相关学者案头必备的工具书。

　　虽说如此，但我们在翻阅古代文献时，偶尔还能发现该辞典遗漏的人物。例如，应慧萼的邀请东渡日本的禅僧义空、随圆仁赴日并撰写《慈觉大师入唐往返传记》的乐部、最先把秦筝传入日本的陈宝，等等，这些在中日文化交流史上曾扮演重要角色的人物，均未被该辞典收录。

　　本章讨论的李光玄其人，出生于渤海，往返于东亚诸国，除了朱越利先生撰文述及，[1]国内外学术界对此尚无专门研究。本章拟通过介绍《金液还丹百问诀》中的相关史料，考察渤海商人李光玄的渡日经历。

1　参考朱越利：《唐气功师百岁道人赴日考——以〈金液还丹百问诀〉为据》，《世界宗教研究》，1993年第3期。此外，可参考笔者在日本发表的《渤海商人李光玄について》（《アジア遊学》第6号，勉诚出版，1999年7月）一文。

《金液还丹百问诀》

《正统道藏》[1]第七册中收录了作者不详的《金液还丹百问诀》一卷。该书的主人公李光玄系渤海国之出身，他频繁地往来于东亚海域从事远洋贸易，因一个偶然的机会邂逅一位道士，开始探求长生不老的道术。因他有着丰富的航海经验，而且有着异乎常人的风采容貌，故而被世人称为"海客"。

《金液还丹百问诀》虽然触及了李光玄的海外贸易经历，但主要是以问答体裁叙述他通过调配精炼植物、矿物而研制长生不老仙药的秘法。该书在道教典籍中属"外丹"类。

《正统道藏》还收录了在内容上与《金液还丹百问诀》大体一致的著作两种，即《金液还丹内篇》和《海客论》。这三种同书异名的文献，都没有序跋，亦不署作者姓名。

关于这三本书之间的关系，朱越利经考证认为：最初有书名不详的李光玄自述本，五代至北宋初年出现改编本《金液还丹百问诀》，北宋大中祥符五年（1012）又出现据改编本删改的《海客论》，而将删改本再次节略的则是《金液还丹内篇》。[2]

但是，笔者研读三书，通过比较其异同，发现三者之间并不存在如此有序的传承关系。《金液还丹百问诀》究竟是如朱越利所考证的那样为原本的改编本，抑或就是李光玄的自述本呢？根据目前掌握的资料，

1　笔者所用《正统道藏》系台湾新文丰出版公司1977年出版的版本。由文物出版社、上海书店、天津古籍出版社三家联合于1988年影印出版的《道藏》将《正统道藏》收入第四册。

2　朱越利：《唐气功师百岁道人赴日考——以〈金液还丹百问诀〉为据》，《世界宗教研究》1993年第3期。

尚不能下论断。但是将《海客论》判定为改编本之删改本，似有定论过早之嫌。详细比较两书，可以发现有诸多差异表明两者不属于同一系统。

例如，李光玄隐居"十有余年"的海外之岛，《金液还丹百问诀》中记作"云岛"，而《海客论》却记作"长云岛"。再如，李光玄离开隐居地（云岛）到达中国嵩山的时间，前者记作"己酉年中八月三日"，而后者却记作"己巳年八月三日"。诸如此类不同，不能看作简单的传抄之误。

《金液还丹内篇》与上述两书的性质稍稍不同，系曾慥于南宋初年抽选李光玄与道士的问答部分，将其编入自己的著述《道枢》而为一章，海外贸易经历等与道术关系不大的部分则被悉数删除。仅从书名来判断，毋宁说《金液还丹内篇》与《金液还丹百问诀》的关联更为密切，朱越利将其定为《海客论》之节略本的推断，笔者难以认同。

综上所述，不具备完本体裁的《金液还丹内篇》姑且不论，关于《金液还丹百问诀》和《海客论》的承继关系，现在还无法下结论，有待于今后通过对两书内容、词汇、结构等方面的比较研究，进一步进行梳理和澄清。

二

李光玄的"过海"经历

文献学上的问题仅作以上简单介绍，以下将考察的重点移至史料的介绍和文本的解读上。本稿主要以《金液还丹百问诀》为原典，仅在论考的必要限度之内参考《海客论》。兹将相关史料引载如下：

昔李光玄者，渤海人也。少孤，连气、僮仆数人，家积珠金巨万。光玄年方弱冠，乃逐乡人舟船，往来于青、社、淮、浙之间，贸易巡历。后却过海，遇一道人，同在舟中，朝夕与光玄言话巡历新罗、渤海、日本诸国。

光玄因谓道人曰："中国岂无好事耶？争得过海游历。"

道人曰："我于世上喻若浮云，心无他事，是以过海。"

光玄异之，因更日夜与道人攀言论。

道人乃谓光玄曰："郎君家更有何资产？"

光玄曰："余少孤，兄弟、僮仆数人，家财巨万。"

道人曰："既家资如此，何得远涉风波，更求其利？漫漫大海，浩浩长波，一旦倾危，虫鱼得便。此何智也。"

光玄答曰："我非为财，涉此风波。余暗思：'人世皆如梦幻，朝霞晓露，岂可久长？石火电光，瞥然则灭。人生若此，宁可思惟。旧冢未干，新坟相次。垒金遍地，全不关身。积玉倚天，岂能留命？'所以经涉海浪，直入外方。意在寻访真人，问求达士。欲有何术，可救生前？及到外方，又无所遇，不逢英哲，遂且归乡。诚意如斯，非为财货。"

......

后至东岸下船。道人自欲游新罗、渤海，告别光玄。光玄涕泗交并，奉辞道人，归还故里。

《金液还丹百问诀》以"昔李光玄者，渤海人也"开篇，接着述其家庭状况："少孤，连气、童仆数人，家积珠金巨万。"意思是说，渤海人李光玄出自"家积珠金巨万"的富裕家庭，然幼失双亲，与兄弟、家仆数人共同生活。年届弱冠（二十岁），李光玄登乘"乡人"（即渤海商人）的贸易船，开始了往来于"青、社、淮、浙之间"的沿海贸易活动。"淮"系指淮河下游（即今安徽省一带），"浙"系指钱塘江（即今浙江省一带），但是关于"青社"一词，却有诸种不同解释。《史记·三王世家》称其为古代东方土神的祭祀场所，在唐为齐国故地，即领有山东省北部的青州之别称。

"青、社、淮、浙之间"大概只是个笼统的范围，未必就是具体的州县地名。李光玄"贸易巡历"之地，大致为中国东部沿海的莱州、登州、海州、楚州、扬州、明州、越州等港口城市。续接前文的"后却过海"四字，暗示李光玄加入的渤海商人团，自往来于"青、社、淮、浙之间"的沿海贸易路线，改变为更加危险的远海贸易航路。

翻检现今收录词条最丰的《汉语大词典》（汉语大辞典出版社，1993年11月版），未见有"过海"两字熟语，但在"过海和尚"条下有如此解说："指唐高僧鉴真。因其东渡至日本传播佛教教义，故称。"

"过海和尚"的称呼，似为鉴真弟子所创。唐人李肇《唐国史补》卷上有"天宝末，扬州僧鉴真始往倭国，大演释教。经黑海、蛇山，其徒号过海和尚"的记录。另外，唐代的梁肃曾作"过海和尚塔铭"，这可从唐人崔恭的《〈唐右补阙梁肃文集〉序》中"作过海和尚铭、幽公碑铭，释氏制作，无以抗敌"的记载窥豹一斑。"过海和尚塔铭"曾立于鉴真待过的扬州龙兴寺中，现今已不存。不过，值得庆幸的是，日本入唐僧圆仁的《入唐求法巡礼行记》抄录了其中的一部分内容，其题为"过海和尚塔碑铭"：

> 和尚过海遇恶风，初到蛇海，长一丈，行一日即尽。次至黑海，海色如墨。

"过海和尚"的称呼系自中国传入日本，在平安时代已成为固定用语。例如，入唐僧最澄的《注金刚錍论》序中有"伏愿远仰上宫太子，近凭过海和上，建立此宗，报谢此德"的记录。在《唐大和上东征传》中，亦有鉴真将自己东渡日本称为"过海"的用例。

可见，诚如称鉴真为"过海和尚"的用例所象征的，在唐代，从中国（尤其是江南一带）经东海渡航日本的行为多称为"过海"。故而，所谓的"后却过海"，当理解为李光玄等人的渤海商人团，由中国的沿岸贸易转为更远距离的日本贸易。

李光玄在某次"过海"的过程中，邂逅搭乘便船的中国"道人"，聆听道人（道士）朝夕谈论"巡历新罗、渤海、日本诸国"的游历经历，最后接受了道教修行的启蒙。紧接船中两人对话后的是"后至东岸下船。道人自欲游新罗、渤海，告别光玄"的文字。

此处的"至东岸下船"一句，似稍难理解。《海客论》中的表述为："后却过海，而同舟有一道人……道人到东岸下船，欲游新罗，遂相告别。光元归渤海。"李光玄与道人相遇于赴日船中，"东岸"可理解为日本海岸。

但是，在《金液还丹百问诀》该处的记载中，却无表示动作继起之意的"而"字，从后续的"道人自欲游新罗、渤海"而无"日本"的记述来看，李光玄邂逅道人当在发自日本的归途之中。即使两人在赴日途中相遇，"后至东岸下船"与"光玄……归还故里"相呼应，此处亦当指"过海游历"的归途。那么，这里的"东岸"应该为日本之外的某个地方。

朱越利认为自日本向东航行，"到达渤海国则正是东海岸"，恐怕是弄错了方向。[1]可能性只有一种，即李光玄等人的航海路线为中转贸易路线：贸易船自日本出发，一度驶入中国海港（青、社、淮、浙之

1　朱越利：《唐气功师百岁道人赴日考——以〈金液还丹百问诀〉为据》，《世界宗教研究》1993年第3期。

第十二章　跨洋过海的渤海国商人（李光玄）

间），售出商品之后，迂回驶往东北的渤海国（鸭绿江口的丹东附近）。此处需要指出的是，在《新唐书·渤海传》中，渤海国被称为"海东盛国"，在中国人的地理方位概念中，其位置应该在"海东"。

倘若上述推测无误的话，那么上岸之后，道人巡游"新罗、渤海"系为近道，而与道人分手后欲"还归故里"的李光玄走的也是顺路。

三
李光玄的求道经历

据以上推测，李光玄曾"过海"赴日本贸易，在其归途中经过中国黄海、东海沿岸的贸易港口，然后迂回驶往东北，回归故里渤海。

李光玄在船中与道人对话时，曾惊叹道人"髭鬓有异，绀发童颜，朱唇皓齿"之容颜风貌。道人告其："行此道，遂得如斯。余今已逾百岁，不识疾病，汝岂知我乎？"李光玄因此而五体投地，发誓终身修道。《金液还丹百问诀》记载了李光玄海上奇遇"归还故里"后的情况：

> 光玄达家之后，一心奉其至道。不顾繁华，遂却离乡，重游沧海。驻居云岛之中十余年，依高人之指的，弘持至道。乃得气力百倍，仪形异常，因被往日同船之人号光玄为"海客"。

此后，李光玄弃却贸易事业，奉行船中道人所教之"至道"，不顾繁华而离乡背井，重蹈沧海而居云岛之中。李光玄隐居云岛十有余年，仪形风貌渐呈仙者之态，被往日同船之人称为"海客"。由此可见，云岛应为当年与李光玄一起"过海"的贸易伙伴常常过往之地。

我们从李光玄隐遁云岛系自故乡（渤海）渡沧海之"重游"，以及

10年后离开隐居地往赴中华（后述）的记载来判断，云岛显然既不在渤海也不在唐土，与其将之看作大陆延伸地的新罗，毋宁将之看作远隔沧海的日本或许更为妥当。现在还不能确定在古代日本是否有过名为"云岛"的海岛，这有待于今后的地名调查。但是，云岛在《海客论》中被记作"长云岛"，这或许更为接近原形。

此后，李光玄思量"世上人间，更有出世之门、金液之道；若只住居此处，无由得逢"，于是"抛离云岛，渐届中华；巡历名山，寻游五岳；瞻礼圣境，恳志访寻"，开始了他探求与仙人达士的奇遇之旅。

第一站到达泰山，然后游历诸山，"己酉年中八月三日"来到少林寺所在地嵩山，宿于少室洞岩僧寺。10余日后，南登山峰观光，在路侧松林下与著名道士玄寿不期而遇。玄寿详细询问李光玄的家世经历：

> 乃问光玄曰："尔从何方而来至此？"
>
> 光玄曰："家住渤海人也。驻居云岛，颇历岁年。近自海外而来，寻游名山胜境，今日方到此地。"
>
> ……
>
> 又问光玄曰："求道已来，还得几年？得道多少也？"
>
> 光玄答曰："二十余年，海内海外，无所不到。"
>
> 又问光玄曰："二十年中，有何所遇？"
>
> 光玄答曰："二纪年中，曾于船中遇一道人，令光玄保养精气，导引四肢。依而行之，以成其道。"

玄寿听完李光玄的求道经历，相中他"仙骨有彰，圣基纯熟"，循循善诱地传授他炼丹之术的要义，李光玄由此成为得道高人。

在李光玄的人生经历中，与玄寿相逢的"己酉年"至为关键。因为干支纪年的暧昧，我们很难断定出正确的年份。所幸两人的问答之中透露出几许可为线索的信息。玄寿说："今值兵革方兴，干戈已作。摇动四海，践踏中原。"意思是，嵩山马上就要卷入兵火之灾，建议李光玄前往长江南岸的南方名山修行。

任继愈主编的《道藏提要》[1]中关于《海客论》的解题，推断北方成为战场，南方保有和平的时期，当在北宋之末，但是尚无有力的证据。

倘将"己酉年"限定于渤海国的存续时期之内，则有709年、769年、829年、889年四种可能。而出现"摇动四海，践踏中原"那种程度的全国规模的大战乱，在唐代大概不过安史之乱（755—763）和黄巢起义（874—884）两次。如果是在唐王朝实际上的末代皇帝昭宗即位（888）之后，那势力强大的地方节度使围绕皇位展开的激烈的方镇混战，或许也可考虑进去。

但是，《金液还丹百问诀》中的"己酉年中八月三日"，在《海客论》中却记为"己巳年八月三日"，这一点不容忽视。将《海客论》中的情况考虑进去，则又多了729年、789年、849年、909年这四种可能。此处还有待更进一步稽考，目前不宜轻下论断。

在与玄寿的对话中，李光玄回顾了自己的求道经历："二十余年，海内海外，无所不到"；"二纪年中，曾于船中遇一道人"。"二纪年"指的是二十四岁。

以上简略地考察了李光玄的求道经历，虽然还有很多不确定要素，但基本上可以按照年代次序整理出他的主要事迹。

○幼年期（十岁前），失去双亲。

○弱冠（二十岁），开始以中国东海海岸为中心从事海上贸易。

○此后（二十三岁左右），"过海"开始从事对日本贸易。

---

1 任继愈主编：《道藏提要》，中国社会科学出版社1991年版。

○二纪年（二十四岁）之时，航海途中在船上邂逅百岁道人。

○归乡后不久（二十五岁左右），隐遁海外之云岛（或长云岛），后被同船旧友号为"海客"。

○十余年后（四十岁前后），离开云岛，开始巡礼中华，登泰山。

○己酉年中八月三日（弱冠之后20余年，四十五岁左右），至嵩山遇玄寿，玄寿劝其避难南方。

四

李光玄的著述

如上所述，李光玄是在《金液还丹百问诀》中出现的主要人物，这一点应该没有疑问。同时，此书的作者也推定为李光玄本人。

《正统道藏》所收本中确实未著录作者之名，但是明代白云霁编撰的《道藏目录详注》（《四库全书》收录）卷一著录"金液还丹百问诀 一卷 渤海李光玄 集"，翁独健所编《道藏子目引得》（哈佛燕京学社，1935年7月）亦以"李光玄"为其作者。

在当今的中国学术界，一般都把李光玄视为历史上实际存在的人物，而非作品中的虚构人物。例如，前述任继愈主编的《道藏提要》，即明记《金液还丹百问诀》的作者为李光玄；朱越利也认为《金液还丹百问诀》所依据的原书系李光玄的自述本。

事实上，将李光玄拟为作者，并非仅仅出于推测，其实是有相应根据的。在《金液还丹百问诀》卷末的结文中便透露了相关信息。李光玄巡礼中原名山之时，在嵩山邂逅玄寿老人，老人在传授道教奥义之后，似乎隐身消失。故而，李光玄领悟到："先生非居凡世，岂是非常人！"该书接着以如下一段文字结束全文：

便回所止，写先生所言之秘论，流布世间，用求同好。上士君
子，幸宜思究之矣。

据此结文，该书明显带有李光玄自传体的特点。但是，该书开篇的
表述又非作者口气，而有第三者口吻之嫌。朱越利根据这一点，首先设
定最初有李光玄自述本原书的存在，认为《金液还丹百问诀》系其改编
本，并推定改编本的作者不是李光玄本人，而是五代至北宋初年的人
物。[1]

但是，"昔李光玄者，渤海人也"之表述，也有可能是有意造古的
一种手法，仅据此一段文字就断言《金液还丹百问诀》为改编本，将李
光玄排除在作者候补之外，尚难以令人信服。另外，《海客论》开篇只
有"海客李光玄，渤海人也"，并未出现引起争议的"昔"字。

如上所述，《金液还丹百问诀》究竟是原书还是改编本，还有进一
步探讨的余地，但是目前作者除了李光玄之外别无可选之人。另外，
《金液还丹百问诀》的异本《海客论》，虽然《道藏目录详注》中没有著
录其作者，但是前述《道藏子目引得》和《道藏提要》均以李光玄为其
作者。

李光玄传世的著作，还有同样收入《正统道藏》洞神部的《太上日
月混元经》（简称《日月混元经》）一卷。关于该书，南宋郑樵在《通
志·艺文略》道家外丹类中著录为"日月混元经 一卷 元光撰"；明
代焦竑在《国史经籍志》的道教项中收录该书，作者著录为"李光
元"。此外，北宋《崇文总目》及《宋史·艺文志》均著录"玄元先生
日月混元经一卷"。

---

1 朱越利：《唐气功师百岁道人赴日考——以〈金液还丹百问诀〉为据》，《世界宗教
    研究》1993年第3期。

《国史经籍志》将"李光玄"写作"李光元",诚如朱越利所指出的,应该始于北宋真宗大中祥符五年(1012)的"玄"字避讳。[1]《通志·艺文略》中的"元光",大概是"光元"两字的颠倒。至于《崇文总目》及《宋史·艺文志》的"玄元",只能推测是在传抄过程中出现的讹误。

李光玄的著作,对后世具有一定的影响。据《四库全书总目提要》,浙江巡抚采进本《群仙珠玉集成》四卷:"不著编辑者名氏。第一卷赋二十二篇,第二卷论十七篇,第三卷歌词六十六首,第四卷为钱道华《敲爻歌注》、李光元《海客论》。大概恍忽不可究诘,其词亦涉于鄙俚。"可知《群仙珠玉集成》卷四收录李光玄的《海客论》。

今人陈尚君编撰的《全唐诗续拾》卷五十四、无世次下,收入李玄光(一作"李光玄")诗二首,并附作者略传如下:

> 李玄光,渤海人。常乘舟于青社淮浙间货易。著有《还元丹论》一卷。诗二首。(《全唐诗》无李玄光诗,事迹据《金液还丹百问诀》及《崇文总目》卷四)

所谓"诗二首",即《还丹口诀》与《还丹歌》,注明"均见《大还丹照鉴》"。《大还丹照鉴》被收入《道藏》洞神部十六(第19册第304页),不题撰人,内容叙述房中之术。卷首有广政二十五年(962)自序:"偶因闲暇,采摭仙经,重删先圣格言,留为后人轨范,名曰《照鉴登仙集》。"可知系五代后蜀道士编撰,原名"照鉴登仙集"。南宋《秘目》、《通志·艺文略》及《宋史·艺文志》均著录"大还丹照鉴

---

1 据《续资治通鉴长编》卷七十九记载,大中祥符五年(1012)宋真宗梦中得到神人降示——赵氏皇族之先祖为赵玄朗,故而此后的北宋诗文中为了避讳,便将"玄"改写为"元"。

（镜）登仙集一卷"，疑即此书。

《全唐诗续拾》收录的《还丹口诀》，原题"玄光先生口诀第十四"，陈尚君认定"玄光"姓"李"，即"李光玄"其人。虽然未示论据，但比较《金液还丹百问诀》内容及《通志·艺文略》已有"元光"颠倒为"光元"之例，则大致可信。

最后，《崇文总目》卷十著录"还元丹论一卷阙"，《通志·艺文志》卷六十七著录此书，题"李元光撰"。可知李光玄还撰有《还元丹论》。

李光玄为哪个时代的人物，关于这一点诸说纷纭。《道藏提要》的附录中所收的"编撰人简介"以李光玄为"宋渤海人"，而同书的《海客论》解题则以"文中屡屡称中原为中华"，推断"作者或为辽人"。

关于这一点，道教研究大家陈国符先生推测《金液还丹百问诀》的作者为"五代之人"[1]，朱越利则力主《金液还丹百问诀》所依原书的作者李光玄为"唐渤海人"[2]。

翻检比定为李光玄著述的《金液还丹百问诀》（或《海客论》《金液还丹内篇》）和《太上日月混元经》，可以发现书中引用了大量的前人诗文。关于这些援引的书籍及其作者，笔者尚未逐个仔细核查，不可妄下论断，但毫无疑问的是这些书籍和作者基本上都出现在唐末之前。故而，朱越利以李光玄为"唐之渤海人"的推断可备一家之言。以9世纪为中心，渤海与日本之间有着频繁的公私交流，倘若考虑这一背景，作为渤海人的李光玄具备书中所述的渡日经历，也绝非不可能的事情。

李光玄经历了痛失双亲的悲惨幼年期，二十岁后开始投身海外贸易活动，不久后邂逅百岁道人，得到修炼道术的启蒙，其后隐居海外云岛

---

1 陈国符：《道藏源流续考》，明文书局1983年版，第332页。
2 朱越利：《唐气功师百岁道人赴日考——以〈金液还丹百问诀〉为据》，《世界宗教研究》1993年第3期。

修炼10年，旋入中原问道求法，在嵩山邂逅道士玄寿，经玄寿传授妙诀，遂结合自身修炼经验，撰写数部著作留存后世。

李光玄由一名海上贸易商人转变为修炼外丹内功的得道高人，这种身份转换和顿然开悟，与他的特殊经历——当时常人难以体验到的海外经历（尤其是往返于东方"仙岛"日本的经历）有着密切关系，这一点无须作更多的说明。

第十三章
五代入华巡礼的日本僧（宽建一行）

　　日本宽平六年（894），朝廷采纳菅原道真递呈的《请令诸公卿议定遣唐使进止状》，毅然废止持续了250余年的遣唐使，使中日关系出现了一个重大的转折。

　　日本虽然不再向中国派遣正式使节，但这并非意味着闭关锁国；往返于两国之间的僧侣与商贾部分取代了遣唐使的职能，从某种意义上讲，两国的文化交流进入了互通有无的更为实质性阶段。

　　10世纪前后，日本对中国文化的摄取，从奈良朝的全盘模仿过渡到平安朝的灵活取舍，所谓的"国风文化"渐具雏形，民族意识随之高涨，在积极输入中国文化的同时，日本文化的输出亦次第浮现到历史的表层。

　　反观中国，这一时期正值唐末至五代的乱世，域内战火频仍，文化亦在劫难逃。中国在汉字文化圈内的至尊地位，首次受到来自域外的冲击，中日关系也因此出现一系列新的倾向。从中国国内看，五代及宋时中国频频向日本购求本土散失的典籍，以图文化的复兴；从国外看，日僧入华常携带本国的诗文及佛教章疏，以夸耀文运鼎盛。

　　自唐灭（907）至宋兴（960）的约半个世纪中，后梁、后唐、后晋、后汉、后周的五朝政权更迭，前蜀、后蜀、荆南、楚、吴、南唐、吴越、闽、南汉、北汉十国各据一方，在文化上缺乏统一性和延续性，加上夹在唐宋两大盛朝之间，五代在中国文化史上常常被视作过渡时期，很少作为一个独立的历史单元。

在中日关系史上，五代的中原王朝几乎未与日本发生过正式关系，因而往往被史家定为阙史时期。然而细检中日文献史籍，可以发现吴越国凭借海道之便，与日本时有往来；中日佛教界的交流，亦有可歌可泣的事迹。宽建携徒巡礼五台山，便属其中一例。

在中国文化史上，唐宋两朝各开一代新风，如唐以诗称，宋以词名；在中日文化交流史上，唐宋两代亦各具鲜明特色，如唐以政府使节唱主角，宋以私渡僧侣为主流。唐宋文化虽各为一单元，但又互有关联，研究两者之间的承续关系及突变现象，五代是一个不可忽略的中间环节。从此意义上讲，本章所稽考的宽建一行事迹，不仅钩沉出五代时期中日人物往来的一些史料，同时也将有益于唐宋时代入华僧的研究。

一

宽建入华年代考

日本自唐末停止派出遣唐使，中日正式国交遂告结束，而在宋代的中日文化交流中扮演主角的渡华日僧，实滥觞于五代入华的宽建一行。

《宋史·日本传》因得入宋僧奝然所献《年代纪》（一作《王年代纪》），叙日本天皇系谱颇详，在仁和天皇条下，载有宽建入华事："次仁和天皇，当此土梁龙德中，遣僧宽建等入朝。"

查日本天皇系表，不见"仁和"之名，但第五十八代光孝天皇（在位时间

图13-1　《利运谈》中的
《奝然入宋归国图》

为884—887年）治世，使用过"仁和"年号，第五十九代宇多天皇继位后袭用两年，其后改元"宽平"。"仁和"年号始自885年，迄于889年，历时五载；而后梁的"龙德"年始行于921年，至922年而废，其间不过两年。"仁和"与"龙德"相距30年以上，《宋史·日本传》的记载显然有误。

宽建入华究竟在日本的仁和年间，还是后梁的龙德年间？既然《宋史》的记载不足为凭，我们再来看看日本方面的史料。《和汉合符》卷六醍醐天皇条云："是年（指延长四年）五月，兴福寺沙门宽建赴唐，帝与黄金一百两。"据此，宽建为兴福寺僧，于延长四年（926）五月赴华，时醍醐天皇赐黄金一百两充旅资。采用"延长四年"说的文献，除《和汉合符》之外，尚可举出《贞信公记抄》《扶桑略记》《大日本史》等。《日本纪略·后篇》认为宽建入华是在醍醐天皇时的延长五年，即公元927年。"丁亥五年正月廿三日，僧宽建等赐大宰府牒，欲赴大宋国福州府，为巡礼五台山也。"

综合上述中日史料，宽建入华的时间共有以下四种说法：

表13-1　关于宽建入华时间的不同说法

	年代	出典
1	仁和年间（885—889）	《宋史·日本传》
2	龙德年间（921—922）	《宋史·日本传》
3	延长四年（926）五月	《和汉合符》《贞信公记抄》《扶桑略记》《大日本史》
4	延长五年（927）正月	《日本纪略》

《宋史·日本传》的记载自相矛盾，这里暂置不论。我们把讨论范围限定于延长四年与延长五年之间，两者相差不过1年，看看哪种说法更接近事实。

关于宽建入华的时间，《大日本史》仅言"延长四年"，《和汉合符》明记"延长四年五月",《贞信公记抄》与《扶桑略记》则提到"延长四年五月廿一日"宽建奏请入华获准,而未言及渡海的具体日期。

与此相对,《日本纪略》将日期具体到"延长五年正月廿三日",吉川弘文馆出版的权威的《国史大辞典》亦从其说,认为宽建一行"于(延长)五年正月出航抵达福州"。

以上两说均有明确的年月记载,似乎各有可靠的出典,那么问题究竟出在哪里呢?细检史料,发现《扶桑略记》与《日本纪略》所涉地点不同。先看《扶桑略记》卷二十四醍醐天皇下的记载:

> 五月廿一日,召兴福寺宽建法师于修明门外,奏请就唐商人船入唐求法及巡礼五台山,许之。又给黄金小百两,以宛旅费。

"修明门"即皇宫之南门,当时皇居在平安城(今京都),所以延长四年五月二十一日,当指宽建在京都皇宫谒见醍醐天皇的时间。

再看《日本纪略》的记载:"丁亥五年正月廿三日,僧宽建等赐大宰府牒,欲赴大宋国福州府,为巡礼五台山也。"这里所言的"五年正月廿三日",显然是"僧宽建等赐大宰府牒"的时间。太宰府在今九州福冈,当时为朝廷执掌外交事务的窗口。

根据以上内容,我们可以做出如下推断:"延长四年"是指宽建在京都的活动时间,"延长五年"则指宽建在九州的活动时间。具体来说,宽建于延长四年五月二十一日谒见天皇,获准入唐求法巡礼;翌年正月二十三日,获大宰府牒后着手西渡。

醍醐天皇敕准宽建奏请后,遣元方至左大臣藤原忠平处,命其移文大宰府次官大贰扶干朝臣,通报宽建入华事宜。是年六月七日,已经逊位的宇多上皇赐黄金五十两，以助宽建入华之行[1]。

从宇多上皇赐金日期看，在官府移文期间，宽建依然留在京都，最早也是在延长四年六月七日以后才启程赴九州。

宽建一行离京的确切日期不详，但据《日本纪略》的记载，延长五年正月廿三日已经到达大宰府。由此入海西渡，必在大宰府下达牒状之后，故宽建于延长五年入华的说法最为可取。至于入华的具体时间，目前尚无可靠的史料，《国史大辞典》断言的"五年正月出航至福州"，也不过是臆测而已。

二

中国赴日商船

如前所述，宽平六年（894）日本停止派出遣唐使之后，中日之间的人来物往主要依赖中国的商船。据以收集中日交流史料宏富著称的木宫泰彦名作《日中文化交流史》统计，五代十国约50年间，中国赴日商船仅有十次，具体见下表[2]：

---

1 《扶桑略记》卷二十四醍醐天皇下云："五月廿一日，召兴福寺宽建法师于修明门外……敕遣元方于左大臣宿所，宽建法师入唐之由，宣遣书大贰扶干朝臣许，可仰其旨。六月七日，依有院仰，敕奉黄金五十两，此为给入唐求法沙门宽建也者。"

2 ［日］木宫泰彦著，胡锡年译：《日中文化交流史》，商务印书馆1980年版，第222—224页。

表13-2　五代十国期间中国赴日商船情况

年　代	事　件	出　典
延喜九年 （909）	闰八月九日,大宰府清点中国商船货物;十一月,向平安京送孔雀等。	《扶桑略记》
延喜十九年 （919）	七月十六日,交易唐物使当麻有业向朝廷进献得自商人鲍置求的孔雀等。	《日本纪略》 《扶桑略记》
承平五年 （935）	九月,吴越商人蒋承勋至大宰府,献羊数头。	《日本纪略》 《公忠朝臣集》
承平六年 （936）	七月十三日,蒋承勋等以吴越国使者身份第二次抵日,返回时携带左大臣藤原忠平致吴越王的书简。	《日本纪略》
天庆元年 （938）	七月二十一日,蒋承勋第三次赴日,献羊二头,大宰府以布回赠。	《本朝世纪》
天庆八年 （945）	七月二十五日,吴越商人蒋衮、俞仁秀、张文过等百余人到达肥前国松浦郡。	《本朝世纪》
天历元年 （947）	蒋衮作为吴越王钱佐使者赴日,携带书简与土产,左大臣托付致钱佐的书简。	《本朝文粹》
天历七年 （953）	七月,蒋承勋作为吴越王钱弘俶使者第四次赴日,转交书简、绵锦绮等珍物后返回。	《本朝文粹》
天德元年 （957）	七月二十日,吴越国盛德言以持礼使身份赴日,携带吴越王书简。	《日本纪略》
天德三年 （959）	正月十二日,盛德言再次作为持礼使赴日,转呈吴越王书简。	《日本纪略》

前引《扶桑略记》说宽建奏请"就唐商人船入唐求法及巡礼五台山",那么具体是搭乘哪次商船入华的呢?在木宫泰彦的年表中,宽建入华的927年前后15年间未见中国商船赴日的记录。

细细翻检《大日本史料》,在上述15年的空白期内,还是发现了中国商船赴日的相关记录,即《贞信公记抄》延长二年（924）六月二日条云:"中使伊望朝臣来,有恩问。又被问杂事、唐人事云云。"朝廷特意派出"中使"询问"唐人事",必有原因。

继续查检下去,《贞信公记抄》延长二年十一月十一日"唐人送物将来",十二日"唐物令览内里"。也就是说,十一月十一日"唐人"的"送物"从太宰府送达京都,第二天这些物品便供给天皇御览。

907年唐朝灭亡,进入五代,但日本文献中依然袭用"唐"字,称呼中国为"唐国""大唐""唐土",称呼中国人为"唐人""唐客",称呼中国物为"唐物"等。唐末以来中日人来物往锐减,唐物在日本皇亲贵族中是炙手可热的稀缺物品,所以才会有急送京都供天皇御览等一系列的连锁反应。

木宫泰彦年表失收的延长二年(924)来航的商船,在当时的日本朝野被视为一件大事,奈良兴福寺僧宽建大概是听闻这一消息,认准是渡海参拜五台山圣地的难得机会,便开始着手准备并履行相关手续,直至延长四年(926)五月天皇在修明门召见、次年正月获得大宰府公牒后,搭乘中国商船赴福建。

木宫泰彦年表中所列的十次赴日中国商船,有学者认为最初的两次(909年、919年)来自后梁[1],这种说法值得商榷。后梁由朱温创立于907年,定都于开封(909—913年以洛阳为都),是五代第一个王朝,吴越王、闽王等皆接受其册封。923年后梁灭亡,由后唐取而代之。延长二年(924)赴日的商船大概带来了中国政局变动的最新消息,日本朝廷遣使至大宰府"问杂事、唐人事"或与此有关。

《扶桑略记》《日本纪略》中将最初两次赴日商船上的人称作"唐人""唐商人",携带货物有产自南方的"孔雀"。联系到后面八次商船均发自吴越国,可以推断前两次商船不太可能由中原的后梁发出,最有可能来自闽国,因为商船回归的建州当时属于闽国。

1　张声振:《中日关系史》,吉林文史出版社1986年版,第139—140页。

三

宽建一行在华事迹

宽建一行从九州出发，大概是搭乘闽国商人的商船渡海，第一站到达闽国的建州。选择这条航路，想必与这艘商船的经商港口有关。宽建入华的目的是巡礼五台山，而从建州登岸是绕远路，当非出于本愿。

宽建的随从人员，官许的共九人，即"从僧三口，童子四人，近事二人"，加上宽建恰好是十人（《扶桑略记》）。不过，这个人数未必正确。据《鹅珠钞》所引奝然《在唐记》逸文，入宋僧奝然在华遇日本老僧超会，自言延长年间随宽建入华，一行包括宽建、宽辅、澄觉、长安、超会等共十一人：

> 彼《在唐记》云：从左街天寿寺，日本国照远大师赐紫超会来房问讯。和尚是日本延喜（按：当为"长"之误）年中与宽建大德等共入唐，即宽建、宽转（按：当为"辅"之误）、澄觉、长安、超会等总十一人也。

宽建一行入华之际，正值中国五代纷争时期，其事迹也大多湮没无闻，即使在资料极为丰富的各种日本人名辞典中，也极难查到他们的踪迹。然而，有关宽建一行的在华事迹，所幸在成寻《参天台五台山记》、奝然《在唐记》、义楚《释氏六帖》[1]等中日文献中略有残存，为我们研究五代时期的中日关系史提供了极其珍贵的史料。

据奝然《在唐记》记载，宽建渡海到达中国后，不幸"于建州浴室

---

1 《释氏六帖》为五代后周济州开元寺僧义楚所著，故又名《义楚六帖》，亦略作《六帖》。

闷了"，澄觉、宽辅等余下十人继续宽建未完的征途，"长兴年中入京，诣五台山及遍礼诸方圣迹，到凤翔、长安、洛阳城等"。以下撷拾相关史料，略述宽建、澄觉、宽辅、超会事迹。

（1）宽建

宽建为日本兴福寺学僧，从醍醐天皇敕准入华、宇多上皇馈以重金等情况推断，在日本必是位德高望重的高僧。宽建发愿西渡，原是为赴山西五台山巡礼圣迹，遗憾的是，壮志未酬就客死他乡。《在唐记》云："宽建上人，于建州浴室闷了。"建州始置于唐武德四年（621），治所在建安（今福建建瓯），辖境约今福建之南平市以上的闽江流域。前文述及宽建一行乘五代商人私舶在建州一带登陆，如确系"于建州浴室闷了"，便意味着宽建在登岸后不久便去世了。也许宽建已届高龄，经不住航海的折腾，在抵达中国不久后便因劳顿而死——不过这仅是一种推测而已。

（2）澄觉

宽建去世之后，从僧们于长兴年间（930—933）进入汴京，巡礼五台山，完成了宽建的遗愿。《在唐记》云："澄觉等长兴年中入京，诣五台山及遍礼诸方圣迹，到凤翔、长安、洛阳城等。"

巡礼的最后一站是洛阳，也是后唐定都之处，他们在那里谒见后唐第二代皇帝明宗（李嗣源），澄觉、宽辅、超会分别被赐予大师号与紫袈裟。澄觉获"资化大师赐紫"、宽辅为"弘顺大师赐紫"、超会为"照远大师赐紫"。

《在唐记》记载了这一时期澄觉的活动与此后的去向："其后，澄觉学习汉语，讲《唯识论》《上生经》等，赐（按：'紫'字疑衍）资化大师赐紫号。有归朝之心，远去两浙。"澄觉学会汉语后，在华讲经弘法，获"资化大师赐紫"号；后思乡心切，离京赴江南一带，以便搭船归国，但不知所终。

（3）宽辅

逗留洛阳期间，澄觉讲授《唯识论》《上生经》等，宽辅则留下写经记录。入宋僧成寻《参天台五台山记》卷六延久五年（1073）二月十五日条记载，成寻住汴京太平兴国寺传法院，同院的梵才三藏（惠询）送来一卷《诸教坛图》，看到其中的《金刚界诸尊别坛图》有三则题跋：

> 于时，长兴三年四月内，于洛京敬受寺内写得毕，日本国持念弘顺大师赐紫宽辅记之。
>
> 惠文记，太平兴国五年五月　日。
>
> 熙宁四年仲冬，开宝迎福院左街贰录译经文鉴大师用宁字宗厚东斋题。

从上述题跋看，宽辅于长兴三年（932）四月在洛阳敬爱寺摹写了《金刚界诸尊别坛图》，这证明他们入京、巡礼五台山、赐大师号等均在此之前；此后宽辅带着《金刚界诸尊别坛图》模本移住汴京，惠文于太平兴国五年（980）、文鉴于熙宁四年（1071）先后留下墨迹。

成寻在这段记事后注云："宽辅是朱雀院御时，与宽建、超会等十一人来唐国人也。瑜伽大教兴大唐，从宽辅受灌顶人卅余人云。《奝然法桥日记》依超会大师语所记也。超会云：'入唐五十年，生年八十五'云云。"《奝然法桥日记》即《在唐记》，后者记云："宽辅在京，弘瑜伽大教，赐弘顺大师号。当京元无弘真言教，宽辅来后弘密教，授法灌顶弟子三十余人。"也就是说，宽辅从洛阳到汴京后弘扬"瑜伽大教"——即入唐僧空海回日本后创立的真言宗。

五代后周济州开元寺和尚义楚所著《释氏六帖》中，卷二十一国城州市部四十三云："又显德五年，岁在戊午，有日本国传瑜伽大教弘顺大师赐紫宽辅……"文中的"显德"是后周第二代世宗（柴荣）所用年号，显德五年应为公元958年，距宽辅入华已经30余年。关于宽辅的卒年，超会告诉奝然"逝去之后数年"，时在宋太平兴国八年（983），以此推算宽辅在华长达50余年。

（4）超会

东大寺僧奝然于日本永观元年（983）八月乘吴越商船抵达台州，同年十二月进入汴京，与超会大约在此期间邂逅。其时，超会住左街天寿寺，号"照远大师赐紫"，说明在中国颇受敬重。超会已年届八十五岁，在华度过50余个春秋，本国母语皆已遗忘，只能以笔谈方式将宽建一行的事迹转告奝然。

宽建一行十一人从五代后唐天成二年（927）入华，到奝然入宋的太平兴国八年（983），依然在世的大概只剩年届古稀的超会一人，所以超会笔述的这段经历，是一份弥足珍贵的中日关系史料。所幸这份史料由奝然录入日记，《鹅珠钞》又从散佚的《在唐记》中将其辑存，题以"奝然法桥在唐所会本朝大德等数十人事"，现将全文抄录如下：

> 彼《在唐记》云：从左街天寿寺，日本国照远大师赐紫超会来房问讯。和尚是日本延长年中与宽建大德等共入唐，即宽建、宽辅、澄觉、长安、超会等总十一人也。宽建上人于建州浴室闷了；澄觉等长兴年中入京，诣五台山及遍礼诸方圣迹，到凤翔、长安、洛阳城等。其后，澄觉学习汉语，讲《唯识论》《上生经》等，赐资化大师赐紫号，有归朝之心，远去两浙。宽辅在京，弘瑜伽大教，赐弘顺大师号。当京元无弘真言教，宽辅来后弘密教，授法灌顶弟子三十余人，逝去之后数年。超会虽有谈话志，本朝言语皆以忘却，年八十五云云。

从以上辑录的史料来看，宽建登岸不久后便去世，而宽辅、澄觉、超会等在数年后抵达汴京，在佛学方面各有建树，分别被赐予"弘顺大师赐紫""资化大师赐紫""照远大师赐紫"之号，尤其是宽辅和澄觉，在华讲经、写经、授徒，轰轰烈烈地干了一番事业。

四
巡礼五台山之遗物

1939年，历史学家李泰棻（1896—1972）从山西某古董商处购得一藏经筒，该经筒高17.4厘米、口径5厘米，内为铜质，外镏以金。虽历千有余年，三行共34字楷书铭文仍清晰可辨：

> 倭国椿山寺奉纳三部经一卷，为父母菩提敬白，延长三（乙酉）年八月十三日，道贤法师。

1964年3月，中国历史博物馆收藏该经筒；1983年，中国历史博物馆在长崎市唐人馆举办"中国古代文物展览"，首次在日本公开展出道贤经筒，并在展品目录上标注"旧藏显通寺"。

该经筒作为五代时期中日文化交流的重要物证，引起国内外学术界关注。旅居美国的华裔学者梁容若汇编1981年前撰写的论文，出版《中日文化交流史论》（商务印书馆1985年版），其中的《五代日僧巡礼五台之遗物》介绍了道贤生平、经筒携带者及奉纳地，对铭文的史料价值给予高度评价。1984年中国历史博物馆的石志廉发表《日本延长三年道贤法师经筒》（《中国历史博物馆馆刊》第6期）一文，内容上虽未超越梁容若论文，但文中插入经筒及铭文图片，自有其独特价值。1993年笔者在国际学术会议宣读《五代日僧宽建一行入华事迹考》（后

图13-2　传为道贤经筒献纳之地的显通寺（山西五台山）

收入会议论文集《中日文化论丛·1993》，杭州大学出版社1995年版），对宽建入华时间及在华活动、道贤与宽辅的关联等做了考证。其后中国历史博物馆梁丰发表《日本延长三年道贤法师经筒刍议》（《中国历史博物馆馆刊》1999年第2期），在石志廉论文的基础上，进一步梳理显通寺由来、日本经筒埋纳习俗、"倭国"表记含义等。1999年，笔者组织浙江大学、早稻田大学在中国历史博物馆联合举办"道贤铭经筒学术研讨会"，在现场观摩道贤经筒的氛围中，中日学者各抒己见，相关成果发表于《アジア游学》第22期"道贤经筒"特辑。

延长三年即公元925年，时值宽建奏请入华求法巡礼的前年。经筒主人道贤法师，是否为随同宽建入华的僧人呢？

道贤号日藏，平安京人，《元亨释书》称其："延喜十六年二月，入金峰山椿山寺剃发，时年十二。"延喜十六年为五代后梁贞明二年（916），道贤时年十二岁，可推知其出生于延喜五年（904）。根据《大日本人名辞书》，道贤是文章博士兼大学士三善清行之弟。

三善清行曾于昌泰三年（900）上《预论革命议》，其中称："臣窃依《易》说而案之，明年二月当帝王革命之期，君臣剋贼之运。"次年正逢辛酉之岁，三善清行又奉《革命勘文》，宣称辛酉之年可"开革命之运"，"垂推始之符"，宜"创此更始，期彼中兴"。醍醐天皇准其请，改年号为延喜。延喜十四年（914），三善清行又上呈《意见封书》十二条，深得天皇倚重。延喜十七年（917）官至参议、宫内卿，于翌年溘然去世。三善清行生于承和十四年（847），实长道贤五十八岁，即使是兄弟，也绝不会是同胞，但道贤出自名门望族当无疑义。

道贤十二岁剃发，入金峰山椿山寺，"绝盐谷精修六岁"（《元亨释书》），因闻母亲病重，始回京归省。当时为延喜二十二年（922），道贤十八岁。

道贤因母亲沉疴不起，于回京后的第三年，即925年，发愿造经消灾，此即前文所述经筒之来由。梁容若指出："当日笃信佛教者，皆以写经造像为忏悔赎灾之一途，吴越王钱弘俶曾以重病发愿为八万四千塔，内藏宝箧印心咒经，颁行各地。敦煌石窟寺发现唐代写经至夥，皆此种风气之表现。"[1]道贤献经灭灾之举，当亦此种风气使然。

从经筒铭文观之，道贤选定的献经之地，必不在本国。如非，无须在椿山寺前加上"倭国"二字。梁容若以为，"经筒发现于山西，其

图13-3　中国国家博物馆藏
道贤献纳经筒

1　梁容若：《五代日僧巡礼五台之遗物》，《中日文化交流史论》，商务印书馆1985年版，第176页。

原献纳地当为五台"[1]。这一推断，可以从两个方面加以佐证。

首先，五台山传说是文殊菩萨显现之地，为唐代佛教的著名灵场。有唐一代，寺院林立，高僧云集，前往巡礼朝拜的僧俗络绎不绝，香火之盛可同天台相匹。此一风习亦影响到日本，平安时代的入华僧，如灵仙、圆仁、圆觉、慧萼、惠云、宗睿、奝然、寂照、成寻等，皆曾朝圣此山。未能入华的显贵，托带净财供养五台亦颇盛行。如承和十一年（844）橘皇后托慧萼以宝幡、镜奁施舍；元庆元年（877）日本君臣托济诠多舍黄金以资供养；等等。由此看来，道贤选定五台山为献经之地，与平安时代盛行的五台山信仰正好契合。

其次，道贤的献经似与宽建入华有关。宽建奏请入华虽在延长四年（926）五月二十一日，但发此宏愿并着手准备必在此前。笔者大胆推测，道贤是在风闻宽建将有此行之后，才发献经赎灾之想。若不是这样，自宽平六年（894）遣唐使废止之后，日僧入华巡礼几乎绝迹。纵有献经之心，何来海舶之便？上述推测如果成立，那么便可以佐证宽建发愿西渡当在延长三年（925）八月十三日之前。宽建在奏请入华时明言"巡礼五台山"，那么推定献经之地为五台山，并非毫无根据。

上文考证了道贤献经之地为五台山，但仍有一个问题尚待解决，那就是这个经筒到底是由谁携带入华的？稽考道贤生平，未见其入华巡礼之行，造经之时其兄长三善清行已经去世，其母正卧病不起，道贤特意从金峰山赶回侍奉。在此种情况下，道贤不可能离家远行。

梁容若认为："详核此时代渡华日僧之载记，则经筒之赉来者，似为唐明宗天成二年（927）正月来华之宽建一行。"[2]他还进一步分析道：

---

1 梁容若：《五代日僧巡礼五台之遗物》，《中日文化交流史论》，商务印书馆1985年版，第176页。

2 梁容若：《五代日僧巡礼五台之遗物》，《中日文化交流史论》，商务印书馆1985年版，第177页。

案延长三年为宽建一行入华前一年。京都与奈良密迩，宽建一行出国前即以巡礼五台山上奏，而游侣众多，其中且有精研密都如宽辅者，与道贤同宗，而澄觉等又确曾到达五台山。故假定此经筒为澄觉、宽建一行所携来，揆之情势，一无不合。[1]

上述分析合乎情理，唯未深究道贤与宽建一行的关系，故托带之说尚缺乏有力佐证。宽建为奈良兴福寺僧，没于建州，似与道贤献经直接无涉；澄觉虽曾巡礼五台山，但为法相宗学僧，与真言宗信徒道贤亦无渊源关系。在宽建一行中，宽辅与道贤同宗，是最有可能受托献经之人。

道贤十二岁时入金峰山椿山寺，"绝盐谷精修六岁"，后虽因母病出山回京，但仍"往来金峰"（《元亨释书》）。金峰山疑即奈良吉野之金峰山[2]，此山自古为修验道的灵场，传为役小角开基，其后亦为佛教兴盛之地，平安时代成为藏王显现之灵山。

道贤修行之金峰山，正是藏王信仰极盛之处。据《元亨释书》记载，道贤于天庆四年（941）断食修法，梦至一座"纯金为地，光明照映"的金山，一和尚坐于"七宝高座"，曰："我是牟尼应化藏王菩萨也。"因赐道贤"日藏九九年月王护"八字真言，大政天为之释解："日者大日也，藏者胎藏也……王者藏王也，护者守护也。言归命大日如来修胎藏法者，延命八十一岁，即蒙藏王加护耳。"

1　梁容若：《五代日僧巡礼五台之遗物》，《中日文化交流史论》，商务印书馆1985年版，第178页。

2　日本称"金峰山"的山有多处，除奈良吉野之外，熊本县、山形县等地均有同名之山。文中将其比定为吉野之金峰山，有《释氏六帖》中宽辅之言为证："本国都城南五百余里，有金峰山……"道贤所居之金峰山与宽辅所言之金峰山均盛行藏王信仰，这正是金峰山的最大特色之一。

上述传说反映出金峰山信奉大日如来，而空海所创的真言宗即以《大日经》为根本教典。空海于平安初期入唐，从青龙寺惠果学密宗，归国后开设真言宗，以高野山金刚峰寺及京都教王护国寺为根本道场。道贤因母病归省京都后，"居东寺学密教，而往来金峰"，东寺即教王护国寺。这便说明道贤系真言宗僧侣，金峰山当属真言宗一派。

再来看看随宽建入华的宽辅。《在唐记》云："当京元无弘真言教，宽辅来后弘密教。"说明宽辅是真言宗教徒，于密教有很高造诣。

又据《释氏六帖》，宽辅对义楚云："本国都城南五百余里，有金峰山。顶上有金刚藏王菩萨，第一灵异。山有松桧、名花、软草，大小寺数百，节行高道者居之。不曾有女人得上，至今男子欲上，三月断酒肉欲色，所求皆遂。"又云："菩萨是弥勒化身，如五台文殊。"

从这段史料判断，宽辅亦可能出自金峰山。此山在京都城南五百余里，又盛行藏王信仰，应为道贤所居之山寺。此山禁止女性攀登，这正是真言宗诸山寺的铁则。这又证明宽辅为真言宗中人，与道贤有很深的渊源，道贤托其献经五台山，当在情理之中。

《在唐记》云："澄觉等长兴年中入京，诣五台山。"宽辅应为其中一人。《释氏六帖》所传宽辅之语，"菩萨是弥勒化身，如五台文殊"，也证明其信奉五台灵场。综合以上考察，笔者认为宽辅是最有可能将道贤经筒携入五台山之人。

五

日本文化的输出

延长四年（926），宽建奏请入华求法巡礼获准，时距日本废止遣唐使约30载。朝廷公许僧徒西渡，或以此为权舆。日本史籍记此行，或言"入唐"（《扶桑略记》），或称"入宋"（《日本纪略》），似乎在中日关系史上，五代亦是个不为史家看重的过渡时期。

稽考日僧入宋事迹，拜师求学已非唯一目的，巡礼圣迹渐成主要任务。时以中国佚书惠施东道，或将本土文籍夸耀于异邦，此风之盛实肇始于宽建。

宽建入华之时，携有菅原道真等文人诗集及小野道风的书法手迹，意在"流布唐国"。《贞信公记抄》延长四年五月二十一日条云：

> 敕许兴福寺僧宽建入唐，令将故右大臣菅原道真等四家之诗集及小野道风之书迹流布唐国。

据《扶桑略记》卷二十四醍醐天皇下，宽建携往中国的"四家之诗集"，即菅原道真三卷、纪长谷雄三卷、橘广相两卷、都良香一卷，共计九卷；"小野道风之书迹"，实为草书、行书各一卷：

> 五月廿一日，召兴福寺宽建法师于修明门外，奏请就唐商人船入唐求法及巡礼五台山，许之。……法师又请此间文士文笔，菅大臣、纪中纳言、橘赠中纳言、都良香等诗九卷，菅氏、纪氏各三卷，橘氏二卷，都氏一卷。但件四家集，仰追可给。道风行、草书各一卷，付宽建令流布唐家。

推度上引文意，菅原道真、纪长谷雄、橘广相、都良香四人合九卷诗文，出于宽建之请；小野道风之书迹，则为醍醐天皇所另赐。日本朝廷将本国一流文人书家之作品，交付宽建令其"流布唐家"，说明对平安时期文运鼎盛颇具自信，认为此一时期形成的"国风文化"足可夸耀于中华，这大概也是废止遣唐使的原因之一。

第十三章 五代入华巡礼的日本僧（宽建一行）

五代时期日本朝廷及渡华僧侣输出本国文化的意识和欲望显然比遣唐使时期更加明确和强烈，其原因一方面是中国久经战乱，文化典籍毁坏流失严重，另一方面是经过对隋唐文化的吸收咀嚼，逐步形成独具特色的"国风文化"。醍醐天皇特令宽建将开创和风书法、享誉"三迹"之首

图13-4　小野道风像（菊池容斋绘）

的小野道风书迹携往中国，绝不会是一种偶然的巧合。

宽建入华不久便溘然长逝，所携的文人诗集及名家书迹湮没无闻，但宽辅、澄觉等从僧始终贯彻入华之初衷，在学习中国文化的同时，积极弘扬日本文化。

《在唐记》明确载录，澄觉在学会汉语之后，在中国宣讲《唯识论》《上生经》等。其中尤为引人注目的是宽辅在汴京大弘具有日本特色的真言密教。

密教原为古印度佛教之一派，唐开元初（716—720）善无畏、金刚智、不空先后来华译经传播，形成中国的密宗。唐贞元二十年（804），日僧空海师从青龙寺惠果（746—805）学法，回国后开创真言宗。

惠果师承不空，空海又得惠果付法。其时，密教西来伊始，尚未经过开宗必需的教相判释，加上密宗在中国只传两代，便衰落不继，在此意义上，空海成为密宗的唯一正传，回国后所创的真言宗，亦为密教东传的集大成者。

宽辅入华时，密宗在中国久已式微，汴京一带更无人讲授，所以《在唐记》云："当京元无弘真言教，宽辅来后弘密教。"唐时空海从中

国学密宗，归而创真言宗；五代时宽辅在汴京弘扬真言宗，"授法灌顶弟子三十余人"，使殆近灭迹的密宗失而复得。五代时期中日关系发生重大转折，密教东而复西的事例极富象征意义。

宽辅不仅在汴京弘宣真言教义，还向济州开元寺和尚义楚介绍本国真言宗的山寺规模及禁制法规，内容见《释氏六帖》。此外，《释氏六帖》还记载了徐福止住日本的传说。从前后文意来判断，这一传说似得自宽辅：

> 日本国亦名倭国，东海中。秦时，徐福将五百童男、五百童女，止此国也。今人物一如长安。又显德五年岁在戊午，有日本国传瑜伽大教弘顺大师赐紫宽辅，又云："本国都城南五百余里，有金峰山。顶上有金刚藏王菩萨，第一灵异。山有松桧、名花、软草，大小寺数百，节行高道者居之。不曾有女人得上，至今男子欲上，三月断酒肉欲色，所求皆遂。"云："菩萨是弥勒化身，如五台文殊。又东北千余里有山，名富士，亦名蓬莱。其山峻，三面是海，一朵上耸，顶有火烟。日中上有诸宝流下，夜则却上，常闻音乐。徐福止此，谓蓬莱，至今子孙皆曰秦氏。"彼国古今无侵夺者，龙神报护。法不杀人，为过者配在犯人岛。其他灵境名山，不及一一记之。（《释氏六帖》卷二十一国城州市部四十三）

《释氏六帖》中上述记事的资料来源，如确系出自宽辅其人，那么在日本文化输出中国的历史上，宽辅便是一位值得大书特书的重要人物。具体说来，其功绩主要有以下几点：

其一，首次向中国介绍徐福渡日传说。徐福入海传说，始出《史记》，仅言"得平原广泽，止王不来"。其后，《三国志·吴书》《隋书·倭国传》《太平御览·外国记》等将徐福所止之地比定为夷州、亶洲或纪岛，均未言及日本。徐福传说与日本的结合，实滥觞于《释氏六帖》，而这一传说又是由宽辅从日本反馈回来，成为宋以后徐福传说的主流，堪称中日文化交流史上一大美谈。

其二，在中国弘扬日本"国风文化"。辻善之助博士曾指出："至平安时代，佛教亦显露日本化的征候，即天台、真言两宗的新创。此两宗虽皆自唐而入，然与彼国大异其趣。"[1]根据《在唐记》，宽辅在汴京弘讲空海所创的真言宗，同时还介绍了金峰山的藏王信仰及女人禁制，颇有益于中国人了解日本平安时期的佛教情况。

其三，宽辅向中国介绍了富士山的神异传说。富士山亦名蓬莱山，即徐福一族生息繁衍之处，为中国史所未传、人所未知。"一朵上耸，顶有火烟"，是对火山喷发的描述；"日中上有诸宝流下，夜则却上，常闻音乐"，则为附会蓬莱仙境之说。上述富士山传说的西渐在中日文学交流史上亦应占有一席之地。

其四，宣传了日本的法律制度。奝然入宋之时，太宗闻其国王一姓传继，臣下世官因袭，叹曰："此岛夷耳，乃世祚遐久，其臣亦继袭不绝，此盖古之道也。"因述怀道："建无穷之业，垂可久之范，亦以为子孙之计，使大臣之后，世袭禄位，此朕之心焉。"（《宋史·日本传》）这便是说日本国制对中国之影响。在奝然之前，宽辅已夸示本国"古今无侵夺者，龙神报护"云云。此外，"法不杀人，为过者配在犯人岛"之言，虽然带有佛教戒杀的色彩，但也反映出中日两国刑法之不同。

五代十国期间，中日关系进入一个特殊时期。一方面，处于分裂割据状态的中国，只有把控海上航路的沿海势力——如闽国、吴越国，才有条件与日本保持交通；另一方面，日本停止派遣唐使之后，政治外交

1　[日]辻善之助：《日本文化史Ⅰ》，春秋社1950年版，第55页。

上趋于保守，唯有富宗教激情的僧侣偶有机会渡海入华。

　　除此之外，日僧入华的动机悄然发生变化，如果说七八世纪入唐僧以"求法"为目标，9世纪以圆仁《入唐求法巡礼行记》为标志，"求法"与"巡礼"并重；10世纪末奝然入宋前宣称"为求法不来，为修行即来"（《为母修善愿文》），"巡礼圣地"上升为主要目标。依此脉络梳理日僧入华动机的变迁，10世纪前叶宽建一行入华行迹可以说是一个重要的转折点，携带道贤经筒巡礼五台山是他们入华的主要目的，宽辅在洛阳抄经属于"求法"行为，而澄觉讲经、宽辅收徒弘法则意味着中日文化交流进入互学互鉴的新阶段。

第十四章
临安五丈观音的建造者（转智）

宋人叶绍翁所撰的《四朝闻见录》中录有"五丈观音"一则，其中提到日本僧转智的传奇事迹，但由于孤证，学者疑之。西冈虎之助从《金石契》中辑出《胜相寺记》，转智其人其事得一旁证。然而，《金石契》所录《胜相寺记》仅为片段，作者从宋人程珌的《洺水集》中找到全文，始知转智来华求法全貌。追踪史料，发现入宋僧奝然在《在唐记》中提到的"传智"，可能系"转智"同名误写，由此可知转智的家系及终焉西天求法途中细节。五代时日本来华求法僧少，而转智在吴越国造观音巨像，又矢志西天求法，故为南宋以降历代皇帝所崇信，民间则信其灵验而香火不断，实为中日交流之美谈佳话。

一
五丈观音像之谜

众所周知，中国文献中保存着丰富的日本史料。但是，像《三国志·魏书·倭人传》这样经过大量考证的资料毕竟属于少数，相当一部分史料尚未经过系统整理和科学论证，宋人叶绍翁撰写的《四朝闻见录》便属其中一例。该书甲集载有"五丈观音"一则，记录日本僧转智的传奇事迹。

观音高五丈，本日本国僧转智所雕，盖建隆元年秋也。转智不御烟火，止食芹蓼；不衣丝绵，尝服纸衣，号纸衣和尚。高宗偕宪圣尝幸观音所，宪圣归，即制金缕衣以赐之。及挂体，仅至其半。宪圣遂遣使相其体，再制衣以赐。[1]

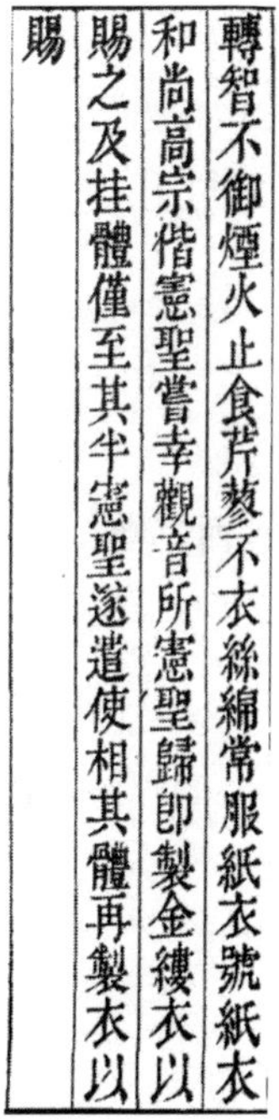

根据这则记事，号为"纸衣和尚"的日本僧转智，于建隆元年秋天建造了高达五丈的观音像，宋高宗偕皇后宪圣前往临幸。皇后制金缕衣赐之，但衣服只及佛体之半，遂遣使测量，再制衣赐之。

建隆元年（960）系赵匡胤陈桥驿起兵，推翻后周，定都开封，建立北宋之年。高宗乃在金兵压境之下，从金陵迁都至临安，建立南宋的首代天子。也许是机缘巧合，转智雕造的观音像，际逢北宋开国与南宋迁都的非常时期。

这则记事并非新出史料，早年西冈虎之助、森克己诸先学已在论著中作过介绍[2]，田岛公、田中健夫等也在年表中有所涉及[3]。但是，有关转智的身世、五丈观音像的由来、观音安置的寺院、转智的行踪等，许多谜团尚待破解。

图14-1 叶绍翁《四朝闻见录》

轉智不御煙火止食芹蓼不衣絲綿常服紙衣號紙衣
和尚高宗偕憲聖嘗幸觀音所憲聖歸即製金縷衣以
賜之及挂體僅至其半憲聖遂遣使相其體再製衣以
賜

1　引文出自《文渊阁四库全书》（CD版）。

2　［日］西冈虎之助：《日本と呉越との交通》，《歴史地理》第42卷第1号，1923年；［日］西冈虎之助：《奝然の入宋に就いて（第二回）》，《歴史地理》第45卷第3号，1925年；［日］森克己：《増補日宋文化交流の諸問題》，国书刊行会1975年版，第415页。

3　［日］田岛公：《日本、中国、朝鮮対外交流史年表》，奈良大和古代文化研究协会，1993年；［日］田中健夫等：《対外関係史総合年表》，吉川弘文馆1999年版。

第十四章　临安五丈观音的建造者（转智）

记录"五丈观音"的《四朝闻见录》，被四库全书归入"小说家类"的"杂事之属"，也就是说属于史料价值偏低的野史、笔记之类。大概因为这则记事"出身不正"，关于转智是否实有其人，学者多疑之。

二

"西竺僧"与"入竺僧"

前面提到的田岛公、田中健夫等制作的权威年表，在注明转智史料出处时，均列举了《四朝闻见录》。然而，早在1923年，西冈虎之助就已经从《金石契》（舍利二）中发现新史料《胜相寺记》，并向学界作了介绍[1]。

> 有西竺僧，曰转智，冰炎一楮袍，人呼纸衣道者。走南海诸国，至日本。适吴越忠懿王用五金铸十万塔，以五百遣使者颁赐日本。使者还，智附舶归。

据此，人称"纸衣道者"的西竺僧转智，寒暑唯服纸袍，经南海诸国至日本，遇吴越国遣使赐日本五百宝箧印经塔，遂搭乘吴越使者船而归。

假如人称"纸衣道者"的西竺僧转智，与号为"纸衣和尚"的日本僧转智系同一人物，那么《四朝闻见录》与《胜相寺记》中，必有一方出现差错。西冈虎之助大概注意到了两者的矛盾，两年后改口"西竺僧恐为入竺僧之误"，认定《胜相寺记》中的"西竺僧"与《四朝闻见

---

1 ［日］西冈虎之助：《日本と呉越との交通》，《歴史地理》第42卷第1号，1923年。此外，东京大学史料编纂所编《大日本史料》天历年中条下引用的《重定金石契》史料，内容亦基本相同。

录》中的"日本僧"实为一人[1]。

所谓"入竺僧",即西赴天竺求法之僧侣,揣摩《胜相寺记》记事内容,"西竺"不似"入竺"笔误,开首说"有西竺僧,曰转智",游历经过为"走南海诸国,至日本。适吴越忠懿王用五金铸十万塔,以五百遣使者颁赐日本。使者还,智附舶归"。经南海诸国而至日本,最后一个"归"字,点出其原居地不在日本。

比较上述两种文献,吴越国使送宝箧印经塔、转智游历南海诸国,唯存于《胜相寺记》而不见于《四朝闻见录》;转智雕造五丈观音、宋高宗临幸观音像、宪圣皇后喜舍金缕衣,则《四朝闻见录》载之而《胜相寺记》不传。两者的相同之处,除了"转智"的法号外,唯独"纸衣道者"和"纸衣和尚"有些相似而已。

三
十丈胜相与五丈观音

西冈虎之助介绍的新史料固然重要,但却只是《胜相寺记》原文的节略而已。这篇寺记的作者是宋人程珌,全文收录在他的诗文集《洺水集》卷七以及《咸淳临安志》等多种文献中。

《洺水集》收录寺记全称为《临安府五丈观音胜相寺记》,共计430字,而西冈虎之助、《大日本史料》仅引用其中56字,还不到全文的七分之一。

寺记开头叙述撰述的缘起:"予比年焚绮研,不复作羡语。今寿来

1　[日]西冈虎之助:《奝然の入宋に就いて(第二回)》,《歴史地理》第45巻第3号,1925年。

千里，门之不去者逾月，勉即其录而次第之。"

程珌系南宋朝官，据《宋史》卷四二二本传，字怀古，徽州休宁人。绍熙四年（1193）进士及第，出为昌化主簿，历著作郎、礼部侍郎、翰林学士、福建安抚使等，以端明殿学士致仕。本传说他"十岁咏冰、语出惊人"，因文笔绮丽，求墨者甚众。晚年宣布封笔，但在

图14-2　程珌像

胜相寺僧寿恳求之下，绍定二年（1229）五月根据僧寿提供的"录文"，撰写了这篇寺记。

僧寿提供的"录文"中有一部分为《金石契》（舍利二）所引用（引文划线部分），但还包括一些未经介绍的资料，兹引录之。（引文底部均据《文渊阁四库全书》。据《咸淳临安志》考异，在［］中标出。下文同）

其录云："寺负钱塘龙山，唐开成四年建，曰隆［龙］兴千佛寺。后有西竺僧，曰智［转智］，冰炎一楮袍，人呼纸衣道者。走海南诸国，至日本。适吴［吴越］忠懿王用五金铸千万塔，以五百遣使者颁日本。使者还，智附舶归。风鸣海汹，舟且倾。智诵如意轮咒，俄见如意珠王相，十首八臂，度高十丈，风息遂济。智谋揭高梁，可容十丈［文］胜相，以答佛施。时千佛寺乃僧光主之，有阁高八丈。光请于忠懿，以阁为殿，立五丈之像者二，合为十丈。"

图14-3　《钱塘县境图》中的"龙山"

《金石契》中未介绍的资料包括：胜相寺位于临近钱塘江的龙山，始建于唐开成四年（839），最初称为"龙兴千佛寺"；转智搭乘吴越使船从日本回到中国途中，遭遇暴风，转智一心念佛，如意珠王现十丈胜相，顷刻风平浪静；转智为感谢佛恩，发愿造十丈胜相；千佛寺住持僧光得吴越忠懿王许可，协助转智建造五丈佛像二尊。

从僧寿提供的"录文"，我们终于知道五丈观音的由来：转智在航海中遇难，因如意珠王显十丈胜相而获救，遂发愿建造十丈观音，但吴越国忠懿王敕许的佛阁高仅八丈，于是造五丈观音二尊，以合"十丈"之数。

四

胜相寺的盛衰

据《洺水集》，胜相寺的全称为"临安府五丈观音胜相寺"。此寺位于因潮水而闻名的钱塘江畔的龙山，原名"龙兴千佛寺"，唐开成四年开基。因转智雕造的二尊五丈观音改称为"五丈观音胜相寺"。可以说胜相寺因胜相阁得名，胜相阁则因五丈观音而得名。此寺之扬名，转智之功大矣。

这二尊观音像颇多灵验，南宋多位皇帝曾亲临朝拜。程珌根据僧寿提供的"录文"，叙述胜相寺的变迁：

> 皇朝治平中，改赐今额。建炎间，灰［毁］于腊寇，唯［惟］胜相一阁屹然云际，不堕劫火。绍兴初，光之嗣孙曰清，中兴之。清有子琦、珍，珍之子性，奕世经理，乃克大备。乾道间，光尧皇帝、圣子、神孙三殿临幸，盼［颁］赉甚渥，由是声益振。

今师寿者，性之法子也。清峻自厉，壮耄一日。[架钟缭廊]，宿仆尽起，金碧辉煌、增光畴昔。至 [致] 蒙东朝出内帑赐之，风动迩遐 [遐迩]。舍予日至，且有施田，以惠亡 [无] 穷者。

我们把上述内容作一番梳理和排序，可以看出胜相寺盛衰变迁过程：

（1）治平年间（1064—1067），千佛寺易名为"胜相寺"；（2）建炎年间（1127—1130），发生方腊起义，寺院被毁，唯胜相阁幸免；（3）绍兴年间（1131—1162），僧清重建荒废的寺院，至僧性恢复基本格局；（4）乾道年间（1165—1173），"光尧皇帝、圣子、神孙三殿临幸"，赏赐甚多，名声大振；（5）僧寿继承乃师僧性事业，致力于寺院建设，再创昔日辉煌；（6）东朝出内帑赐之，远近轰动，各方施舍不断。

乾道年间（1165—1173）临幸胜相寺的"光尧皇帝、圣子、神孙三殿"，即高宗（光尧皇帝）、孝宗（圣子）、光宗（神孙）三人。"东朝"为皇太后尊称，当指宪圣皇后。

如上所述，《四朝闻见录》所载转智雕刻五丈观音、高宗皇帝前往临幸、宪圣皇后赐予金缕衣，均可在《临安府五丈观音胜相寺记》中得到相应的佐证，确认两种文献中的"转智"实为同一人。现在唯一的障碍就剩"西竺僧"与"日本僧"的区别了。

五

"转智"与"传智"

倘若转智确实是日本僧，能不能在平安时代的文献中找到某些线索？令人遗憾的是，至今我们还没有在日本文献中发现"转智"的相关资料，但在入宋僧奝然的日记《在唐记》中，却有"传智"的记录。

983年入宋的奝然是东大寺的学僧，因从中国带回宋版《大藏经》及从天竺传至中国的释迦像而闻名。他在宋期间所写《在唐记》原文不存，但逸文散见于各书，有关"传智"的记录出现在《鹅珠抄》卷六"南海诸国水有毒事"条下：

> 奝然法桥《在唐记》云：南海诸国水皆毒也。欲饮水人，先吃药，后饮之。又曰：气极热，传智不堪热气，饮水醉死。又云：传智元是日本大宰监藤原贞包（养鹰）息也。随吴越商客入唐，为往西天乘船去，到瞻波城国，醉水死。

根据上述逸文，传智父亲是担任大宰府监藤原贞包（养鹰），随吴越商人渡海至中国，为赴天竺巡礼求法，再渡海到瞻波城国，因不耐当地酷暑，不幸饮水中毒身亡。

"西天"与"西竺"均为"西天竺"（印度一带）之略称。奝然《在唐记》中所云"吴越商客"（吴越国使）、"西天"（西竺）、"瞻波城国"（南海诸国）等，均可与《临安府五丈观音胜相寺记》相印证，说明入西天的"传智"与西竺僧"转智"为同一人。

至于"转"与"传"，这两个字繁体字的字体比较接近，一种可能是传抄过程中的笔误，还有一种可能是"传智"到达中国后改称"转智"。相近的例子有入唐僧道昭，中国文献中多作"道照"。不过，"传智"仅见于奝然的《在唐记》，而中国文献一概作"转智"，故本章暂以"转智"为正。

如果"传智"即"转智"，那么奝然的《在唐记》是有关转智的目前已知最古的记录，其内容的可信度颇高。因雕造五丈观音而闻名的转智，怀抱西天求法的雄心壮志，不幸在瞻波城国中毒身亡，此事南宋时在临安一带广为传颂，以至人们忘掉了其出生地日本，误传他是"西竺僧"。作为佛教中的一位传奇人物，人们更容易联想到西方的天竺，而不太会与东方的日本挂钩。

如同上述，当我们把叶绍翁《四朝闻见录》、程珌《临安府五丈观音胜相寺记》、奝然《在唐记》中的记事串接起来，被历史湮没已久的日本僧转智的全貌便渐渐地浮现出来了。

他出生在日本平安时代中期一个中等官吏的家庭，属于日本古代豪门藤原家族一员，父亲在九州大宰府担任"监"，这使他有机会接触往来于东亚海域的外国商人。从他信奉密教系统的"如意珠王"，可推测其是当时极盛的真言宗僧人。吴越国王遣使赐日本宝箧印经塔，转智搭乘使者归帆到达临安，因航海中观音显灵，便发愿建造十丈观音像。千佛寺住持僧光得吴越国王敕许助其还愿，但因佛阁仅高八丈，于是造五丈观音二尊。建隆元年（960）佛像竣工，此后转智为赴天竺巡礼求法，渡海南下，在瞻波城国中毒身亡。

除了奝然的《在唐记》，在日本历史上默默无闻的转智，在中国却（尤其是南宋都城临安）广为人知，其事迹见于南宋及以后的多种文献。在此我们仅举一例。

宋人董嗣杲所撰《西湖百咏》（卷下），有咏五丈观音诗，序云："在胜相院内，唐开成中建。钱氏时，有西竺僧转智，附海舶归。风鸣浪涌，智诵如意轮咒，见如意珠王相，高十丈，风息得济。智遂与僧光改千佛寺阁，立五丈之像二，合为十丈，以答佛

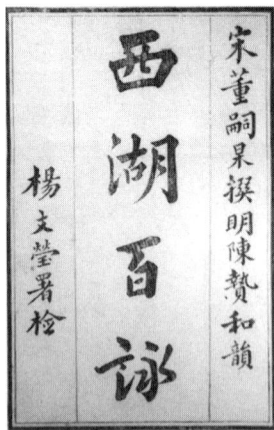

图14-4 《西湖百咏》

施。建炎兵毁，止存五丈观音。俗传'人有意度，则求转智者'，以此也。乾道中，光尧、圣子、神孙临幸，有程泌记。"

"意度"者，解作识见、气魄、设想，此或可当作"愿望"理解。如然，则民间盛传：人如有所希冀，求转智即灵。可见转智在南宋时已经成为人们崇拜的对象。诗是这样的：

> 海国风涛拥万寻，此躯何翅直千金。
> 涉波直现昂藏相，结屋还坚报施心。
> 图得诸方传转智，幸存一半有观音。
> 阴廊谁立苔碑在，只载三朝法驾临。

前四句叙述转智渡海来华经历，后四句述后人对转智的敬仰。"图得诸方传转智"是说转智的事迹被广为传颂，记载"三朝法驾临"的石碑矗立在寺内。明代时陈贽和韵此诗：

> 大士空中现几寻，庄严宁惜费千金。
> 若非突兀惊人相，那显慈悲救苦心。
> 风度遥传钟磬响，月明远听海潮音。
> 残碑尚在荒山里，凤驾鸾旗不再临。

到了明代，南宋皇宫已如荒冢，盛极一时的胜相寺大概已成废墟，帝王临幸的辉煌不再，但残碑依然兀立荒山。

第十五章
日本奉为"宾师"的大儒（朱舜水）

朱舜水（1600—1682）出生于浙江余姚一个士大夫家庭，自幼接受儒教思想熏陶，打下坚实的国学功底。

明清鼎革之际，朱舜水因不忿清朝入主中原，高举"反清复明"旗帜，流亡海外21载，辗转各地，四处乞师，最终留在日本，为明朝守节。

朱舜水是饱学之士，与黄梨洲、顾亭林、王船山、颜习斋并称"明末清初五大儒者"，然而在明朝之地，他却声名不显，也几乎没有著作流传开来。直至定居日本，朱舜水的才学方为人所知。他在移居日本期间，向门人传授儒学、礼制、技术等学问，许多门生日后成为日本的大学者，当时水户藩主德川光圀奉其为"宾师"，终生执弟子礼。

梁启超称："舜水以极光明俊伟的人格，极平实渊贯的学问，极诚挚和蔼的感情，给日本全国人以莫大感化。德川两百年，日本整个变成儒教的国民，最大的动力实在舜水。"然而，在日本正经历着朱舜水带来的思想革新时，中原大地上却鲜少人知道竟还有这样一个人物。直到晚清赴日的留学生相继将朱舜

图15-1　朱舜水像

水在日事迹与史料回传之后，相关的研究论文即如雨后春笋陆续刊行，朱舜水研究才开始广受重视。

本章围绕朱舜水的姓名字号、终焉之地、笔语资料略述浅见。

一
"姓朱氏，讳之瑜"

在汉字文化圈内，姓、名、字、号皆有独特的文化内涵。

"姓"标识家族血统，"名"寄托父母祝愿，具有隐私性与神圣性，不能随便改易。《水浒传》中武松一声断喝："我行不更名，坐不改姓，都头武松的便是！"正气浩荡，尽显英雄本色。

《礼记·檀弓》说："幼名、冠字。"《疏》云："年二十有为父之道，朋友等类不可复呼其名，故冠而加字。"意思是指在男子成年以后，直呼其"名讳"为不敬，故表字以行世。杜预《春秋经传集解序》云："《春秋》虽以一字为褒贬，然皆书数字以成言。"孔颖达疏曰："褒则书字，贬则书名，褒贬在于一字。"这就是"名"与"字"的区别。

至于"号"（别号、雅号、斋号、室号等），则更能彰显个人的志趣，在社会交往中，雅号的敬意较之表字更深一层，所以长辈对后辈、或与同辈之间以字相称，但后辈对长辈、学生对师长为表敬意则称以号。

总的来说，姓与名是与生俱来的，是由家族血脉决定的；字与号是由个人意愿决定的，代表本人的志向与情趣。四者既有关联又各具特点，归纳起来就是四句话：姓以传家，名以正体，字以表德，号以明志。

关于朱舜水的姓名，诸家多作"姓朱氏，讳之瑜"，学术界应该不会有任何异议。"朱"列入《百家姓》，宋朝时是个大姓。宽文五年（1665）朱舜水应邀

图15-2　朱舜水纪念堂（浙江余姚）

东赴江户讲学，德川光圀曾请教其家世谱系，在《答源光圀杂问》中朱舜水的回答如下：

> 仆系出于邾，后更为邹。秦、楚之际，去邑言朱。汉兴，流转鲁、魏之间。始祖为朱晕，汉丞相也。后有朱辅、朱穆，亦为三公。穆之直声震于朝廷，而史治称之。入国初，先祖于皇帝族属为兄，雅不欲以天潢为累。物色累征，坚卧不赴，遂更姓为诸。故生则为诸，及祔主入庙，题姓为朱。仆生之年，始复今姓[1]。

"朱"姓从"邾"→"邹"→"朱"→"诸"→"朱"的流变历程，活脱脱中国千年姓氏文化的一个缩影。从历史上看，"朱"姓可谓名人辈出，尤其是"朱熹"之名远播海外。《心丧集语》所载安东守约与朱舜水的初次笔谈，便涉及"朱姓"这个问题：

> 问：老师姓朱氏，文公之裔否？
>
> 答：寒族多为此言。丙子、丁丑年间得家谱，言文公子为敝邑

1　《朱舜水全集》卷十三《问答一》，中国书店1991年版，第168页。

令，家于余姚，惟一世不清楚，像、赞、诰、敕、国玺，班班可考也。阖族俱欲附会，独不佞云："只此一世便不足凭。且近不能惇睦九族，何用妄认远祖？狄武襄青，武人，尚不认狄梁公，何用如此？文公新安人，不佞余姚人。若能自树立，何必不自我作祖；若弃其先德，则四凶非贤圣之裔乎？实堕其家声，更不闻栾、郤之胄降为皂隶乎？"[1]

　　第一次见面笔谈交流，安东守约就问：老师姓朱，是否朱熹后裔？朱舜水回答：族人都想附会名人，但族谱中有一世不清，所以不予认可。一句"若能自树立，何必不自我作祖"，尽显朱舜水的豪气与自信。

　　父母给朱舜水起名"之瑜"，但清人张廷枚的《姚江诗存》所载稍有不同，编者在朱舜水诗《泊舟稿》后附识语云："朱之玙，字楚屿。……徐闇公曰：'……比见楚屿诗。'"梁启超早就指出"之玙"系"之瑜"的误书[2]。

　　那么，"之瑜"有什么深意呢？《说文》有："之，出也。象艸过屮，枝茎益大，有所之。一者，地也。"至于"瑜"，多与"瑾"连用，均表示玉器，《说文》有："瑾瑜，美玉也。"我们只能猜测，"之瑜"大概是寄托了父母对"家中出美玉"的期许吧。虽然只是揣测，但与表字"鲁玙"联系起来看，还是有这种可能的。

1　《答源光圀杂问》中载有类似内容："仆族人谓寒宗为晦庵先生之系，其子为余姚令，故留居于此。持其诰敕、画像、家谱来证，中间惟有一世不明白。举宗尽欲从之，惟仆一人不许，谓'一世不明，其不足据便在于此。且子孙若能自立，何必文公；如其不肖，虽以尧、舜为父，只得丹朱、商均耳。'寒宗入国朝来，登乡、会榜者七十九，如以仆徵聘敕召冠之，则八十矣。"

2　梁启超：《朱舜水先生年谱》（《饮冰室专集》之九十七），中华书局1936年版，第1页。

二

"楚玙"与"鲁玙"

如同前述,学界关于朱舜水的"姓"与"名"没有太多分歧,然而有关朱舜水的"字",各家却有各家的说法,信息比较紊乱。

通观日本文献,基本清一色作"字鲁玙",几乎没有例外,包括现代的学者也多因循此说。然而,在中国情况则有所不同,如赵传仁等主编的《中国书名释义大辞典》在解释《朱舜水集》时说:"明朱之瑜(1600—1680)撰。诗文集,二十二卷。之瑜字楚玙,晚号舜水。"[1]他们认为朱舜水的字是"楚玙"。当今朱舜水研究的顶级专家[2]、日本研究的权威著作[3]等也持类似观点。

这种说法应该有所本,可以追溯到清代,如邵廷采[4]所撰《明遗民所知录·朱之瑜传》载:"余姚朱子瑜,字楚玙。"光绪二十五年修《余姚县志》卷二十三《朱之瑜》云:"朱子瑜,字楚玙。"前引张廷枚《姚江诗存》识语也作"朱之玙,字楚屿"。

日本文献说朱舜水"字鲁玙",中国文献多说朱舜水"字楚玙",那究竟孰是孰非呢?这个问题似乎没有人去深究。国内学者在接触日本资料后,大多采取两说并记的方法。张岱年主编的《中国哲学大辞典》"朱之瑜"条就采用折中方案:"字楚屿,又字鲁屿,晚号舜水。"[5]权威

---

1 赵传仁、鲍延毅、葛增福主编:《中国书名释义大辞典》,山东友谊出版社2007年版,第408页。

2 徐兴庆编注:《新订朱舜水集补遗》,台湾大学出版中心2004年版,第295页。

3 吴廷璆主编《日本史》云:"朱舜水(1600—1682),明末清初爱国进步思想家,浙江余姚人,字楚屿。"吴廷璆主编:《日本史》,南开大学出版社1994年版,第344页。

4 邵廷采(1648—1711):字念鲁,又字允斯,浙江余姚人,尝从黄宗羲问逸事于明末遗老,作《宋遗民所知录》《明遗民所知录》。

5 张岱年主编:《中国哲学大辞典》,上海辞书出版社2010年版,第564页。

辞书《辞海》也同样作"字楚屿，又字鲁屿，号舜水"[1]。

两个表字的排序是有讲究的，一般"楚玙"在前，"鲁玙"在后。其根据是朱舜水先字"楚玙"，后又字"鲁玙"。如张彬主编的《浙江教育史》中说："朱之瑜……字楚屿，后改鲁屿，又号舜水，浙江余姚人。"[2]徐兴庆则提出一种新观点："舜水讳之瑜，字楚玙，自受鲁王恩诏特征后，复字鲁玙。"[3]据今井弘济、安积觉的《舜水先生行实》，朱舜水接到鲁王敕书是明永历十一年（1657）正月流落交趾之时：

> 监国九年丙申三月，鲁王特敕征（敕书在文集），敕书降自舟山，而先生东漂西落，莫能速达。至明年丁酉正月，始达交趾。先生特制处士衣巾，设香案开读，叩头谢恩，歔欷慷慨。[4]

复字"鲁玙"缘于鲁王敕书之说，虽然令人耳目一新，但找不到任何文献支撑。除此之外，更多学者推测朱舜水到日本后才改字为"鲁玙"。远的如清代翁洲老民《海东逸史·朱之瑜别传》："朱之瑜，字楚屿，至海外，复字鲁屿，又号舜水，余姚人。"[5]近的如王竞成主编《中国历代名人家书》说："朱舜水……名之瑜，字楚玙，到国外后，字鲁

---

1 夏征农、陈至立主编：《辞海（第6版彩图本）》，上海辞书出版社2009年版，第3018页。

2 张彬主编：《浙江教育史》，浙江教育出版社2006年版，第267页。

3 徐兴庆编注：《新订朱舜水集补遗》，台湾大学出版中心2004年版，第295页。

4 ［日］德川光圀辑，［日］德川纲条校：《舜水先生文集·附录》，正德五年（1715）正月刊本。

5 据朱谦之考证："慈溪杨氏经畬塾光绪十年（1884）刊刻……目录朱之瑜下有'原阙今补'四字，此传乃校刊者慈溪杨泰亨补入。"见朱舜水著，朱谦之整理：《朱舜水集》，中华书局1981年版，第637页。按：《朱之瑜别传》列在《海东逸史》卷十八《遗民》最后，传末云"谨据朱衍绪《家传》补"。所谓的"朱衍绪《家传》"，当指同治十一年（1872）朱衍绪所撰《明遗民族祖楚屿先生家传》稿本。

玙，晚年居江户后，又号舜水。"[1]

《礼记·曲礼》云："男子二十冠而字。"男子二十岁行冠礼时，按儒教礼法便取"字"。朱舜水属于读书人阶层，按徐兴庆的说法，既然朱舜水于永历十一年（1657）复字"鲁玙"，那么万历四十七年（1619）年满二十岁时最初的表字应该是"楚玙"。

然而，朱舜水的日本弟子却给出不同说法。今井弘济、安积觉同撰的《舜水先生行实》云："文恭先生，讳之瑜，字鲁玙，姓朱氏，号舜水。"撰者在"鲁玙"卜注云："'鲁'作'楚'，非也。印章讹刻'楚玙'，不复改刻，故人或称'楚玙'。"意思是说朱舜水曾经误刻印章为"楚玙"，因此以讹传讹，世间也有人称其"楚玙"。

这件事听起来有点玄乎。那么今井弘济、安积觉的信息来自何处，是否可靠呢？稻叶君山对此说法不予认同，指出张廷枚《姚江诗存》与翁洲老民《海东逸史》均作"楚屿"，"屿"盖"玙"之误，由此断言"'楚玙'之字未必讹刻"[2]。

这两种完全对立的观点，究竟孰是孰非呢？我们在校注《西游手录》过程中，发现一条非常重要的线索，即宽文四年（康熙三年，1664）小宅生顺奉德川光圀之命，赴长崎招聘学识超群的中国学者，其间与朱舜水笔谈交际约两个月。某天两人之间有如下一段对话：

> 宅曰：未知尊翁雅号及玉字。
>
> 朱曰：贱字鲁玙。初来贵国，船主写册，误书"楚玙"，因误而不为厘定。号则未尝称也。

1　王竞成主编：《中国历代名人家书》，国际文化出版公司2009年版，第387页。
2　朱舜水著，朱谦之整理：《朱舜水集》，中华书局1981年版，第791页。

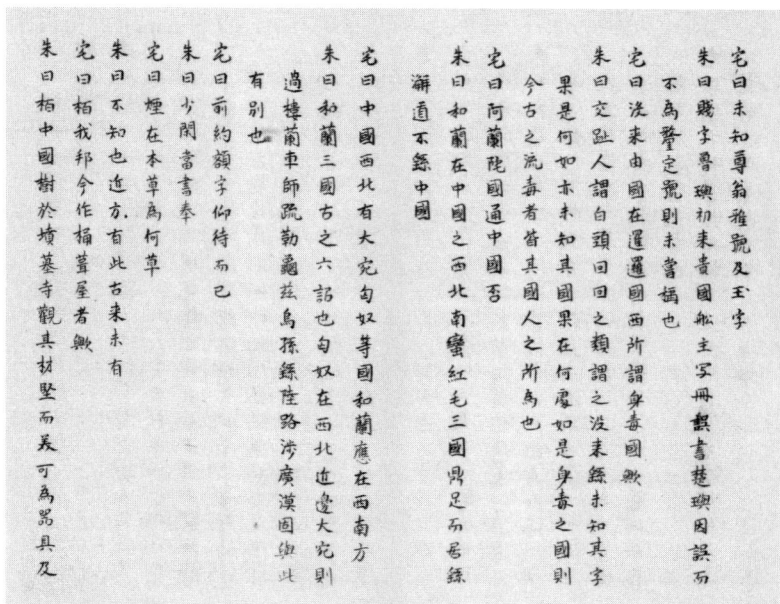

图15-3　彰考馆本《西游手录》局部

　　这段对话出现在小宅生顺与朱舜水的笔谈集《西游手录》中，德川光圀辑《舜水先生文集》、朱谦之整理《朱舜水集》等各类朱舜水文集、全集，最多摘录了《西游手录》部分内容，均漏收了这段至为重要的对话，当事人的自我澄清未能传递到学界，所以有关"楚玙"与"鲁玙"的问题一直无法厘清。

　　从上面这段对话看，小宅生顺问朱舜水的"雅号"与"玉字"，朱舜水回答的要点有三：谦称"贱字鲁玙"；释明"楚玙"系初次赴日时船主写册误书；尚未有"舜水"之号。朱舜水特意说明"楚玙"之误由来，这个"字"确实存在过，并且在一定范围内传播，因此才需要"厘定"。

　　日本江户时代实行锁国政策，中国商船抵达日本港口后，需要提交乘员名册及货物清单，乘员名册注明姓名、年岁、籍贯，识字人则多以

"字"登册。这种名册往往是走过场的应景之作，故船主误书而朱舜水未予纠正，甚至将错就错，在对日交往中使用这个"字"。

根据笔谈文献中朱舜水的自述，我们可以确定他本人认可并使用的"字"只有"鲁玙"。作为读书人，朱舜水在1619年时就应该有了字，因此"到国外后，字鲁玙"的说法不可取；"受鲁王恩诏特征后，复字鲁玙"的推测也不可信。

此外，朱舜水首次赴日在南明弘光元年（乙酉，1645），笔谈所云"初来贵国，船主写册，误书'楚玙'"之事，推测就发生在这一年。既然朱舜水将错就错"不为厘定"，意味着以后多次赴长崎也用"楚玙"登册（以防日本边防官员会起疑），搭载朱舜水的船主把这一信息传回家乡，以致《姚江诗存》《海东逸史》等误记为"楚屿"。《舜水先生行实》所说"故人或称'楚玙'"，大概反映了这种情况。

细心的读者大概已经注意到，"鲁玙"的"玙"字，国内文献多标作"屿"。除了前述张岱年主编《中华哲学大辞典》、夏征农等主编《辞海（第6版彩图本）》、张彬主编《浙江教育史》作"鲁屿"外，王德毅编《中国历代名人年谱总目》[1]、陈国庆等著《中国学术思想编年·明清卷》[2]、钱仲联等主编《中国文学大辞典》[3]、吴海林等编《中国历史人物辞典》[4]、汪玢玲主编《中华古文献大辞典·文学卷》[5]等均作

---

1 王德毅编：《中国历代名人年谱总目》，华世出版社1979年版，第139页。

2 陈国庆、刘莹：《中国学术思想编年·明清卷》，陕西师范大学出版社2006年版，第234页。

3 钱仲联等主编：《中国文学大辞典》，上海辞书出版社1997年版，第1096页。

4 吴海林、李延沛编：《中国历史人物辞典》，黑龙江人民出版社1983年版，第536页。

5 汪玢玲主编：《中华古文献大辞典·文学卷》，吉林文史出版社1994年版，第235页。

"鲁屿"。至于有些工具书写作"鲁与"[1]，则错得有点离谱。徐兴庆标作"鲁瑜"，大概出于一时疏忽[2]。

"鲁屿"的说法没有任何根据，应该是学者未加考证、以讹传讹导致的。理由是现有文献中朱舜水均自称"鲁玙"，没有发现用过"屿"字。此外，从字义上分析，"屿"是小岛。南宋戴侗《六书故》云："平地小山，在水为岛，在陆为屿。"没有特殊含意。"玙"是美玉，多与"璠"连用。《说文》有："璠，玙璠，鲁之宝玉也。"所谓"鲁玙"，意为"鲁之宝玉"。

一般情况下，"字"与"名"关系密切，以"字"扩展、具体化"名"的意蕴。"之瑜"意涵"家出宝玉"，与"鲁玙"意涵"鲁之宝玉"，既有承继又有延展，充分体现了儒家传统文化的精髓。

三

"舜水"与"溶霜"

确定了朱舜水的字是"鲁玙"，接下来我们再探讨他的"号"。从《西游手录》所载小宅生顺与朱舜水的笔谈来看，宽文四年（1664）时朱舜水自云"号则未尝称也"，那么"舜水"这个"号"是何时、何地、如何来的呢？

---

1 《中国古今名人大辞典》云："朱之瑜（1600—1682），明末清初余姚（今浙江省余姚县）人。字鲁与，号舜水。"庄汉新、郭居园编纂，警官教育出版社1991年版，第183页。

2 徐兴庆为彰考馆本《西游手录》撰写解题，两处误书"朱鲁瑜"。参见德川真木监修、徐兴庆主编：《日本德川博物馆藏品录Ⅰ朱舜水文献释读》，上海古籍出版社、日本德川博物馆2013年版，第7页。

朱舜水自万治二年（己亥，1659年）冬天第七次赴日，此后一直寄住在长崎，5年后，即1664年小宅生顺到长崎邀请其东行讲学传教。朱舜水几经推辞，最终决定接受邀请，于1665年七月十一日进入江户，十八日即被德川光圀召见。当时出现一个礼节上的问题，按照中国传统礼仪，直呼人名为不敬（故云"名讳"），同辈以表字相呼，但德川光圀对朱舜水执弟子礼，按礼数当以"号"称呼，这就迫使朱舜水不得不给自己取号。关于这个过程，朱舜水在给安东守约的书信中叙述如下：

> 不佞于七月十一日到东武，因冒暑致疾。十八日见水户上公，礼貌甚优，上下俱已申饬，肃然可观。次日早，即令儒生小宅兄到寓致谢，云："昨日有劳，诚恐受热，相公心不自安，特令某来致意。"此礼甚好。又云不佞老人有道，朱鲁玙乃字也，不敢称，欲得一庵斋之号称之。不佞答言："无有。"三次致言，今已将"舜水"为号。舜水者，敝邑之水名，古来大名公多有此等，如瞿昆湖、冯巨区、王阳明，皆本乡山水也。

这封书信中说得很清楚，宽文五年（1665）七月十九日早晨，德川光圀遣小宅生顺到朱舜水下榻处致谢，并转达不敢对老师直呼"鲁玙"之字，请教"庵斋之号"以称呼。朱舜水当时依旧回答"无有"，经再三请求，朱舜水终于取号"舜水"，并以"瞿昆湖、冯巨区、王阳明"为例，说明"舜水"取自家乡的水名。

我们在前面说过"号以明志"，那么"舜水"之号表明了什么志向呢？从小的方面讲，飘零异乡，归路遥遥，取"舜水"为号以寄托思乡之情；从大的方面讲，虽然山河破碎，乞师不利，但坚守体统、为明守节之志未尝泯灭，取"舜水"为号也是为了寄托爱国之情。

"舜水"之号不似突发奇想的应景之作，永历十五年（辛丑，1661

年）十一月朱舜水撰《送林道荣之东武序》（一作《送玄庵序》），落款为"时岁次辛丑十一月长至后二日，明舜水朱之瑜书于长崎之溶霜书屋"（柳川本《心丧集语》）。这里的"舜水"表示乡贯族望，但也为日后取号"舜水"奠定了基础。朱之瑜自取号"舜水"，便以"号"行世，人称"舜水先生"，其表字"鲁玙"反倒不传，以致出现"楚玙"与"鲁玙"混淆、"玙"与"屿"讹传现象。

我们再回头看朱舜水致安东守约书信，德川光圀请教的是"庵斋之号"，相当于"斋号"。古代文人往往在雅号之外，又取别号、斋号等，以寄托彼时彼地之情怀。那么朱舜水是否还有其他的"号"呢？

李灵年等主编《清人别集总目》对"朱之瑜"的解释是："字鲁玙，又字楚屿，号舜水，别号黄檗禅师，余姚人。"[1]短短十九字，出现好几处错误，两处"玙"字皆误作"屿"之外，"别号黄檗禅师"更是闻所未闻[2]。

日本江户时代佛教盛行，势头甚至盖过儒学，朱舜水对此现象深恶痛绝，宽文四年（1664）在长崎与小宅生顺的笔谈中有以下一段情绪激昂的言说：

> 孔子历聘七十二君，求一日王道之行而不可得。以仆之荒陋而
> 得行其志，岂非人生之大愿？诚恐贵国惑于邪教，未见有真能为圣
> 人之学者。此事必君相极力主持之，岂一二儒生与下任微官所能挽

1　李灵年、杨忠主编：《清人别集总目》（上卷），安徽教育出版社2000年版，第417页。

2　笔者翻阅傅璇琮总主编《中国古代诗文名著提要·明清卷》，发现"《朱舜水集》二十二卷（清）朱之瑜撰"条下云："朱之瑜（1600—1682），字鲁玙，又字楚屿，号舜水，别号黄檗禅师，浙江余姚人。"（河北教育出版社2009年版，第200页）以傅先生的学问底蕴与治学态度，不会出现这样的错误，推测是受到前述《清人别集总目》的影响。

回气运也。仆故不敢承命。如有其机，而故为退托，得罪于孔子多多矣。况仆之视贵国，同为一体，未尝有少异于中国也。贵国惑于邪教，深入骨髓，岂能一旦豁然？

朱舜水视佛教为"邪教"，认为日本"惑于邪教，深入骨髓"，阻碍了"圣人之学"的兴起，因此谢绝小宅生顺礼聘其赴江户传授儒学的请求。对一位如此执着于践行儒教之人，不可能取"黄檗禅师"这种佛气的别号。

不过朱舜水除了"舜水"，还是有斋号的。前面提到朱舜水所撰《送林道荣之东武序》，落款为"时岁次辛丑十一月长至后二日，明舜水朱之瑜书于长崎之溶霜书屋"。这里的"溶霜书屋"是否就是斋号呢？

朱舜水在羁留长崎、未赴江户期间，曾与林春信（1643—1666，字孟着，林罗山之孙、林鹅峰之子）笔谈[1]，谈及"溶霜"二字：

> 问：公以"溶霜"为斋号。"溶霜"二字，其义如何？
>
> 答：仆幼时，于书窗之下得一梦，有"夜暖溶霜月，风轻薄露冰"之句，因以为斋名。亦未知其兆、其应何如耳！

这段笔谈对话印证了辛丑年（1661）十一月冬至日所撰《送林道荣之东武序》落款"溶霜书屋"即斋号无疑，不过朱舜水说"亦未知其兆、其应何如耳"，此斋号的含义还是不清楚。再看安积觉《澹泊诗集》载："先生幼时，梦一联曰'夜暖溶霜月，风轻薄露冰'，不晓其意。及至崎港，风土气候恍然如其梦，因以'溶霜'为斋号。"今井弘济、安积觉同撰《舜水先生行实》也提到更多细节：

1　朱舜水著，朱谦之整理：《朱舜水集》，中华书局1981年版，第384页。

辛丑岁（宽文元年），守约问明室致乱之由及恢复兵势，先生
　　乃撰书一卷答之，名曰《中原阳九述略》。先生幼时，尝梦"夜暖
　　溶霜月，风轻薄露冰"二句，因以"溶霜"名斋，而未知其兆。及
　　在日本，习其风土，恍然自悟曰："吾漂零海外，命也夫！"

朱舜水与林春信笔谈时，尚叹息"亦未知其兆、其应何如耳"，但
在安积觉《澹泊诗集》及今井弘济、安积觉同撰《舜水先生行实》中已
经有了答案，即在安东守约等人奔走下，幕府终于破禁接纳他留居长
崎，多年来漂泊流离的生活稍趋稳定，这时长崎冬天的景色勾起他儿时
梦中的诗歌意象，感叹一声"吾漂零海外，命也夫"，带着诀别与憧憬
开始了在异国他乡的新生活。

四
朱舜水的终焉之地

近百年来，关于朱舜水的研究，发源自日本、兴盛于中国、扩散至
世界，成为学术界经久不衰的热点之一，相关的研究成果积淀深厚。

据旅美学者吕玉新统计，截至2004年底，各类书籍（包括原始文
献）达到286种，其中日语书籍236种，汉语书籍38种，英语书籍12
种；相关论文有122篇，包括日语论文66篇，汉语论文46篇，英语论
文10篇[1]。

吕玉新仅凭一己之力，编撰这份文献目录，堪称迄今为止最为完
备，厥功至伟，造福学界，令人敬佩。然而个人的力量毕竟有限，遗漏

1　吕玉新：《有关朱舜水研究文献目录》，《汉学研究通讯》2004年第4期，第21—37页。

在所难免，即使是最基础的原始文献，也有待后来人拾遗补阙。比如，安积觉述《明舜水先生话说》、安东省庵编《心丧集语》等均以抄本传世，惜前述文献目录失收。

朱舜水生逢明清交替之乱世，既未在明朝获得功名、踏上仕途，又因践行反清复明而终老异国，在中国史籍中几乎没有留下多少痕迹，学者的研究主要依赖日本保存的资料。

《明人传记数据索引》"朱之瑜"条所列5种传记资料，除梁启超《朱舜水先生年谱》之外，均来自德川光圀所辑《舜水先生文集》[1]。出自中国史家之手的朱舜水传记，管见所及，以赵尔巽的《清史稿》较为系统。《朱之瑜传》列入《清史稿》列传二八七《遗逸》，其文如下：

> 朱之瑜，字鲁玙，号舜水，余姚人，寄籍松江。少有志概，九岁丧父，哀毁逾礼。及长，精研《六经》，特通《毛诗》。崇祯末，以诸生两奉征辟，不就。福王建号江南，召授江西按察司副使，兼兵部职方司郎中，监方国安军，之瑜力辞。台省劾偃塞不奉诏，将逮捕，乃走避舟山，与经略王翊相缔结，密谋恢复。渡海至日本，思乞师。鲁王监国，累征辟，皆不就。又赴安南，见国王，强令拜，不为屈，转敬礼之。
>
> 复至日本，时舟山既失，之瑜师友拥兵者，如朱永佑、吴钟峦等皆已死节，乃决蹈海全节之志，遂留寓长崎。日人安东守约等师事之，束脩敬养，始终不衰。日本水户侯源光国厚礼延聘，待以宾师，之瑜慨然赴焉。每引见谈论，依经守义，曲尽忠告善道之意。教授学者，循循不倦。

1　昌彼得、乔衍琯、宋常廉等编纂：《明人传记资料索引》，中华书局1987年版，第123页。

日人重之瑜，礼养备至，特于寿日设养老之礼，奉几杖以祝。又为制明室衣冠使服之，并欲为起居第，之瑜再辞曰："吾藉上公眷顾，孤踪海外，得养志守节，而保明室衣冠，感莫大焉！吾祖宗坟墓，久为发掘，每念及此，五内惨烈。若丰屋而安居，岂我志乎？"乃止。

之瑜为日人作《学宫图说》，商榷古今，剖微索隐，使梓人依其图而以木模焉，栋梁枅椽，莫不悉备。而殿堂结构之法，梓人所不能通晓者，亲指授之。度量分寸，凑离机巧，教喻缜密，经岁而毕。文庙、启圣宫、明伦堂、尊经阁、学舍、进贤楼，廊庑射圃，门户墙垣，皆极精巧。又造古祭器，先作古升、古尺，揣其称胜，作簠、簋、笾、豆、登、铏之属。如周庙敱器，唐、宋以来，图虽存而制莫传，乃依图考古，研核其法，巧思默契，指画精到。授之工师，或未洞达。复为揣轻重，定尺寸，关机运动，教之经年，不厌烦数，卒成之。于是率儒学生，习释奠礼，改定仪注，详明礼节，学者皆通其梗概。日人文教，为之彬彬焉。之瑜居日本二十余年，年八十三卒，葬于日本长崎瑞龙山麓。日人谥曰文恭先生，立祠祀之，并护其墓，至今不衰。

之瑜严毅刚直，动必以礼。平居不苟言笑，唯言及国难，常切齿流涕。鲁王敕书，奉持随身，未尝示人，殁后始出，人皆服其深密谨厚云。

著有《文集》二十五卷，《释奠仪注》一卷，《阳九述略》一卷，《安南供役纪事》一卷。

这篇传记洋洋洒洒800余字，但错讹、遗漏之处不少，如云"之瑜居日本60余年，年八十三卒，葬于日本长崎瑞龙山麓"，朱舜水在长崎居住"二十余年"与事实不符，朱舜水埋骨之处"瑞龙山"也不在长崎。

事实上，朱舜水从1659年开始客居长崎，无缘再回日思夜想的故土；1665年应水户藩主德川光圀礼聘入江户，此后也再未履足长崎。《清史稿·朱之瑜传》的"埋骨长崎说"不知出自何处，虽然与事实严重不符，但还是有学者信以为真并传播之，如陈国代编纂《朱子学关涉人物衰辑》云："朱之瑜……字鲁屿，号舜水，绍兴府余姚人……于1659年东渡日本，定居日本，在长崎地区讲学二十三年……"[1]甚至连张㧑之等主编的《中国历代人名人辞典》"朱之瑜"条也这样记载：

> 明末清初浙江余姚人，字鲁玙，号舜水。……在日本讲学二十余年，卒葬长崎，日本学者私谥文恭先生。[2]

有关朱舜水的去世时间、终焉之地、埋骨之所，其门人安积觉撰有《明故征君文恭先生碑阴》，里面已经说得很清楚了：

> 天和二年四月十七日，卒于江户驹笼之第，享年八十有三。葬于常陆久慈郡大田乡瑞龙山下。

据此可知，朱舜水去世的确切时间是天和二年（康熙二十一年，1682年）四月十七日，终焉之地是"江户驹笼[3]之第"，埋骨之所在"常陆久慈郡大田乡瑞龙山下"。也就是说，朱舜水在江户的寓所去世，而埋葬的地点是在水户。

1　陈国代编纂：《朱子学关涉人物衰辑》，大众文艺出版社2008年版，第832页。
2　张㧑之等主编：《中国历代人名大辞典》，上海古籍出版社1999年版，第554页。
3　驹笼：地名，读音为"komagome"。今东京都丰岛区东部及文京区北部一带。"笼"与"込"读音相同，现在一般写作"驹込"。

"江户驹笼之第"是德川光圀在江户的府邸，德川幕府为削弱并监控诸藩势力，实行"参勤交代"政策，各藩大名在江户与属藩轮换居住，水户藩主德川光圀作为"御三家"之一享有"定府制"特权，长居江户并行使副将军职权。德川光圀的府邸规模宏大，被称作"水户藩驹笼邸"，以编撰《大日本史》闻名的彰考馆、朱舜水的别庄均在其内。

　　朱舜水去世之后，德川光圀在其驹笼别庄内设祠堂以安神主（灵牌），正中题"大明故舜水朱之瑜鲁玙神主"，右书"生于万历二十八年岁次庚子十一月十二日壬子明"，左书"卒于日本天和二年岁次壬戌四月十七日乙未刻"。"每年忌日，公自临祭之。"[1]后因江户火灾殃及水户藩邸，正德三年（1713）祠堂迁往水户八幡小路。《祠堂旧记》云：

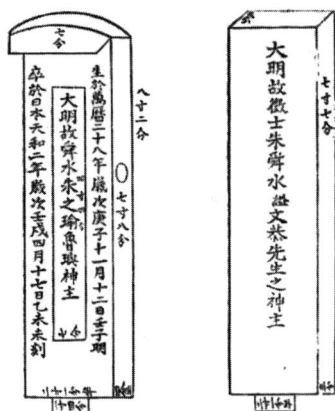

图15-4　朱舜水神主图
（《朱舜水记事纂录》）

> 先生祠堂旧在驹邸，元禄癸未冬罹灾。正德三年营祠堂于水户，以安神主。[2]

　　"江户驹笼之第"中的朱舜水别庄，地点在今东京大学本乡校区一带。现东京大学农学部正门东南一侧立着写有"朱舜水先生终焉之地"纪念碑，每年有许多游客到此凭吊这位传奇人物。

1　[日] 水户彰考馆员纂辑：《朱舜水記事纂録》，吉川弘文馆1914年版，第23页。
2　[日] 水户彰考馆员纂辑：《朱舜水記事纂録》，吉川弘文馆1914年版，第23页。

"朱舜水先生终焉之地"纪念碑始立于明治四十五年（1912）六月，郭垣《朱舜水遗迹》述其经纬曰：

图15-5　朱舜水先生终焉之地纪念碑（日本东京）

> 先生旧宅，即今日本东京第一高等学校地址。明治四十五年六月，安东守男（或系安东守约之裔）及侯爵德川赖伦、伯爵德川达孝等，于帝国教育会，为先生开二百五十年纪念会，并于第一高等学校院内，树一石碑，书"朱舜水先生终焉之地"九字于碑上。旁植樱花，示先生所爱也。[1]

安东守男（1873—1963）系安东守约第九代孙，字鲁庵；德川赖伦（1872—1925）、德川达孝（1865—1941）均为德川家后裔，他们发起的"朱舜水先生二百五十年祭大典"，据李大钊《朱舜水之海天鸿爪》记载，时间是1912年6月2日。祭典时展出的舜水先生遗物中，《白交趾将相诸大臣节文》《与安东省庵书》《张名振与朱舜水书》《省庵遗爱七弦琴》系安东守男家藏之物[2]。纪念碑所立之"第一高等学校"，俗称"一高"，即东京大学前身。

1　朱舜水著，朱谦之整理：《朱舜水集》，中华书局1981年版，第730页。

2　李大钊：《朱舜水之海天鸿爪》，《言治》月刊第1年第1期。文末署"一九一三年四月一日李钊"。

"常陆久慈郡大田乡瑞龙山"是历代水户藩主家墓的所在地，其地点在今日本茨城县常陆太田市瑞龙山。一位背井离乡的异国老人能够入葬水户藩主的家族墓地，在日本历史上是非常罕见的。诚如郭垣在《朱舜水遗迹》中所言："此处为德川氏墓地，风景极幽，平民不得葬此。独先生以师宾之位，埋骨于斯。"墓碑上"明征君"等字由德川光圀亲题，碑阴刻有弟子安积觉撰写的碑文，兹录如下：

征君姓朱氏，讳之瑜，字鲁玙，号舜水，明浙江绍兴府余姚县人。曾祖诏，诰赠荣禄大夫。祖孔孟，诰赠光禄大夫。考正，总督漕军门，诰赠光禄大夫、上柱国。姚金氏，前封安人，诰赠一品夫人。有三子焉，征君其季也。生于万历二十八年，颖悟夙成。九岁丧父，哀毁逾礼。

及长，受业吏部左侍郎朱永佑，精研《六经》，特通《毛诗》。少抱经济之志，有识期以公辅。擢自南京松江府儒学学生，举恩贡生，考官吴钟峦贡札称为"开国来第一"。天启以降，政理废弛，国是日非，故绝志于仕进，而有高蹈之风。崇祯末，蒙征辟不就。弘光元年又征，即授重职。其荐出于荆国公方国安，而大学士马士英当国，征君不欲累于奸党，故辞不受。台省交章，劾其偃蹇，不奉朝命。征君星夜逃于舟山。时清兵渡江，天下靡然，薙发变服，征君恶之。乃浮于海，直来我邦，转抵交趾，复还舟山。监国鲁王驻跸舟山，文武诸臣交荐之。豫料其败，上疏固辞。凡蒙征辟，始自崇祯，前后十二，皆力辞焉。

监国九年，鲁王特敕征之。征君适在交趾，奉敕歔欷，欲往赴之。会安南国王檄取流寓识字之人，官差应以征君。国王召见，逼而使拜，征君长揖不拜。君臣大怒，将杀之。征君毫无沮丧，辨折弥厉。久而感其义烈，反相敬重。既而欲还舟山，谢恩陈情。闻其已陷，进退失据。于是熟察时势已去，不可复振，决意税驾[1]。因往长崎，实我万治之二年也。流落海外几十五年，数至我邦，漂泊交趾、暹罗之间，艰苦万状。往而复返，盖志有为而事竟无成也。

其在长崎，贫不能支，门人安东守约折俸之半而养之。宽文五年，我水户侯梅里公闻其学植德望，厚礼而聘，征君慨然赴焉。待以宾师礼，遇甚隆。每引见谈论，依经守义，启沃备至。教授学者，亹亹不倦。虽老而疾，手不释卷。

天和二年四月十七日，卒于江户驹笼之第，享年八十有三，葬于常陆久慈郡大田乡瑞龙山下。梅里公谥曰"文恭先生"，彰其德也。亲题其墓曰"明征君"，成其志也。其在乡里，子男二人：大成、大咸，妻叶氏所出。女高，继室陈氏所出。皆先殁。

征君严毅刚直，动必以礼。学务适用，博而能约。为文典雅庄重，笔翰如流。平居不妄言笑，惟以邦雠未复为憾，切齿流涕，至老不衰。明室衣冠，始终如一。鲁王敕书，奉持随身，未尝示人。殁后始出，今犹见在。凡古今礼仪大典，皆能讲究，致其精详。至于宫室器用之制、农圃播殖之业，靡不通晓。如其遗文，则有《集》[2]存焉。

这篇出自嫡传弟子之手的碑文，比之《清史稿·朱之瑜传》，内容更加丰富，事实更加确切，可为研究朱舜水的基础史料之一。

---

1 税驾：税，通"捝""脱"，犹"解驾"，下车停留之义。《史记·李斯传》："物极则衰，吾未知所税驾也。"司马贞索隐："税驾，犹解驾，言休息也。"此处指遁世、归隐。

2 《集》：此亦指德川光圀所辑之《舜水先生文集》。

五

朱舜水"笔语"资料

朱舜水留居日本期间（1659—1683），因自己不擅日语而日本文人多不通华语，所以"以笔代舌"成为主要，甚至是唯一的交际方式，除了书信往来之外，当面交谈称作"笔谈""笔语"或"笔话"。这种东亚特有的交流方式对朱舜水而言，亦是驾轻就熟、得心应手。安东守约在《心丧集语》中描述笔谈现场情景：

> 及相见，从容笔语，俄顷数纸飒飒而成。后之所录，除书柬及家礼图批、棺图，皆面时之笔语也。文思敏速，虽中国亦不多。东坡曰："吾文如万斛泉源，不择地皆可出。在平地滔滔汩汩，虽一日千里无难。"某于先生亦云。

显而易见，"笔语"资料是朱舜水留给世间的重要精神遗产，可惜长期以来学术界对此不够重视。究其原因，是这种介乎文言与白话之间、现场挥笔而未经推敲的文字内容，无法归入任何一种传统文体，因而多以抄本形式传世，散佚情况极为严重。

（一）《舜水先生文集》中的"笔语"

朱舜水卒后33年，由德川光圀手辑、其子西山纲条校订的《舜水先生文集》二十八卷（外加附录一卷），由京都书肆柳枝轩茨城方道刊刻于正德五年（1715）正月。该书每卷题下署"门人权中纳言从三位西山源光圀辑，男权中纳言从三位纲条校"，因出自水户藩主之手，世称"水户本"。

全书二十八卷又附录一卷，各卷内容如下：卷之一（奏疏、赋、书一），卷之二（书二），卷之三（书三），卷之四（书四），卷之五（书五），卷之六（书六），卷之七（书七），卷之八（书八），卷之九（启、揭），卷之十（尺牍一），卷之十一（尺牍二），卷之十二（尺牍三），卷之十三（策问、论、说），卷之十四（议、辩），卷之十五（对），卷之十六（序、记、志、规、箴），卷之十七（赞），卷之十八（铭、碑铭），卷之十九（祭文），卷之二十（杂著一），卷之二十一（杂著二），卷之二十二（杂著三），卷之二十三（杂著四），卷之二十四（批评一），卷之二十五（批评二），卷之二十六（释奠仪注），卷之二十七（阳九述略），卷之二十八（安南供役纪事），附录（行实、略谱、祭文）。

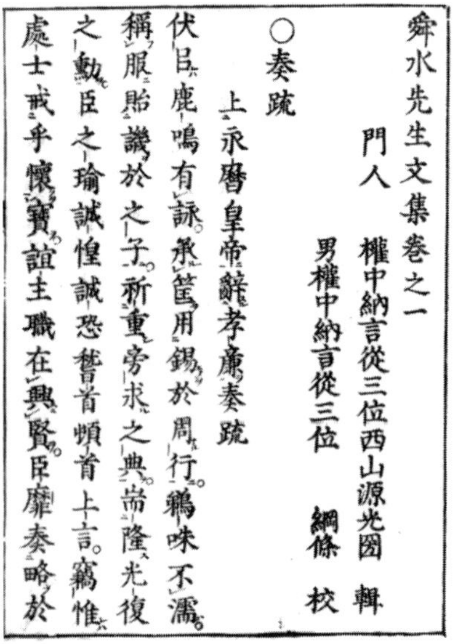
舜水先生文集卷之一
門人　權中納言從三位西山源光圀　輯
男權中納言從三位　綱條　校
○奏疏
上永曆皇帝辭孝廉奏疏
伏以鹿鳴有詠。承筐用錫於周行。鵜味不濡。稱服貽譏於之子。祈重旁求之典。常隆光復之勳。臣之瑜誠惶誠恐。稽首頓首上言。竊惟處士戒乎懷寶。誼主職在興賢。臣靡奏略於

图15-6　水户本《舜水先生文集》卷首

卷之二十内题“杂著一”，卷之二十一内题“杂著二”，卷之二十二内题“杂著三笔语”，卷之二十三内题“杂著四笔语”。其中“杂著三笔语”辑录朱舜水与加藤明友、林春信、林春常、野节、木下贞干、安东守约、中村玄贞的笔语，卷之二十三“杂著四笔语”辑录朱舜水与小宅生顺、吉弘元常、辻达、藤井德昭、或人[1]的“笔语”。

《舜水先生文集》打破传统文体归类的桎梏，创造了将“笔语”收入个人文集之先例，但把“笔语”归入“杂著”又显得不伦不类，马浮

1　或人：日语中指某人、有人。此处指阙名之人与朱舜水的笔语。

曾评价水户本"类次陵躐，颇乏体要"[1]，因此在新编《朱舜水全集》时对篇章做了结构性调整，即全书二十九卷，包括《文集》二十五卷，《改定释奠议注》《阳九述略》《安南供役纪事》《附录》各一卷。《文集》二十五卷内容为：卷一（诗）、卷二（赋）、卷三（疏、揭、策问）、卷四至卷十一（书）、卷十二（启、杂帖）、卷十三至卷十五（答问）、卷十六（议）、卷十七（序）、卷十八（记、跋）、卷十九（论、辩、杂说）、卷二十（赞、箴、铭）、卷二十一（碑铭）、卷二十二（祭文）、卷二十三（杂著一字说）、卷二十四（杂著二札记、杂评）、卷二十五（杂著三杂说、杂题识）。

在《朱舜水全集》"杂著"类中已经不见"笔语"踪影，取而代之的是以三卷篇幅新增"答问"类，《舜水先生文集》中的"笔语"被打乱次序分散在三卷之中，具体对应情况见下表（《舜水先生文集》简称《文集》，《朱舜水全集》简称《全集》）：

表15-1　《舜水先生文集》与《朱舜水全集》

	《文集》卷二十二笔语	《文集》卷二十三笔语	《全集》卷十三答问	《全集》卷十三答问	《全集》卷十五答问
加藤明友	○				○
林春信	○				○
林春常	○				○
野节	○				○
木下贞干	○				○
安东守约	○			○	
中村玄贞	○				○

1　《朱舜水全集》，中国书店1991年版，第1页。这段话出自《总目》下的按语，落款是"癸丑（1913）八月"。此书卷首载汤寿潜民国2年（1913）八月序。流行本有世界书局1962年版、中国书店1991年版。本文引录以中国书店版为准。

	《文集》 卷二十二笔语	《文集》 卷二十三笔语	《全集》 卷十三答问	《全集》 卷十三答问	《全集》 卷十五答问
小宅生顺		○			○
吉弘元常		○	○		
辻达		○			○
藤井德昭		○			○
或人		○			○

《全集》不仅把《文集》单独归类的"笔语"杂糅在释义不清、界定模糊的"答问"门类内，而且对"笔语"的内容也作了明显的增删，如吉弘元常、或人的"笔语"只有一半，林春信、安东守约的"笔语"并未全收，小宅生顺的"笔语"漏收二十四条、增加十三条。

从整体上看，《全集》取消了"笔语"的类别，试图以"答问"的门类涵盖之，从文献学的角度说，抹杀了"笔语"作为独特文体的个性，较之《文集》是一个显而易见的倒退。

(二)"书简"与"问答"

1981年8月，朱谦之整理的《朱舜水集》作为"理学丛书"之一种，由中华书局刊行问世。据该书《凡例》，校勘时使用了以下几种传本：

(1) 水户本（1715年德川光圀辑《舜水先生文集》）

(2) 加贺本（1684年五十川刚伯编《明朱征君集》）

(3) 享保本（1720年茨城多左卫门刊《舜水先生文集》）

(4) 稻叶本（1912年稻叶君山编《朱舜水全集》）

(5) 马浮本（1923年马浮据稻叶本删定《舜水遗书》）

(6) 谈绮本（1708年安积觉《舜水朱氏谈绮》）

该书是目前内容最为完备、体裁最为规范、中国学者使用频率最高的基本史料集（下面亦称"中华书局本"）。全书分上下册，上册十一卷，即卷一（《中原阳九述略》）、卷二（《安南供役纪事》）、卷三（疏、揭）、卷四（书简一31）、卷五（书简二77）、卷六（书简三79）、卷七（书简四56）、卷八（书简五210）、卷九（书简六154）、卷十（策问、问答一、问答二）、卷十一（问答三笔语、问答四笔语）；下册十一卷，即卷十二（诗、赋）、卷十三（论、辩、说）、卷十四（议）、卷十五（序）、卷十六（记、志）、卷十七（杂著）、卷十八（批评）、卷十九（赞）、卷二十（箴、规、铭）、卷二十一（祭文、祝文、告文、碑铭）、卷二十二（《改定释奠议注》《学宫图说（存目）》）；此外还有附录（传记、年谱、祭文、有关信札、序跋、友人弟子传记资料）。

经过朱谦之的篇章结构调整，"笔语"集中在卷十一"问答"类下。"问答"之名称较之《全集》的"答问"稍稍贴切，虽然卷十的"问答"多有"答"无"问"，称之"答问"尚可；然卷十一的"问答（笔语）"均有"问"有"答"，按照汉语习惯当称"问答"。此外，"笔语"单独归为一类，放在"问答"的大类下，较之《文集》归入"杂著"更加合理。在讨论"问答"与"笔语"异同之前，我们先来梳理"书简"与"问答"的关系。

朱舜水留存下来的文字数据，最为丰富的是"书简"，《朱舜水集》共计收入607通（卷四31通、卷五77通、卷六79通、卷七56通、卷八210通、卷九154通）。这些书简具有如下特点：

（1）多作"致某某书""与某某书""答某某书"，几乎全部是回信或单方面致书（仅附载一封来信《张定西侯来书》）。

（2）多用书信套语。开首如"远惠书问，足纫厚谊"（《答魏九使书》），"别后匆匆，无时宁息"（《答完翁书》），"捧读翰札，知福履增庆，欣慰欣慰"（《答赵文伯书》），等等。结语如"弟之衔感，与赵同之矣！不尽不尽"（《与刘宣义书》），"冗甚病甚，不能一一"（《与王民则书》），"先此奉复，尚容面颂"（《答赵文伯书》）等。

（3）内容多涉及私人细事，仅仅是多次往来信札中的某个片段，除了当事人之外，很难从这些书简来把握事情的整个脉络。

（4）这些私人书简几乎不具有系统完整的学术内容，虽然反映出朱舜水的生活足迹，但对于研究他的思想而言，价值不是很大。

与体量巨大、内容庞杂的私人书简相比，《朱舜水集》卷十收录的"问答"，其中的学术含量就凸显出来了。其中"问答一"收录"答某某问"26通，"问答二"收录12通，其特点如下：

（1）这些"问答"皆存"答"而阙"问"，这也很好理解，日本人的"问"函在朱舜水手里，而朱舜水的"答"书由收信人保存起来，"问"与"答"不在一张纸上，故编辑文集时只有"答"而无"问"。

（2）朱舜水的"答"书没有寒暄语、客套话，单刀直入、直奔主题，这是与"书简"最大的文体差异，这是在特殊环境下，因散居各地、无法谋面等原因，日本人以书面形式向朱舜水请教而形成的另一类文献体裁。

（3）"答"书的内容具有高度的学术含量，因为书信往来的时间差，相较于临场挥笔、即席问答的"笔语"，多了几分深思与稽考的从容，所以不乏大篇引经据典的长文，比较系统地体现出朱舜水的学术思想，因此研究价值高于"书简"。

（4）每一通"答"书均对应特定的"问"函，有头有尾有脉络，一问一答在内容上具有完整性和独立性。

"问答"实质上是一种"隔空对话"，虽然对话双方不是在同一时间、同一空间面对面交流，但是利用了"文字"在时间中滞留、在空间里传送的特质，完成超越时空的问答对话，在现代电信技术发明之前，这不得不说是一个奇迹。

（三）"问答"与"笔语"

《朱舜水集》卷十一收录的"笔语"，虽然朱谦之将之编入"问答"大类之下，但两者无论形式还是内容均具有显著的差异。兹将"笔语"篇目引录如下：

> 《朱舜水集》卷十一"问答三（笔语）"
> （1）答加藤明友问八条
> （2）答林春信问七条
> （3）答林春常问
> （4）答野节问三十一条
> （5）答野节问二条
> （6）答木下贞干问
> （7）答安东守约杂问三十四条
> （8）答中村玄贞问三条
> 《朱舜水集》卷十一"问答四（笔语）"
> （9）答小宅生顺问六十一条
> （10）答吉弘元常问八条
> （11）答辻达问
> （12）答藤井德昭问
> （13）答或人问八条

《朱舜水集》几乎全盘接受《舜水先生文集》的"笔语"资料，不同之处大概有三：一是每篇前添加"答某某问"标题；二是标明每篇"笔语"的条数；三是新增《答野节问二条》一篇。现在看来，《朱舜水集》的三点创新均属败笔。

首先，所谓"笔语"，指双方面对面地"以笔代舌"书面交谈，虽然以朱舜水答疑为主，但也包括朱舜水的反问、双方各抒己见、讨论某个主题、争论某些问题，从《西游手录》来看，双方多作"曰"而不是"问"或"答"，所以定题为"答某某问"有欠妥当。

其次，朱谦之是以"一问一答"为一条来计算条数，如《答加藤明友问八条》意味着加藤明友问了八个问题、朱舜水做了八次响应。然而，如前所述，笔语并非都是问答，有时候某人会连续多次发话，有时候朱舜水答话后也会抛出问题，对方或予以说明或予以确认等，总之整个谈话过程呈线性连贯，不能生硬地切割为一问一答，因此我们的做法是，以每个人的一次发话为一条来计算。

最后，《朱舜水集》新增的《答野节问二条》，其一为："一、正心诚意之说，肤浅杜撰，恐无当大方，言之谆谆，益致忸怩。汉书携来，尚未开箱，足见学业之荒也。台台既持一册来，愿请读一二傅。"其二为："一、白玉之玷，尚不可磨。玷者，缺也，玉之体尚在也。至于造为妖妄之言，希图污蔑正人，其主心欲变乱黑白矣，不止诗人所谓斯言无心之过也。"从行文及内容判断，似均出自朱舜水手笔，应该是"问答"中的"答"文，所以不宜归入"笔语"中。

近些年，在朱舜水研究中大放异彩的成果，当推徐兴庆编注《新订朱舜水集补遗》。然而该书的体例颇有些凌乱，卷一为"书简"八十四通，但又包含"相关人物书简"三十五通；卷二"笔语"六十六条；卷三"问答"二十三条；卷四"跋、诗、题、赞、祭文"十三篇；卷五"《朱舜水集》书简、问答"二十则，但又包含"《舜水问答》"八条。

我们来关注六十六条"笔语"，标题多作"朱舜水寄某某笔语"等，既然有"寄"字，应该不是笔语。如第一通全文如下（编注者补字照录而不出注）：

"正月十五日见新王，坐定打一恭，未有言"，新王云："闻大名久矣。今日方得相见。"不佞云："托处贵国就同百姓一般，所以不敢造次进见。"新王云："大明遭轶靼，离家来日本，甚是难为。今在此，每事不足为虑，有我在此，凡有甚事，勤勤进来。"说后，陈通事云："□□□。"不佞出来，新王送至外门，一揖而别。回与玄庵等言，真是大儒气象，与他人迥别，礼度雍容可敬，□□有不好言语，而入德造作如许。[1]

这似乎是一篇记事之文，其他的内容也大抵如此，均为朱舜水的发话，而无"笔语"中必不可缺的互动内容。粗粗读来，其中不乏书简、问答之类，大概编注者与我们对"笔语"的理解不同，凡书面记事诉说的均归为"笔语"。

然而，卷三"问答"二十三条，全部取自《舜水墨谈》，理当归入"笔语"才对。如第三条如下：

问：先正曰学而习，习而察，伏想加察字添一层工夫如何？
答：极是。[2]

《舜水墨谈》是人见竹洞（野节）与朱舜水的笔谈集，书中人见竹洞的有段按语最能说明问题：

乙巳岁，余新筑柳塘之下，开小园，艺花竹，构书斋，起书楼。一日招翁，酒馔各效中华之制。桌椅相对，静话终日，翁欣

1　徐兴庆编注：《新订朱舜水集补遗》，台湾大学出版中心2004年版，第180页。
2　徐兴庆编注：《新订朱舜水集补遗》，台湾大学出版中心2004年版，第223页。

然，笔语作堆。

这里把"笔语"称作"静话"可谓妙极，虽然现场终日沉默无声，但朱舜水感到"欣然"，而且"笔语作堆"。

综上所述，书简、问答、笔语均属于书面交流，但场景和流程则完全不同，归纳起来说："书简"是当事人双方的长途信件，主要内容为具体事务，留存下来的多为朱舜水发出的信函；"问答"是当事人双方的书面交流，主要内容为探讨学术问题，留存下来的多为朱舜水的答文；"笔语"是当事人双方面对面的书面交流，内容涉及面极广，留存下来的多为双方交谈的实录。

（四）传世的"笔语集"

前面说过，书简、问答大多各执一端，朱舜水去世后，门人在编撰文集时，只能收集到他们手中的一端——即朱舜水发出的书简、朱舜水解惑的答文。然而，笔语的情况大不相同，我们从孙中山与宫崎滔天、大河内辉声与清朝驻日公使馆员、内藤湖南与中国文人的笔谈原稿可以看到，很多情况下笔谈双方是在同一张纸上书写对话的。即使在各自的纸上写字，有心人往往会在谈话结束后收拢彼此纸张，或装订成册，或整理清抄（《朝鲜漂流日记》的情况就是如此）。

日本人与朱舜水的交流主要依赖笔谈，或请教学术问题，或询问中国制度，或了解国外风俗，或确认字词含义，朱舜水现场挥笔响应的纸张是他们必须获取的，而且视如家珍，有些还编成集子。前文提及的《西游手录》，便是小宅生顺与朱舜水在长崎的笔谈实录；安东守约辑《心丧集语》则收录了与朱舜水相关的书简、问答、笔语。除此之外，尚有《舜水墨谈》及《舜水问答》也属于笔谈集，拟作为后续的研究课题。

自德川光圀辑《舜水先生文集》以来，朱舜水的相关"笔语"终于得以"登堂"，但先是归类于"杂著"，移之于《朱舜水全集》"答问"，再迁之于《朱舜水集》"问答"，始终未能"入室"安居。编者采录的加藤明友、林春信、林春常、野节、木下贞干、安东守约、中村玄贞、小宅生顺、吉弘元常、辻达、藤井德昭、或人的笔语，并非是原本的全部。比如说，《西游手录》共有笔语一百三十五条，《舜水先生文集》仅采其中的五十三条，小宅生顺在约三个月内与朱舜水举行九次笔谈，但在《舜水先生文集》中被掐头去尾、多处砍削，原有的文脉、场景、气氛遭到严重破坏，几乎已经看不到两人促膝对谈的原貌。因此，希望今后在复原还真方面多下功夫。

如果以永历十三年（1659）朱舜水移居日本为界，那么六十岁之前他是个堂堂正正的明朝人，此后至八十三岁去世，他是位生活在异国的明遗民。很难说他是清朝人，但毫无疑问是中国人。

朱舜水与同时代的文化人相比，除了一般士人具备的尊师重道的儒学教养、忠君爱国的朴素情怀之外，还拥有渊博的世界知识、敏锐的国际感觉、宽大的普世胸襟，这是同时代许多人望尘莫及的。

朱舜水在移居日本前一年的1658年，写信给日本弟子安东守约，发出一句看似离经叛道、实则惊天动地的豪言："岂孔、颜之独在于中华，而尧、舜之不生于绝域！"他已经站在超越国家民族、抛弃世俗名利的高峰，以一种文化包容、海纳百川的气度降临日本，意欲在新天地中传承圣教、成就理想。

从日本的角度来看，朱舜水犹如旋风席卷日本社会，从根本上改变了近世儒学的本质，他挟裹着中国传统文化浑厚的底蕴，不仅带来了一场知识风暴，同时也带来了一场思想风暴。无论从哪个角度讲，朱舜水的后半生已经完全融入日本知识界，他的生命最后都刻印在日本历史年轮之中。

　　如果撇开民族、血统之类，朱舜水作为一位文化人，可以说他既是中国人也是日本人。研究如此伟大的一位文化混血儿，我们要抛开许多陈见，在多元文明的视域中加以立体关照，如此才能追踪其生命的全部历程，才能发掘其纵横东亚的丰富阅历，才能窥视其胸怀天下的精神世界。

终　章
唐代中日混血儿群像

　　唐代中日混血儿因为兼具两国血统，中国人将其视为日本人，几乎所有的中国人名词典均不予载录；日本人则认为他们只有一半日本血统，也很少有人去做专门研究。然而这些混血儿不仅精通双语，而且往往拥有先进的科技知识，加之生活在异文化交融的环境中，在当时的国际文化交流中发挥着举足轻重的作用。

　　本章分为两部分，前半部分描述几位名垂青史的唐日混血儿的事迹。如日本入唐僧辨正，还俗结婚后生下秦朝庆、秦朝元二子。秦朝元十二岁时随遣唐使回到日本，受到日本朝廷的优待，十几年后作为遣唐使判官又到长安，被玄宗接见。秦朝元与日本第一豪门藤原氏联姻，官至图书头、主计头，孙子藤原种继则是桓武天皇的亲信。又如另一位遣唐使成员羽栗吉麻吕，与唐女结婚后生下羽栗翔、羽栗翼二子，他们大约在十六岁前后随父回到日本，因为精通汉语而受朝廷重用，兄弟二人先后作为遣唐使官员出使中国，故地重游。兄羽栗翔滞唐不归，弟羽栗翼完成使命回国后成为天皇侍医，并担任左京亮、内藏助等要职。

　　后半部分叙述发生在混血儿身上的悲剧。所谓悲剧，主要有两种情况：一是丈夫与怀孕的妻子离别回国，孩子出生后妻子盼夫不归，遂等孩子长大后越海寻亲，如吉备真备、稽文会等皆为悲剧中的男主角；二是因为政治或文化冲突，混血儿成为牺牲品，如白村江战役时被唐朝流

放的赵元宝、韩智兴，海船遇难时被抛入海中的留学生高内弓的唐妻及
女儿等。

一

"韩子"与"别倭种"

　　东亚文化圈具有的诸多共同之处，既是各民族血缘交融的结果，亦
推动了人种的融合。在人种融合过程中出生的大量混血儿，形成一道独
特的风景，亦成为一个特殊的群体。不过，当各国民族意识趋向高涨的
时期，混血儿的归属问题会变得复杂。文明程度、贫富差别、民族意
识、男女地位等诸种要素交叉纠缠，夫妻双方极易发生利益冲突，甚至
酿成夺子抢女的国际纷争。

　　朝鲜半岛的南部，与日本九州岛隔海相望，人分马韩、辰韩、弁辰
（即弁韩）三种，秦人避乱多有至者，倭人亦杂处其间。大约在4世纪
前后，任那在近海的弁辰旧地形成部落联盟，聚居此地的倭人数量众
多，且双方通婚。

　　大和时代（约4—6世纪），日本虽然在军事上称雄邻邦，但在文化
方面尚远远落后于朝鲜诸国。这种畸形的发展，往往会诱发与邻国的争
端，尤其在日韩杂居的任那地区，围绕混血子女的归属权，矛盾就显得
更为突出。

　　继体天皇二十四年（530），任那遣使赴日状告日本驻军首领毛野
臣，滥用刑法，多杀无辜。《日本书纪》同年七月条记载"日本人与任

那人，频以儿息诤讼难决"，毛野臣采用残忍的"誓汤"[1]判法，结果"杀吉备韩子那多利、斯布利"，使任那人与日本侨民的矛盾激化。

这种残忍的神判古法，在日本虽有其名，但实际上鲜见施用。[2]毛野臣施用此法判定混血儿的归属，一方面表示其不谙国际事务，另一方面也反映出国际婚姻引发的矛盾冲突已达到不可调解的地步。值得注意的是，《日本书纪》编者在"杀吉备韩子那多利、斯布利"文后加了一条重要的注文："大日本人娶蕃女所生，为韩子也。"意思是说，日本男子与外国（此处指任那韩人）女子通婚，所生混血后代称为"韩子"。

那多利和斯布利系日韩混血儿，这类人当时被习称为"韩子"，《日本书纪》称他们为"吉备韩子"，其父当属吉备氏，两人可能是兄弟。他们被杀的原因不明，但既死于日本派遣的将军毛野臣之手，又引起当地人民的愤慨，成为任那使状告毛野臣的罪证，那么可以想象在日韩发生纠纷之际，这两位混血儿是站在任那一边的。

从隋唐时代开始，中日交流逐渐进入高潮，随着两国人来物往，不可避免地发生血缘交流，其结果是诞生一些中日混血儿。《日本书纪》白雉五年（645）二月条叙述了以高向玄理为押使的第三次遣唐使"取新罗道，泊于莱州；遂到于京，奉觐天子"的情况，接着引"伊吉博得言"云：

> 学问僧惠妙于唐死，知聪于海死，智国于海死，智宗以庚寅年

---

1 亦称"誓汤神判"，是日本古代酷刑之一。具体做法是让争讼双方探手于沸水中，理亏者手烂。本稿所引用之《日本书纪》《续日本纪》《日本三代实录》等，均据佐伯有义校订标注《增补六国史》（朝日新闻社1940年版），以下引用不再一一标明版本。

2 笔者查《日本书纪》，仅发现二例。一次是应神天皇九年（317），甘美内宿祢枉告其兄谋反，两人遂对质公堂，探汤以辨黑白是非；另一次是允恭天皇四年（415），贵族、土豪竞相伪造谱系，以夸示出自高门，朝廷令行盟神探汤，以定姓氏真伪。

付新罗船归，觉胜于唐死，义通于海死，定惠以乙丑年付刘德高等船归；妙位、法胜，学生冰连老人、高黄金总十二人，别倭种韩智兴、赵元宝，今年共使人归。

这里的韩智兴、赵元宝被称为"别倭种"，与其他的日本留学僧（生）明显区别开来，似乎身份有点特殊。《释纪秘训》将"别倭种"训读作"コトヤマトウヂ"。岩波书店日本古典文学大系版《日本书纪》则认为："所谓倭种，即外国人与日本人的混血儿。"木宫泰彦在《日中文化交流史》中说得更明白："所谓别倭种，乃我邦留学生娶彼地女子所生之混血儿。"

笔者认为"别倭种"应该是一个专用名词，因为"倭种"在《三国志·魏书·倭人传》中就已经出现，用来指称受曹魏册封的邪马台国以外的倭人，此处以"别"字标识血统。从韩智兴、赵元宝的姓名来看他们当具汉人血统，木宫泰彦的推断是可取的。

二
唐代中日通婚之背景

如上所述，"韩子"与"别倭种"是不同时代、不同地区历史发展的产物，但是二者之间具有超越时空的共性，即他（她）们均是民族交融的结晶，是混血后代的专用称呼。由此推知，以中国为核心的东亚文化圈的形成与扩展，从某种意义上来讲，乃是各民族之间的血缘交融在文化上的体现。这是一个缓慢的渐进的过程，但对文化交流而言，却是最为坚实可靠的基础工程。

日本自630年派遣第一批遣唐使至894年停废此制，其间约260年左右，共任命遣唐使二十次，四次因故中止，实际成行十六次。每批使团由二至四船组成，每船百余人，累计到达中国者约有5000余人。据《延喜式》载，遣唐使内有大使、副使、判官、录事四等官员主事，知乘船事、译语、主神、医师、阴阳师、史生、射手、船师、音声长、卜部、水手长等各司其职，此外尚有人数不等的留学生（僧）和请益生（僧）随行。

在这些人员中，绝大部分随船而返，唯有留学生（僧）长期滞唐，等到下次使节入唐（平均需要等待20年左右）才得回国，因此他们与唐人通婚的概率也最高。从实例来看，入唐时的身份似乎并不重要，留居海外的时间长短才是决定性因素。

如留学渤海的高广成，与当地女性结婚，生有一男一女；随同留学生阿倍仲麻吕入唐的傔人（随从）羽栗吉麻吕，与唐人成婚生下两子；辨正虽为留学僧，但在唐还俗成家，生下秦朝元、秦朝庆兄弟；藤原清河位居遣唐大使，归船遇风漂到今越南一带，获救后仕唐终生，喜娘便是他与唐妻所生之女；娶唐人李自然为妻的大春日净足，入唐年份虽然无考，但推测也有长期滞唐的经历。

唐代对外开放，在长安、洛阳等政治中心，扬州、明州、广州等海港都市，居住着众多外国人，他（她）们与当地汉族杂居，也就自然出现通婚现象。如陈鸿在《东城老父传》中借贾昌之口谏言："今北胡与京师杂处，娶妻生子，长安中少年有胡心矣。"[1]又如《资治通鉴》卷二三二贞元三年（787）条记载：

李泌知胡客留长安久者，或四十余年，皆有妻子，买田宅，举

1　引自《太平广记》卷四八五。向达在《唐代长安与西域文明》（三联书店1957年版）一书中推测事在"元和中叶"。

质取利，安居不欲归。命检括胡客有田宅者，停其给，凡得四千人。将停其给，胡客皆诣政府诉之。泌曰："此皆从来宰相之过，岂有外国朝贡使者，留京师数十年不听归乎？今当假道于回纥，或自海道各遣归国。有不愿归，当于鸿胪自陈，授以职位，给俸禄，为唐臣。人生当乘时展用，岂可终身客死邪？"于是胡客无一人愿归者，泌皆分隶神策两军，王子使者为散兵马使或押牙，余皆为卒，禁旅益壮。鸿胪所给胡客才十余人，岁省度支钱五十万缗，市人皆喜。

唐朝政府虽然严禁商人、僧侣私自出境（如玄奘、鉴真等均属偷渡出境），但对国际婚姻持开放、宽容的态度。《唐会要》卷一百中有一条太宗于贞观二年（628）六月十六日发布的诏令："敕诸蕃使人所娶得汉妇女为妾者，并不得将还蕃。"意思是外国使臣可以娶汉人为妻妾，但不允许带她们出境。

来到唐朝的日本遣唐使成员与唐人结婚的史事散见于中日两国的相关文献中。除了上面提到的事例之外，在中日文化交流史上常与鉴真相提并论的阿倍仲麻吕，作为中日友好的象征而广为人知。他从十九岁入唐至七十三岁去世，在中国生活了50余年，然而史书竟一字未提他的婚姻问题。笔者从储光仪、王维的诗，并结合《续日本纪》的相关记载，断定他与唐人结婚并有子女。与圆仁同时入唐的圆载，在天台山等地留学亦达50余年，于会昌年间还俗结婚并生儿育女。[1]

---

1 武帝于会昌年间灭佛，僧侣大多被迫还俗，时在天台山国清寺的留学僧圆载也不能幸免，后在新昌一带娶妻生子营生。唐大中七年（853），其同门圆珍入唐，在国清寺与圆载相见，得知圆载还俗等事，在《行历钞》中说他有"犯尼之事"，"久在剡县，养妻苏田，养蚕养儿"，日记中多次骂他为"贼""乡贼""鬼贼"。

唐代中日民族之间不仅通婚，来华的日本人还把妻子、儿女带回本国。其中典型的例子是838年入唐的遣唐使判官藤原贞敏。据《日本三代实录》记载，藤原贞敏在上都（长安）与琵琶师刘二郎邂逅，以黄金二百两入门学习数月，习得妙曲并获赠曲谱数十卷，后与精通琵琶、古筝的刘二郎之女刘娘结婚，回到日本后成为琵琶宗师。他从中国带回的紫檀琵琶，现在依然保存在奈良的正仓院中，刘娘则被奉为日本秦筝之祖（圆括号内为补字，方括号内为考注）：[1]

> 贞观九年十月四日从五位下行扫部头藤原朝臣贞敏卒 ^{岁六十七，参议浜成唐、刑部卿魋彦子也。}贞敏好学鼓琴，尤（善）弹比巴。承和二年月日兼遣唐使判官，五年到大唐，逢能弹比巴者 ^{刘二郎}，贞敏赠砂金二百两，刘二郎曰："礼贵往生［衍字］来，请欲相传。"即授两三曲，二三月间尽妙曲乎。刘二郎赠谱数十卷，因问曰："君师［疑脱'何'字］人？素学妙曲乎？"贞敏答曰："是我累代之家风也，更无他师。"刘二郎又曰："于戏！昔闻谢镇西，此人乎？仆有一小女，愿令荐枕席。"贞敏答曰："一言斯重，千金还轻。"既而成婚礼。刘娘尤善琴筝，贞敏习得新声数曲。明年聘礼既毕，解缆归乡。临别，刘二郎设祖筵，赠紫檀紫藤比巴各一面。是岁大唐大中元年，本朝承和六年也。

---

1 藤原贞敏从唐带回的《琵琶谱》现存日本，卷末有藤原贞敏的跋记（方括号内原为双行夹注）："大唐开成三年戊辰八月七日壬辰，日本国使作牒状付勾当官银青光禄大夫检校太子庶事王文true，奉扬州观察府请琵琶博士。同年九月七日壬辰，依牒状送博士州衙前第一部廉承武［字廉十郎，生年八十五］，则扬州开元寺北水馆而传习弄调子。同月廿九日学业既了，于是博士承武送谱，仍记耳。开成三年九月廿九日判官藤原贞敏记。"据此可判断他的学习地点在扬州，师父名叫廉承武。

唐代日本人来华娶妻虽是主流，但也有唐人赴日成婚的。天平七年（735）移居日本的袁晋卿，《续日本纪》（卷三十五）宝龟九年（778）十二月十八日条，说他"时年十八九，学得《文选》《尔雅》音，为大学音博士"，其后结婚（妻子当为日本人），至少育有九子一女。九子分别与日本人通婚，女儿则与天平宝字四年（760）奉使赴日的袁常照结婚。《日本后纪》（卷十三）延历二十四年（805）十一月十九日条云：

> 左京人正七位下净村宿祢源言：父赐绿袁常照，以去天平宝字四年奉使入朝。幸沐恩渥，遂为皇民。其后不幸，永背圣世。源等早为孤露，无无复所恃。外祖父故从五位上净村宿祢晋卿养而为子，依去延历十八年三月廿二日格，首露已讫。傥有天恩，无追位记，自天佑之，欣幸何言。但赐姓正物，国之征章，伏请改姓名，为春科宿祢道直。许之。

如果净村宿祢源的母亲是袁晋卿与日本人女子所生，那他身上有四分之一的日本血统，也可算作混血儿。其父袁常照早逝，外祖父过世不久（倘若在世，则已八十八岁），因此上表请求承袭外祖父的位阶，朝廷许之，也说明朝廷对混血后代颇多眷顾。

国际婚姻的结果是产生一批混血儿，唐代中日之间的通婚也造就了一个混血儿群体。有趣的是，留在唐朝的混血儿几乎销声匿迹，而回到日本的却大多名垂青史。

三

辨正与秦朝元

日本大宝二年（702）六月，第八次遣唐使的船队离开筑紫，扬帆出海。搭乘此船的留学僧辨正，俗姓秦氏，大概是中国移民的后裔，言谈行止，不类刻板的同行。《怀风藻》载《辨正传》，说他"性滑稽，善谈论"，少年剃度出家，精通道家的玄学，云云。此人热衷于博戏之类，据传是一位身怀绝技的围棋高手。

辨正入唐之时，玄宗皇帝李隆基尚未登基，过着悠闲的生活。李隆基亦好博戏，风闻辨正善弈之名，颇讶东夷竟有此奇才，时时将其唤入宫中。辨正受到唐朝皇子的宠遇，出入禁宫，结交权贵，从此再也无心诵佛念经，不久便还俗娶妻，生了两个儿子，大的叫朝庆，小的叫朝元，俱用父亲出家前的秦姓。

李嘉先生写过一篇《和唐明皇对局的日本棋士》，文章内载："日本宫廷派往大陆的遣唐使节团中，甚至往往附随有日本的围棋名手，作为随员，到长安与唐代的中国名手较量。其中最有名的外交棋师，是一位叫作辨正的日本和尚。""辨正在出家以前生有两个儿子：长子朝庆，次子朝元。朝庆早死，次子朝元继父志，于日本天平年间（729—748）到中国长安。传说他以文才见称，而唐明皇可能念到与他父亲有对局之缘，特别召见他，拜他为入唐判官。"[1]

这段议论讹误颇多，试举数例。据《怀风藻》，辨正"少年出家"，那么"出家以前生有两个儿子"，便是无稽之谈。《怀风藻》云："有子朝庆、朝元，法师及庆在唐死，元归本朝，仕至大夫。"可知辨正与朝庆殁于唐，朝元回到日本为官，"朝庆早死"不知何据。"入唐判官"是

---

1 李嘉：《蓬莱谈古说今》，吉林文史出版社1986年版，第50页。

遣唐使的官职，不可能由唐明皇来封赐。辨正少年时出家，入唐时仍是"法师"，不可能携带家眷，朝庆与朝元当是在唐还俗后所生。

秦朝元大概在养老二年（718）十月，随第九次遣唐使东渡日本[1]，翌年四月赐姓忌寸。从辨正入唐的年份推算，朝元初抵日本时尚为不满二十岁的青少年。辨正在唐期间身份特殊，朝元自幼必过着富裕的生活，受到良好的教育，因而他将所习得的专业知识携往日本，备受朝廷的青睐。兹从《续日本纪》中撷拾相关记事如次：

> 养老三年（719）四月，赐姓忌寸。
>
> 养老五年（721）正月，因通医术而受赏赐，时位在从六位下。
>
> 天平二年（730）三月，敕准教授汉语，限收弟子两名。
>
> 天平三年（731）正月，从正六位上叙升外从五位下。
>
> 天平七年（735）四月，位迁外从五位上。
>
> 天平九年（737）十二月，任图书头。
>
> 天平十八年（746）三月，任主计头。

在大约30年间，秦朝元凭着其在中国习得的技艺和掌握的知识，受到朝廷的重用，不仅以医术高明著称，在教授汉语方面亦发挥出混血儿的优势。日本天平九年（737）以后，他在律令制度的官吏机构中身居要职，先后主管中务省所属的图书寮和民部省所属的主记寮。

秦朝元渡日之时尚是个涉世未深的青年人，称得上是一位学养丰厚的知识分子；但在崇尚唐朝文化的奈良时代，唐人血统本身就是高贵的

---

1 关于秦朝元的渡日年份，小岛宪之在日本古典文学大系本《怀风藻》的补注中提出疑问："其归朝或为第七次遣唐使时（704），或为第八次遣唐使时（718），难下定论。不过，从父兄滞唐未归视之，后者的可能性似乎更大。"朝元在庆云元年（704）渡日，这在时间上很难说通，因而养老二年（718）归国一说较为妥当。"

标志，精通汉语更是令人敬佩。秦朝元得以在日本一展宏图、大显才华，一方面是唐日文明落差所致，另一方面则是两国关系密切使然。

秦朝元于渡日本翌年被赐姓忌寸，这在天武天皇制定的"八色之姓"[1]中位居第四，专门授予外国移民，在贵族中是个响当当的等次。这种声望和地位，使他能与一流的贵族文人交往，《万叶集》中有一段记事可以为证。

日本天平十八年（746）正月，天降大雪，厚积数寸，以左右橘宿祢为首的诸王诸卿，聚赴太上天皇（元正天皇）御所请安，太上天皇赐以酒宴，命诸王卿赋诗助兴。《万叶集》卷十七载：

> 十八年正月，白雪多零，积地数寸也。于时，左大臣橘卿率大纳言藤原丰成朝臣及诸王诸臣等，参入太上天皇御在所（中宫西院）供奉扫雪。于是降诏，大臣、参议并诸王者令侍于大殿上，诸卿大夫者令侍于南细殿，而则赐酒肆宴。敕曰："汝诸王卿等，聊赋此雪，各奏其歌。"

橘宿祢率先咏道："从天降白雪，白发仕天皇，投老蒙恩宠，光荣又吉祥。"[2]纪朝臣清人、纪朝臣男梶、葛井连诸会、大伴宿祢家持等名流起而应之，唯十八名侍宴公卿未有和歌传世，书中记载了他们的姓名：藤原丰成朝臣、巨势奈底麻吕朝臣、大伴牛养宿祢、藤原仲麻吕朝臣、三原王、智努王、船王、邑知王、山田王、林王、穗积朝臣老、小田朝臣诸人、小田朝臣纲手、高桥朝臣国足、太朝臣德太理、高岳连河内、秦忌寸朝元、楢原造东人。

1　天武天皇于684年制定的"八色之姓"，分别为真人、朝臣、宿祢、忌寸、道师、臣、连、稻置八等，这一序列按各氏祖先与皇室关系的亲疏而定。

2　译诗参照杨烈译《万叶集》，湖南人民出版社1984年版。

这里，秦朝元赫然在列。其实，出了秦朝元之外，其余十七位王卿贵族均曾应诏赋歌，可惜当时因没有记录下来而不传于世。秦朝元则因为特殊的理由，未有诗作传世。《万叶集》记其缘由曰：

> 右件王卿等（指前面所列十八人——引者注），应诏作歌，依次奏之。登时不记，其歌漏失。但秦忌寸朝元者，左大臣橘卿谑曰："靡堪赋歌，以麝赎之。"因此默止也。

此次诗宴行于天平十八年（746），是年秦朝元官至主计头，若从养老二年（718）渡日算起，移居日本已近30年，语言应当已经掌握。然而，他的母语毕竟是汉语，与土生土长的贵族相比，即席创作日本独特的和歌，还是不太能胜任。左大臣橘宿祢体谅他，允其向太上天皇进献麝香，以免去赋歌之劳。麝香为名贵药品，日本不产，推测是朝元自唐携去之物，在日本奇货可居，竟能用以救急解难。上述实例将混血儿的弱点和强处表露无遗。

秦朝元东渡日本的原因和动机不详，也许是在父亲去世以后，为了回国继承遗业；也许是遵照父亲的安排，返归日本谋求发展。后一种情况的可能性似乎更大些。不管哪一种情况，父亲辨正、长子朝庆滞唐不归，朝元漂洋过海后，子然一身成为异乡孤客。然而15年之后，朝元被选为遣唐使判官，终于盼到了重归唐土的机会。这段史料《续日本纪》漏载，兹从《怀风藻》中引录如下：

> 辨正法师者，俗姓秦氏。性滑稽，善谈论。少年出家，颇洪玄学。太宝年中，遣学唐国。时遇李隆基龙潜之日，以善围棋，屡见赏遇。
>
> 有子朝庆、朝元，法师及庆在唐死，元归本朝，仕至大夫。天

平中年，拜入唐判官。到大唐见天子，天子以其父故，特优诏厚赏赐。还至本朝，寻卒。

天平年间的遣唐使，仅多治比广成领衔的一次，即天平四年（732）八月任命多治比广成为大使，中臣名代为副使，平群广成、田口养年富、纪马主、秦朝元四人为入唐判官。天平五年（733）四月，遣唐使一行五百九十四人分乘四船，自难波津帆，同年八月漂抵苏州境内。[1]

第十次遣唐使在中日关系史上具有重大意义，如：唐僧道璇、婆罗门僧正菩提、林邑僧佛哲等搭乘使人归舶东渡，成为奈良佛教的巨擘，随同入华的留学生荣睿与普照，此后邀请鉴真渡日，促成戒律的完备和天台宗的东传；等等。

遣唐使之所以能获得如此成功，恐怕不能忽略秦朝元的幕后工作。他出生于中国，后移居日本，既掌握两国语言，又理解双方文化，是一个不可多得的外交人才，对遣唐使在唐开展活动、履行职责，想必做出了许多贡献。《怀风藻》说他"到大唐见天子，天子以其父故，特优诏厚赏赐"，说明混血儿在唐朝有种种社会关系，颇利于遣唐使与唐朝政府乃至民间的交涉。这大概也是混血儿频频入选使团官员的原因所在。

从《怀风藻》的行文措辞判断，秦朝元入唐之时，父亲辨正似已去世，他虽然受到玄宗皇帝的优赏厚赐，但回到阔别15年的故土，竟未能合家团聚，其心情之悲戚完全可以想象。另一方面，辨正身在唐国而心驰故乡，朝元赴日时倘若他还健在，那么对骨肉的思念必定与日俱增。辨正所咏的《在唐忆本乡》五言绝句，真实地流露出因国际婚姻造成的复杂情感和矛盾心态：

1　起帆年份参考《续日本纪》，使团人数据《扶桑略记》，漂抵时间参考《册府元龟》。

日边瞻日本，云里望云端。

远游劳远国，长恨苦长安。

《怀风藻》还收录了辨正的《与朝主人》一首，也是借题倾吐思乡之情：

钟鼓沸城闉，戎蕃预国亲。

神明今汉主，柔远静胡尘。

琴歌马上怨，杨柳曲中春。

唯有关山月，偏迎北塞人。

日本天平六年（734）十月，遣唐使一行从苏州解缆归国，途中遇到风暴袭击，四船离散失去联络。秦朝元大约乘坐多治比广成的第一船，于同年十一月漂至多祢岛。次年四月，秦朝元从外从五位下晋升至外从五位上，这是朝廷对他圆满完成使命的嘉奖。《怀风藻》说他"还至本朝，寻卒"，当与事实不符。《续日本纪》天平十八年（746）条云："外从五位上秦忌寸朝元为主计头。"由此可知，秦朝元从中国返回日本后，至少还活了10年以上。

四
羽栗吉麻吕与羽栗翼

辨正与唐女结婚，生秦氏兄弟，其次子朝元，随遣唐使渡日，在日本颇受朝廷重用，位至外从五位上，官任图书头、主计头，还以判官的身份入唐聘交，在中日交流史上名垂后世。然而，陪伴父母滞唐不归的长子朝庆，其事迹却不见使史传，默默无闻地度过终生。与秦氏兄弟相比，羽栗兄弟在中日关系史上贡献更大，两人由父亲带回日本，先后作为遣唐使要员入华，将混血儿的优势发挥得淋漓尽致，堪称名副其实的历史幸运儿。

日本灵龟二年（716）八月二十日，多治比县守被任命为第九次遣唐使押使，一行五百五十七人于养老元年（717）三月分乘四船离开难波津，取南路抵达中国，同年十月一日赴长安贡献方物。[1]阿倍仲麻吕、吉备真备、僧玄昉等均随船入华留学，其中吉备真备与僧玄昉在唐求学达18年之久，天平六年（734）搭乘第十次遣唐使的归帆，携带大量文物典籍回到日本。唯阿倍仲麻吕取唐名为"朝衡"（一作"晁衡"），仕唐未归。《旧唐书》卷一百九十九卷载：

> 其偏使朝臣仲满（指阿倍仲麻吕——引者注），慕中国之风，因留不去。改姓名为朝衡，仕历左补阙、仪王友。衡留京师五十年，好书籍，放归乡，逗留不去。

《新唐书·日本传》亦有类似的记录，唯文字略有出入。阿倍仲麻吕在唐朝历任的官职，据杉本直治郎的精详考证，共有10余种之多，按年代排序如次：左春坊司经局校书（721—727）、左拾遗（727—731）、秘书监、卫尉卿（753）、左散骑常侍、镇南都护、安南都护（760—761）、安南节度使（766）等，唐大历五年（770）去世后，代宗皇帝又追赠他为潞州大都督。[2]

根据《延喜大藏式》的规定，凡留学生或留学僧，均可以官费携偻

---

1 使团人数参考《扶桑略记》，抵达长安的时间参考《册府元龟》。
2 ［日］杉本直治郎：《阿倍仲麻吕伝研究——朝衡伝考》，育芳社1940年版。

人（侍从）数名。跟随阿倍仲麻吕入唐的傔人，名叫羽栗吉麻吕，入唐次年大概就与当地女性结婚[1]，生有二子，即羽栗翼与羽栗翔。《类聚国史》卷一百八十七"佛道十四·还俗"条云：

> 桓武天皇延历十七年（798年——引者注）五月丙午，正五位下羽栗臣翼卒云云。父吉麻吕，灵龟二年以学生阿倍朝臣仲麻吕傔人入唐，娶唐女，生翼及翔。翼年十六，天平六年随父归国。

滞留唐土18年以后，羽栗吉麻吕与同年入华的吉备真备、僧玄昉等，搭乘第十次遣唐使的归舶，于天平六年（734）归返日本。羽栗吉麻吕与唐女所生的长子羽栗翼随父同行，时年十六岁。以此推算，羽栗翼应出生在养老三年（719）。

羽栗吉麻吕在唐期间及归国后的活动，史书均无记载，长期以来成为悬案。近年，佐藤信为弄清唐抄本《遗教经》跋记中出现的日本人名，对石山寺收藏的该经原本进行精查，否定了学界视为定论的"朋古满"（指大伴古麻吕）说，将其大胆解读为"羽右满"（指羽栗吉麻吕），从而使了解羽栗吉麻吕的活动出现了新的可能。

这部《遗教经》由唐人陈延昌手抄，于开元二十二年（734）托付给日本使人，祈望在彼国流传。跋文如下：

> 唐清信弟子陈延昌，庄严此大乘经典，附日本使国子监大学羽右满（此三字亦似"朋古满"——引者注），于彼流传。开元廿二年二月八日，从京发记。

---

1 据《类聚国史》记载，羽栗翼于天平六年（734）赴日时年仅16岁，以此逆算，其出生应当在养老三年（719），恰是其父入唐的第三年，而其父结婚时间应为718年。

假若佐藤信的判读获得证实，那么就意味着羽栗吉麻吕和阿倍仲麻吕一样，曾入国子监太学深造；同时又可从唐人以佛经相托，来佐证他多少是信奉佛教的。羽栗翼归日之时身为僧侣，则可作为其父信佛的注脚。反过来说，羽栗吉麻吕如果笃信佛教，那么陈延昌以《遗教经》相托也就不是没有可能了。

《类聚国史》将羽栗翼列为"还俗僧"，还俗的原因和时间虽然不明，但不能排除朝廷因惜其才华而令其还俗的可能性。事实上这种情况还是有的，如《延历僧录》第五《淡海居士传》云："胜宝年有敕，令还俗赐姓真人，赴唐学生。"说的是淡海三船入选为留唐学生，被朝廷敕令还俗，以尽其才。羽栗翼还俗的时间似乎在宝龟初年，因为从那以后《续日本纪》中频频出现羽栗翼的任官与授位记录，兹按年序摘引如下：

宝龟六年（775）六月　拜遣唐录事。

宝龟六年（775）八月　升任遣唐准判官，从正七位上进至外从五位下。

宝龟七年（776）三月　历大外记，兼敕旨大丞。

宝龟七年（776）八月　天皇赐以臣姓。

宝龟十年（779）十月　授从五位下。

延历元年（782）二月　补丹波介。

延历四年（785）八月　进从五位上

延历五年（786）七月　任内药正兼侍医。

延历七年（788）三月　迁左京亮，内药正侍医如故。

延历八年（789）二月　兼内藏助。

延历九年（790）二月　叙正五位上。

羽栗翼自随父归国至宝龟初年的约40年间，在日本政坛上未见露面，原因大概是其身为僧侣之故。宝龟六年（775）拜遣唐录事，这是一系列任官授位的最早记事。那么，会不会因为入选遣唐使团，朝廷才命其还俗呢？考虑到淡海三船的先例，这种可能性颇大。

第十六次遣唐使于宝龟八年（777）从筑紫出发，大使佐伯今毛人因病辍行，副使小野石根代行其职。四船中的三船于七月到达扬州，唯第四船至八月才漂抵楚州境。最初拜录事、其后升任准判官的羽栗翼，与大使代理小野石根同乘一船。

此次赴唐，羽栗翼随身携带一块颇为奇特的矿石，希望在中国揭开其中的奥秘。事情的来龙去脉是这样的：大约在10年前，即日本天平神护二年（766）七月，一位名叫昆解宫成的下级官吏，从丹波国天田郡（今京都府绫部市一带）获得一种酷似"白镴"[1]之物，声称将之合入矿物铸造器皿，功能不亚于"唐锡"，并使"偷梁换柱"的手法，把一面用真白镴铸成的铜镜献给朝廷，以证所言非虚。由于发现可以取代进口唐锡的矿石，昆解宫成因功从散位从七位上一跃升至外从五位下。然而，朝廷兴役采矿，依法铸造，竟不能成功，于是便有人怀疑昆解宫成所奏有诈。《续日本纪》卷二十七天平神护二年七月二十六日条载：

> 散位从七位上昆解宫成，得似白镴者以献，言曰："是丹波国天田郡华浪山所出也，和铸诸器，不弱唐锡。"因呈以真白镴所铸之镜。其后，授以外从五位下。复兴役采之，单功数百，得十余斤。或曰："似铅非铅，未知所名。"时召诸铸工，与宫成杂而炼之，宫成途穷无所施奸。然以其似白镴，因争不肯伏。

1　"镴"是锡与铅的合金，熔点低，可以制器。

由于在日本缺乏必要的检测手段和矿物知识，这场真假白镴的公案竟悬而未决，羽栗翼入唐时携带的正是这种形似白镴的矿物，希望能请中国工匠作出权威性鉴定。宝龟八年（777）遣唐使船抵达扬州之境，羽栗翼委托当地铸工鉴定所携矿物。《续日本纪》中载：

> 宝龟八年，入唐准判官羽栗臣翼赍之以示扬州铸工。佥曰：
> "是钝隐也。此间私铸滥钱者，时或用之。"

"钝隐"大概是"铅"的俗称。东野治之指出："在日本，钝和隐，古皆读若'ナバル'。'ナバル'通'ナマル'，铅（ナマル）的词源即出于此。依此推断，钝隐当是铅的俗语。"[1]可以想象，携带矿物请唐人鉴定，绝不会仅仅出于个人兴趣，入唐前一年的776年，羽栗翼任敕旨大丞，矿物鉴定很可能是其分内使命之一。

在江户时代的对外贸易中，长崎专门设有"唐物目利""唐绘目利"等官职，由通晓外国事物、专业经验丰富的人员充任，负责对输入物品进行审查和估价。东野治之推测，在宝龟年间的遣唐使团中，判官小野滋野和准判官羽栗翼扮演了类似"唐物目利"的角色。[2]也就是说，遣唐使本来就兼有朝贡贸易的性质，而担任唐物选定任务的官员，一般由敕旨省派遣。

敕旨省为始置于天平宝字六年（762）的令外官[3]，是一个执掌天皇的机密使命及皇室财产管理的机构。在此之前，皇室的物品购置与财产

1　[日]东野治之：《遣唐使船——東アジアのなかで》，《歴史を読みなおす4》，朝日新闻社1994年版，第50页。

2　[日]东野治之：《遣唐使船——東アジアのなかで》，《歴史を読みなおす4》，朝日新闻社1994年版，第50页。

3　指日本在引进中国的律令官制之外，按本国实际需要添置的官职。

管理，例由中务省、大藏省、宫内省所属的有关寮、司分掌，而在律令官制之外特意添设的敕旨省，在采购及鉴别海外制品，并使之与日本国内的生产直接挂钩方面，具有独特的功能。小野滋野和羽栗翼入唐之时，均担任敕旨省大丞的官职，那么羽栗翼携带矿物请扬州铸工鉴定，当是分内的公务之一，或许与采购唐锡有关。

第十六次遣唐使抵华之后，按唐朝的规定，选出大使以下四十三人组成晋京使团，于大历十三年（778）正月十三日到达唐都长安，十五日赴大明宫进献贡品。这一天代宗皇帝没有上朝，小野石根一行是在三月二十二日再次拜朝时谒见代宗皇帝的。完成使命的晋京使团，于六月返回扬州，九月踏上归途，在经历难以想象的危险与困难之后，四艘使船先后于十月与十一月间漂回日本。

对羽栗翼来说，此次入唐意味着回到阔别43年的故乡。在唐逗留的1年时间，他目睹了故国日新月异的巨大变化，作为使团的重要成员在执行繁忙的公务之余，必定倾注全力汲取各方面的新知识，并将之携回日本传播。羽栗翼回到日本之后，在医学方面显示出才华。《续日本纪》天应元年（781）六月二十五日条载："遣从五位下敕旨大丞羽栗臣翼于难波，令练朴消。""朴消"疑即朴硝，能用于鞣制毛皮，亦可入药，为清肠通便的良药。羽栗翼炼制朴硝，可能运用了自唐习得的方法，目的是为了药用。数年之后，羽栗翼升任内药正兼侍医[1]，成为中务省所属内药司的统领，并兼任皇室御医之职，可以称得上是当时日本医学界的权威。

羽栗翼入唐的另一项收获，是将新的唐历携回日本。在古代的东亚文化圈内，周边国家使用中国的历法，即意味着奉中华之正朔，具有重大政治意义。王维《送秘书晁监还日本国》诗序云："海东国日本为

---

1 《续日本纪》延历五年（786）七月条。

大，服圣之训，有君子之风。正朔本乎夏时，衣裳同乎汉制。"在唐人看来，奉夏历为正朔，正是"君子之国"的象征。

中国历本最初是经朝鲜传入日本的。《日本书纪》推古十年（602）十月条云："百济僧观勒来之，仍贡历本及天文地理书，并遁甲方术书也。是时，选书生三四人，以学习于观勒矣。阳胡史祖玉陈习历法，大有村主高聪学天文遁甲，山背臣日立学方术，皆学以成业。"

百济僧观勒赍去的中国历法，虽有阳胡史祖玉陈习传，但并未在朝廷中实际使用。据《日本书纪》，持统四年（690）二月二日始用《元嘉历》和《仪凤历》。《元嘉历》，是宋元嘉年间（424—453）所定的历法。《仪凤历》则是唐高宗麟德元年（664）颁布的历本，一般称《麟德历》，但因为在仪凤年间（676—679）传入日本，所以在日本习称《仪凤历》。天平宝字七年（763）八月十八日，淳仁天皇敕令废止沿用了73年的《仪凤历》，改行《大衍历》（亦作《太衍历》）。

《大衍历》是唐僧一行总结前人的历算经验和吸收最新的天文观察结果编制而成的，唐玄宗开元十六年（728）始行于天下[1]。其时，吉备真备正在长安留学，天平七年（735）回国后，向朝廷献《太衍历经》一卷、《太衍历立成》十二卷、测影铁尺一把等[2]。

《大衍历》在中国行用时间不长，羽栗翼入唐之时，已是唐代宗治世，唐朝新颁《宝应五纪历》（略称《五纪历》），羽栗翼将之携回，于两年后的宝龟十一年（780）献呈朝廷，奏云："大唐今停《大衍历》，唯用此经。"言外有建议朝廷更换旧历的意思。朝廷从其所奏，翌年天应元年（781）敕令依照唐朝新历重新造历，可惜当时无人通解新历，故而只能继续沿用旧日本《大衍历》。

1　《旧唐书·玄宗本纪》开元十六年（728）八月条。
2　《续日本纪》天平七年（735）四月二十六日条。

在中日关系密迩的唐代，虽然大量的中国文物源源流入日本，但若没有掌握与之相应的背景知识，那么就不能说这些文物所负载的唐朝文化已经传入日本。借用时下流行的语言，只有硬件和软件配套，才能构成一个完整的文化体系。《宝应五纪历》在日本的命运，可以说是一个典型的例证。《日本三代实录》卷五贞观三年（861）六月十六日条云：

> 厥后，宝龟十一年，遣唐使录事故从五位下行内药正羽栗臣翼，贡《宝应五纪历经》，云："大唐今停《太衍历》，唯用此经。"天应元年，有敕令据彼经造历日。无人习学，不得传业，犹用《太衍历经》，已及百年。真野麻吕去齐衡三年（856年——引者注），申请用《五纪历》，朝廷议云："国家据《太衍经》造历日尚矣，去圣已远，义贵两存，宜暂相兼，不得偏用。"

自羽栗翼于宝龟十一年（780）向朝廷进献《宝应五纪历》以来，朝廷虽有废黜旧历之志，却乏精通新历之人。一晃便是76个春秋，历博士真野麻吕以唐开成四年（839）及大中三年（849）两年之历检勘《大衍历》，发现"注月大小，颇有相谬"，于是向朝廷申请依《宝应五纪历》重造历日，至天安元年（857）正月十七日始得许可。《日本文德天皇实录》载之颇详（天安元年正月十七日条）：

> 先是，历博士大春日朝臣真野麻吕上请，以开元《大衍历》造历年久，而今检大唐开成四年、大中三年两年历，注月大小，颇有相谬。复审其由，依《纪历经》造之，望也依件经术将造进。今日仍许之。真野麻吕历术独步，能袭祖业，相传此道，于今五世也。

从《五纪历》传入日本宝龟九年（778）算起，在长达78年的时间里，这部唐历隐无人识，长年被封存，等到真野麻吕获准依此造历时，却发现此历实际已经过时。贞观元年（859），渤海国大使乌孝慎抵日，向朝廷献《长庆宣明历经》（略称《宣明历》）。贞观三年六月十六日，时任阴阳头兼历博士的真野麻吕再次上奏朝廷，建议停用《大衍历》《五纪历》两历，颁行从渤海国辗转传入的唐朝新历《宣明历》，朝议准其请[1]。这部《宣明历》在日本行用了800余年，直到贞享二年（1685）江户幕府使用自造的历本为止。[2]

在中国历法东传史上，羽栗翼携归的《五纪历》虽然仅使用了4年，但在《大衍历》与《宣明历》的交替时期，起到承上启下的过渡作用，其历史意义不可过低评价。

羽栗翼在输入唐文化方面功绩显著，备受奈良朝廷的尊崇，晚年甚至被敕准乘车出入皇宫，其地位之尊在中日混血儿中实属罕见。

五

羽栗翼与喜娘

天平胜宝二年（750）九月，日本决定派出第十二次遣唐使。《续日本纪》同年是月条载："任遣唐使，以从四位下藤原朝臣清河为大使，从五位下大伴宿祢古麻吕为副使，判官、主典各四人。"藤原清河出身皇族，是光明皇太后的外甥、孝谦天皇的堂兄，时官在参议。

翌年（751）二月，遣唐使随员"一百十三人叙位有差"，同年十一

---

1 《日本三代实录》贞观三年（861）六月十六日条。辻善之助在《日本文化史Ⅰ》中作"贞观四年"，当误。

2 ［日］辻善之助：《日本文化史Ⅰ》，春秋社1950年版，第244页。

月吉备真备补任入唐副使。一位大使配置两名副使罕有先例，且大伴古麻吕与吉备真备均有入唐经验，这种人员安排给使团蒙上一层神秘色彩。

天平胜宝四年（752）三月，遣唐使一行拜朝受节刀，然后分乘四船从难波津解缆出海，经南路或南岛路，大约在五六月间抵达中国。《新唐书·日本传》在天宝十二载（753）的记事中称，"更繇明，越州朝贡"。从中可推知遣唐使船在明州（今宁波一带）之普陀附近着岸，然后经越州（今绍兴一带）北上晋京朝贡。

第十二次遣唐使的派遣目的，一般认为是为营造中的东大寺大佛购买用作金箔的黄金，但是近年来对此持怀疑态度的学者逐渐增加，甚至提出了一些新的见解。如藏中进认为，此次遣唐使很可能肩负着招请戒师的使命[1]；井上薰则指出，遣唐使是在任命两年后出发的，明明知道从唐朝购买黄金已经赶不上大佛的开光仪式，所以延聘唐人当是主要目的[2]。笔者进一步考证出，藤原清河在谒见玄宗时，正式提出了聘请律僧鉴真和文人萧颖士的请求。

萧颖士的招请因种种原因未获成功，已经五次渡海失败的鉴真，则决定第六次偷渡出国。天宝十二载（753）十一月，遣唐使船载着鉴真一行从苏州起帆，经南岛路抵达琉球（今冲绳）群岛，其后船队突遭逆风，大使所乘的第一船漂至安南（今越南）的骧州，随从及船员多为土人所害。藤原清河幸免于难，辗转回到唐土，仕官至秘书监，改名为"河清"，娶唐女为妻，生有一女，名叫"喜娘"。

在此之前，遣唐使大使滞留不归者尚无先例，加之藤原清河贵为皇族，日本朝廷盼其早日回国，遂于天平宝字三年（759）正月任命高元

1　[日]藏中进:《唐大和上東征伝の研究》，樱枫社1976年版，第455页。

2　[日]梅原猛等:《仏教伝来·日本编》，President社1992年版，第65页。

度为"迎入唐大使"。同年二月,渤海国大使杨承庆率众自日本回国,淳仁天皇赐物甚丰,因"国使附来,无船驾去,仍差单使送还本蕃,便从彼乡达于大唐,欲迎前年入唐大使朝臣河清"。[1]

高元度一行共九十九人,内藏全成任判官,羽栗翔和建必感为录事。羽栗翔即羽栗翼之弟,是羽栗吉麻吕与唐女所生的混血儿。遣唐使的官员序列共分大使、副使、判官、录事四等,录事执掌公文的起草等,一般由精通汉文的官员担任。羽栗翔出生在中国,渡日年份未见文献记载,推测是与其父兄一起,搭乘第十次遣唐使的归帆于天平六年(734)回到日本。其时兄长羽栗翼十六岁,羽栗翔大概还要小一二岁,正是风华正茂的少年。从羽栗翔的年岁判断,他在唐朝生活了十几年,接受过完备的启蒙教育,离开中国时已经熟练掌握汉语。在古代的东亚文化圈内,各国之间的往来书信文牒一律使用汉语,起用擅长汉文的羽栗翔担任遣唐录事,可谓是知才善用之举。

唐玄宗天宝十四载(755)冬,平卢、范阳、河东三镇节度使安禄山起兵叛乱,先后攻陷洛阳和长安,并派史思明攻占河北十三郡。直到代宗广德元年(763)叛乱才被平定。历时8年的安史之乱,使唐朝由盛而衰,形成藩镇割据的局面。高元度一行准备入唐的肃宗乾元二年(759),唐朝统治正处在风雨飘摇之中。两年前安禄山被其子庆绪所杀,唐将郭子仪等暂时收复东西两京;是年史思明杀庆绪,再度攻下洛阳。渤海国当局考虑到唐朝内乱未平,担心日本使团的安全,又顾及日本朝廷的托付,遂将使团一分为二,以大使高元度为首的十一人随渤海贺正使杨方庆入唐,判官内藏全成率其余八十余人由渤海使高南申护送回国。《续日本纪》天平宝字三年(759)十月十八日条载:

---

1 《续日本纪》天平宝字三年二月十六日条。

331

迎藤原河清使判官内藏忌寸全成自渤海却回，海中遭风，漂着对马。渤海使辅国大将军兼将军玄菟州刺史兼押衙官开国公高南申相随来朝，其中台牒曰："迎藤原河清使总九十九人。大唐禄山先为逆，命思明后作乱，常内外骚荒，未有平殄。即欲放还，恐被害残；又欲勒还，虑违邻意。仍放头首高元度等十一人，往大唐迎河清，即差此使，同为发遣；其判官全成等并放归乡，亦差此使随往，道报委曲。"

日本承和五年（838）六月，以请益僧身份入唐的天台僧圆仁，在两年后的开成五年[1]（840）三月七日，由山东的文登县往五台山巡礼途中，顺访登州（今山东半岛东端）的开元寺，发现寺内壁画为日本使人发愿绘制：

此开元寺佛殿西廊外僧伽和尚堂内北壁上，画西方净土及补陀落净土，是日本国使之愿。即于壁上书着缘起，皆悉没却，但见"日本国"三字。于佛像左右书着愿主名，尽是日本国人官位姓名：录事正六位上建必感，录事正六位上羽丰翔，杂使从八位下秦育，杂使从八位下白牛养，诸史从六位下秦海鱼，使下从六位下行散位（缺两字）度，傔人从七位下建雄贞，傔人从八位下纪朝臣（缺字）。寻问，无人说其本由，不知何年朝贡使到此州下。[2]

圆仁多方寻问，但无人知晓此画由来，更不知何年使臣到此。其实，通过上述"日本国人官位姓名"，完全可以揭开这个谜底。文中的

1　木宫泰彦认为圆仁参拜登州开元寺在839年，此处根据《入唐求法巡礼行记》改。
2　圆仁：《入唐求法巡礼行记》卷二，开成五年三月七日条。

"羽丰翔"应该是"羽栗翔"的误记或者误抄（"丰"的繁体字与
"栗"形近），在佛像左右列名的八人，无疑就是高元度一行的成员。可
以这样推测：高元度一行搭船到达渤海国之后，分出十一人随贺正使杨
方庆渡海，在登州附近登岸，日本使臣赴当地的开元寺参拜，祈祷在乱
世中平安完成使命，同时发愿绘制净土图壁画。时隔80余年的圆仁发
现这幅壁画，遗憾的是缘起文已经荡然无存，署名也部分为风霜所
蚀。[1]

从上述壁画的署名看，羽栗翔入唐之时（759）位在正六位上，而
16年后的宝龟六年（775），乃兄羽栗翼刚刚赐位正七位上。兄弟两人
为何会有如此差距？羽栗翼于宝龟六年八月升任入唐准判官，官位一跃
进至外从五位下，可知遣唐使官员在出发前大多有官位特进的可能。羽
栗翔入唐在先，自然要比乃兄晋位更快。所以对日本古代贵族来说，渡
海入唐既是生死难卜的冒险，又是升官晋位的机遇。

再说高元度一行既然随渤海贺正使入唐，那么最迟当在翌年
（760）正月前到达长安，经过与唐政府的交涉，将羽栗翔留在藤原清河
身边。一行十人于上元二年（761）南下苏州，由唐使沈惟岳、陆张什
等三十九人送归故国。《续日本纪》天平宝字五年（761）八月十二日
条云：

> 迎藤原河清使高元度等自唐国。初，元度奉使之日，取渤海
> 道，随贺正使扬（或为"杨"之误——引者注）方庆等往于唐国。
> 事毕欲归，兵仗样甲胄一具、代刀一口、枪一竿、矢二只，分付元
> 度……即令中谒者谢时和，押领元度等向苏州，与刺史李岵平章造
> 船一只，长八丈，并差押水手官越州浦阳府折冲赏金鱼袋沈惟岳等

1　壁上留名的愿主原本应该为11人，圆仁看到的只剩8人。

九人水手、越州浦阳府别将赐绿陆张什等三十人送元度等，归朝于太宰府安置。

唐朝交付日本使兵仗诸器，究竟有何用意？高元度归国后的第二个月（761年10月），日本朝廷即命"东海、东山、北陆、山阴、山阳、南海等道诸国，贡牛角七千八百只"，[1]储备牛角实与唐朝交付兵器样本直接有关。《续日本纪》载：

> 初，高元度自唐归日，唐帝语之曰："属禄山乱离，兵器多亡，今欲作弓，交要牛角。闻道本国多有牛角，卿归国为求，使次相赠。"故有此储焉。

同月命安艺国造遣唐使船四艘，接着任命仲石伴为遣唐大使，石上宅嗣为副使。762年，第十四次遣唐使因船只破损而中止。[2]嗣后，朝廷重新任命中臣鹰主为大使，高丽广山为副使，第十五次遣唐使亦因不得便风，于天平宝字六年（762）七月辍行。

自高元度归国之后，日本如此急切地造船遣使，其目的何在呢？一般认为这两次遣使均是为了向唐朝贡献弓材牛角、恭送沈惟岳等唐使回国。[3]笔者以为除此之外，迎接藤原清河亦是其主要目的之一。前文提到，高元度离唐之时，肃宗亲自召见，付以兵器，求恭牛角，其后又派内使宣敕，同意遣还藤原清河：

> 特进秘书监藤原河清，今依使奏，欲遣归朝。唯恐残贼未平，

---

1 《续日本纪》天平宝字五年（761）十月条。

2 《续日本纪》天平宝字六年（762）四月十七日条。

3 ［日］木宫泰彦：《日华文化交流史》，富山房1955年版，第78—79页。

道路多难，元度宜取南路先归复命。[1]

对藤原清河留唐不归的问题，国内外史家是如何看待的呢？辻善之助认为，清河为肃宗所钟爱，故留之不肯放还。[2]东野治之在其后出版的著作中，仍然因袭此说。[3]除此之外，学术界大多认为高元度使命未果。

但是，肃宗的敕旨意思十分明确：同意藤原河清回国，只是担心路途多有危险，所以让使臣"先归复命"。高元度归国后不久，从外从五位下晋升至从五位上[4]，获此嘉奖应是暗示其入唐使命已经顺利完成。由此看来，羽栗翔留唐不归，抑或出于高元度的安排。藤原清河归国在即，身边需要有人应酬联络。

再从藤原清河本人来看，似乎素有归国报效之志。天平宝字三年（759）十月，护送遣唐判官内藏全成一行回国的渤海国大使高南申，翌年正月将藤原清河的"上表"呈给淳仁天皇。[5]这封书函的内容虽然不得其详，但同年二月二十日突然任命尚未回国的藤原清河为文部卿，恰恰说明藤原清河在信中表示了东归之意，朝廷也确信高元度必能完成使命，朝廷在得知藤原清河未与迎使同归的原因之后，在不到半年的时间里先后两度任命遣唐使，可以看作是高元度所负使命的有机延伸。

第十五次遣唐使因风不顺而未成行，按理日本还会有继续遣使的可能，然而天平宝字六年（762）十月渤海使王新福来到日本，翌年正月向

---

1 《续日本纪》天平宝字五年（761）八月十二日条。

2 ［日］辻善之助：《日本文化史I》，春秋社1950年版，第218页。

3 ［日］东野治之：《遣唐使船——東アジアのなかで》，《歴史を読みなおす4》，朝日新闻社1994年版，第52页。

4 《续日本纪》天平宝字五年（761）十一月三日条："授迎藤原河清使外从五位下高元度从五位上，其录事羽栗翔者，留河清所而不归。"

5 《续日本纪》天平宝字四年（760）正月条。

朝廷通报唐朝内乱未平、朝贡之路不畅的消息，[1]日本遂将遣使入唐的计划暂时搁置。即便如此，朝廷依然为藤原清河的回国，积极进行各项准备工作，如在天平宝字七年任命他为常陆守，天平宝字八年赐从三位等。

渤海使王新福向日本通报史朝义"兵锋甚强"，唐朝"独有苏州"，云云，其实已是过时的情报。763年，唐军得回纥之助全面反攻，史朝义兵溃自杀，安史之乱终于平息。此后，藤原清河与阿倍仲麻吕托书于新罗王子金隐居，神护景云三年（769）由新罗使金初正辗转带到日本。翌年三月，金初正将书信交给日本朝廷，并说明缘由：

> 在唐大使藤原河清、学生朝衡等，属宿卫王子金隐居归乡，附书送于乡亲。是以，国王差初正等，令送河清等书。[2]

宝龟五年（774）三月四日，新罗使金三玄抵太宰府，又携来藤原清河托带的书信。由于藤原清河死于宝龟元年[3]，这封信必定是在此前发出的，在途中至少耽搁了4年以上。光仁天皇接到信后，不知藤原清河已经去世多年，遂于次年六月任命佐伯今毛人为遣唐大使，大伴益立和藤原鹰取为副使，宝龟七年四月赐大使节刀，并托交赐藤原清河的亲笔信一封，文曰：

> 汝奉使绝域，久经年序，忠诚远著，消息有闻。故今因聘使，便命迎之。仍赐绝一百匹、细布一百端、砂金大一百两，宜能努力，共使归朝。相见非赊，指不多及。[4]

---

1 《续日本纪》天平宝字七年（763）正月条。

2 《续日本纪》宝龟元年（770）三月四日条。

3 此据《日本纪略》。据《显昭古今集》，阿倍仲麻吕亦殁于同一年。

4 《续日本纪》宝龟七年（776）四月十五日条。

从这封信的内容分析，第十六次遣唐使依然肩负着迎归藤原清河的使命。光仁天皇坚信与藤原清河"相见非赊"，是因为读到了新罗使转来的"消息"，即藤原清河书信中应当有述及的唐朝内乱已息、归国指日可待的内容。

第十六次遣唐使肩负如上使命，于宝龟八年（777）六月从筑紫出发[1]。翌年正月，遣唐使成员入京朝拜，在那里才知藤原清河已经故世。享年七十三岁。同年十一月前后，四艘使舶先后回国，将藤原清河的死讯传到朝廷。天皇嘉其忠诚，宝龟十年二月追赠其从二位，延历二十二年（803）加赠其正二位，承和三年（836）再赠其从一位。

综上所述，藤原清河于上元二年（761）获肃宗归国的许可后，在羽栗翔的协助下，通过新罗使臣与日本保持书信联系，翘首盼朝廷遣使迎接。但因自然和人为的原因，15年后日本派遣的迎使方得成行，遗憾的是藤原清河未能等到喜逢迎使的这天。

前面谈到，羽栗翼还俗后在此次遣唐使团中任准判官。使舶于宝龟八年（777年）六月二十四日从筑紫"候风入海"，七月三日达扬州海陵县。由于唐朝"馆驿凋敝"，入京人数限为四十三人。[2]晋京使团抵达长安已是翌年正月十三日，其时侍奉藤原清河的羽栗翔倘若在世，那么这对混血儿兄弟将是阔别19年后的重逢。这对兄弟在出身的故乡重

---

1 《续日本纪》宝龟九年（778）十月二十三日条："去宝龟八年六月二十四日，候风入海。"

2 《续日本纪》宝龟九年（778）十月二十三日条，载有遣唐使第三舶判官小野滋野的奏言："臣滋野等，去宝龟八年六月廿四日，候风入海。七月三日，与第一船同到扬州海陵县。八月十九日，到扬州大都督府。即依式例，安置供给。得观察使兼长史陈少游处分。属禄山乱，常馆雕弊，入京使人仰限六十人。以来，十月十五日，臣等八十五人发州入京。行百余里，忽据中书门下牒，榷节人数，限以廿人。臣等请更加廿三人，持节副使小野朝臣石根、副使大神朝臣末足、准判官羽栗臣翼、录事上毛野公大川、韩国连源等卅三人。"

逢，身份皆是日本使臣，这该是一个多么感人的场面！

晋京使团四十三人在长安的活动情况，《续日本纪》宝龟九年（778）十月二十三日条略记如下：

> 正月十三日到长安城，即于外宅安置供给，特有监使勾当使院，频又优厚，中使不绝。十五日于宣政殿礼见，天子不衔。是日进国信及别贡等物，天子非分喜欢，班示群臣。三月廿二日于延英殿对见，所请并允，即于内里设宴，官赏有差。

遣唐使在谒见代宗皇帝时，奏请获允的诸事中，必然包括迎归藤原清河之事，藤原清河既然已经去世，因而很可能会要求迎回其混血女儿喜娘。另一方面，喜娘接到光仁天皇致亡父的信，心情必是激动万分，自愿选择回国不是没有可能。再则，藤原清河生前有意携女儿回国安居，去世后由羽栗翔具体斡旋操办，那么喜娘的回国则是秉承了父亲的遗志。总之，喜娘的东归无疑是多种因素促成的，但同为混血儿的羽栗兄弟肯定起了关键的作用。东野治之分析了喜娘回国的原因，指出：

> 在此我们注意到如下事实：羽栗翼的胞弟羽栗翔作为迎藤原清河使的重要成员入唐，其后一直留在清河身边未归。羽栗翔当然认识喜娘，倘若宝龟九年他还在世，将境遇相若、同为日中混血儿的喜娘托付胞兄照顾，当是合乎情理的推测。即便羽栗翔已经去世，考虑到与羽栗翔的因缘关系，羽栗翼极力促成喜娘渡日亦无不可能。[1]

1　东野治之：《遣唐使船——東アジアのなかで》，见《歴史を読みなおす4》，朝日新闻社1994年版，第52页。

日本使团完成晋京使命之后，于同年六月到达扬州，唐朝派赵宝英等数十人为送使。候得顺风后，四舶分别从扬州、楚州和苏州入海，踏上了九死一生的艰难险途。泊在扬州海陵县的第三船，九月九日得风入海，仅行三日便遭逆风，船只吹到海边搁浅，损坏十分严重，经极力抢修，于十月十六日再度出海，七天后侥幸漂着肥前国松浦郡橘浦，判官小野滋野速向朝廷报告了唐朝的最新消息（即"唐消息"）：

> 今天子广平王，名迪，年五十三。皇太子雍王，名适。年号大历十三年，当宝龟九年。[1]

由此看来，搜集唐朝皇室的情报，大概也属于遣唐使的任务之一。

从苏州入海的第一、第二船，先后于十一月漂回日本。第四船从楚州盐城县起帆，遭风漂至耽罗岛（今济州岛），判官海上三狩等不幸为岛人掠留，仅录事韩国源率四十余人逃脱归来。

在上述四船中，搭载唐使赵宝英和混血儿喜娘的第一船遭遇最为悲惨，执节副使小野石根等三十八人和唐使赵宝英等二十五人皆葬身海底，船体断为首尾两截，喜娘等在海上漂流六天，幸被海浪冲至肥后国天草郡西仲岛。《续日本纪》宝龟九年（778）十一月十三日条具载其详：

> 第一船海中中断，舳、舻各分。主神津守宿祢国麻吕并唐判官等五十六人，乘其舻而着甑岛郡；判官大伴宿祢继人并前入唐大使藤原朝臣河清之女喜娘等四十一人，乘其舳而着肥后国天草郡。继人等上奏言："……十一月五日得信风，第一、第二船同发入海。

---

1 《续日本纪》宝龟九年（778）十月二十三日条。

比及海中，八日初更，风急波高，打破左右棚根，潮水满船，盖板举流，人物随漂，无遗勺撮米水。副使小野朝臣石根等三十八人、唐使赵宝英等二十五人，同时没入，不得相救。但臣一人潜行著舳槛角，顾眄前后，生理绝路。十一日五更，帆樯倒于船底，断为两段，舳、舻各去，未知所到。四十余人累居方丈之舳，举舳欲没；载（疑"截"之误——引者注）缆抛柂，得少浮上。脱却衣裳，裸身悬坐，米水不入口，已经六日。以十三日亥时，漂着肥后国天草郡西仲岛。臣之再生，睿造所救，不任欢幸之至。谨奉表以闻。"

从藤原清河的入唐年份推算，喜娘经过生死考验到达父亲的祖国时，大约正是二十岁。喜娘来到日本以后，大概寓居在唐招提寺北侧的藤原清河旧邸。这座建筑后来舍为佛寺，取名济恩院，部分房地捐入唐招提寺。由此看来，这位孤身渡日的混血儿，在鉴真创建的唐寺中多少获得些精神上的慰藉，渐渐地开始笃信起佛教。

六

高广成兄妹

在唐代的中日关系史上，像秦朝元及羽栗兄弟那样，他们的唐人血统备受日本朝廷的尊重，他们的语言才华及专业技能获得充分的发挥，可谓是生逢其时的时代幸运儿。但是，并非所有的混血儿均有此佳遇，两国文化的差异和国际形势的变化，始终左右着混血儿的命运，有时甚至酿成人间惨剧，演出历史的悲剧。

天平宝字六年（762）十月，日本遣渤海副使伊吉益麻吕归国，渤海国派大使王新福等二十三人随同而来。王新福一行从越前登岸，十二月入京，翌年正月入太极殿拜贺贡方物，并向日本朝廷通报唐朝安史之乱的最新情报，其言：

> 李家太上皇（玄宗）、少帝（肃宗）并崩，广平王（代宗）摄政。年谷不登，人民相食，史家朝义，称圣武皇帝，性有仁恕，人物多附。兵锋甚强，无敢当者。邓州、襄阳已属史家，李家独有苏州。朝参之路，固未易通。[1]

当时日本正准备遣使送回唐使沈惟岳一行，并从唐迎回藤原清河，在获悉渤海使臣的传信后，便敕令太宰府"唐国慌乱，两家争雄，平殄未期，使命难通"，并暂时取消了遣使入唐的计划。其实，王新福到日本之时，唐军得回纥之助，已经收复东西两京，并于广德元年（763）彻底平乱。渤海国的这份过时情报，在某种程度上扰乱了日本朝廷的外交决策，致使唐使沈惟岳一行和在唐盼归的藤原清河，均失去了回到各自祖国的一次机会。

王新福渡日时的身份是紫绶大夫、行政堂左允、开国男，由于贡献方物和传达情报之功，被日本朝廷授正三位，天平宝字七年（763）二月满载赐品踏上了归途。然而出发之前，日本方面的送使判官平郡虫麻吕提出船体蚀朽严重，请求暂停其行。于是，史生以上的随员获准缓行，等待修好船体再出发；另请船师板振镰束代劳，负责护送渤海使归国。

这艘没有正式官员监管的送使船，往途中似乎一路顺风，未出什么差错，但返回时遇到风暴袭击，一场骇人听闻的惨剧便发生了。时间是天平宝字七年十月。完成送归渤海使节任务的板振镰束，此时搭载着留

---

1 《续日本纪》天平宝字七年（763）正月十七日条。

学生高内弓及留学僧戒融等正在回国途中，船只突然遇到强大的风暴，顿时在茫茫大海中迷失了航路。船师板振镰束失去了冷静，认为船只遭难的原因在于搭载了异国之人，遂将同船的三名外国女子和一名行止怪异的优婆塞掷入海中，希望以此镇息龙神之怒。《续日本纪》天平宝字七年十月六日条详记事件的缘由经过，兹撮要摘引如下：

> 初，王福新之归本蕃也，驾船烂脆，送使判官平郡虫麻吕等虑其不完，申官求留。于是，史生已上皆停其行，以修理船。使镰束便为船师，送新福等发遣。
>
> 事毕归日，我学生高内弓、其妻高氏及男广成、绿儿一人、乳母一人，并入唐学问僧戒融、优婆塞一人，转自渤海，相随归朝。
>
> 海中遭风，所向迷方，柂师、水手为波所没。于是镰束议曰："异方妇女今在船上；又此优婆塞异于众人，一食数粒，经日不饥。风漂之灾，未必不由此也。"乃使水手撮内弓妻并绿儿、乳母、优婆塞四人，举而掷海。风势犹猛，漂流十余日，着隐岐国。

从上述这段引文可以推断，自渤海搭乘板振镰束归帆的至少有七人，除日本派遣的留学生（僧）高内弓和戒融外，其余五人则全是外国人或混血儿。戒融是入唐留学僧，生平事迹虽然不详，但必定是位得道的高僧，并受到唐朝天子的直接眷顾。天平宝字八年（764）七月，新罗大使金才伯率众九十一人到达博多津，受唐朝敕使韩朝彩的托请，询问戒融回国后的下落。金才伯称：

> 唐朝敕使韩朝彩自渤海来云："送日本国僧戒融，令达本乡已毕。若平安归乡者，当有报信，而至于今日，寂无来音。宜差此

使，其消息欲奏天子。"[1]

　　从文意来揣度，韩朝彩奉敕护送戒融至渤海国，然而自戒融搭船回国后音信全无，遂请新罗遣使究明真相。戒融离唐归国之时，安史之乱尚未平息，渤海和新罗成为中日来往的中继之地，高元度转经渤海入唐绝非偶然，藤原清河三次托书渤海、新罗使臣，亦复如此。

　　金才伯回国之日，太宰府递交《报牒新罗执事》书函一封，内云："得新罗国牒称，依韩内常侍请，欲知僧戒融达不。府具状申上者，以去年十月从高丽国还归圣朝。府宜承知，即令报知。"[2]板振镰束一手造成的惨案，会严重损害日本的国际形象，甚至影响到与邻国的关系，所以朝廷极力加以掩饰，不令外界探知内情。笔者推测，戒融和高内弓回国以后，处于政府的严格监管之下，失去与外国联络的自由，由此招致唐、新罗、渤海遣使质询。

　　高内弓疑即高内雄（"内弓"与"内雄"在日语中可同音假借），是派遣至渤海国的留学生。在古代的汉字文化圈中，日本向外派遣留学生（僧）并不限于中国一地，百济、高句丽、新罗及渤海国均为日本培养过人才。高内弓赴渤海留学的年份，史失其传。但据《续日本纪》卷三十二宝龟四年（773）六月十日条，高内雄在渤海国所习的是音乐。这一年，渤海国使乌须弗等四十人驾船一艘，漂越日本海抵达能登国，面对当地官员的勘问，乌须弗呈书申明渡日的目的：

　　　　渤海、日本，久来好邻，往来朝聘，如兄如弟。近年，日本使
　　　内雄等，往渤海国学问音声，却返本国，今经十年，未报安否。由

1　《续日本纪》天平宝字八年（764）七月十九日条。
2　《续日本纪》天平宝字八年（764）七月十九日条。

是，差大使壹万福等，遣向日本国，拟于朝参，稍经四年，未返本国。更差大使乌须弗等四十人，面奉诏旨，更无余事。所附进物及表书，并在船内。

从宝龟四年逆算，10年前自渤海归国的日本人中留学生唯高内弓一人，由此可证"内雄"与"内弓"实为同人异名。在唐朝文献中有时将"乐人"统称为"音声人"，因而高内弓在渤海学习的"音声"，即指音乐无疑。

渤海国创建于698年，亡于926年，历228年，共传十五王。渤海国以靺鞨人为主体，其民能歌善舞，对周围民族的影响颇大。日本天平胜宝元年（749）十二月，圣武天皇行幸东大寺，令奏大唐乐、渤海乐、吴乐，是为一例。[1] 日本现存的乐舞中，有所谓大靺鞨、新靺鞨、新乌苏、古乌苏、进走秃、退走秃、敷手、贵德、昆仑八仙、地久等曲，据说都是从渤海国传去的。[2] 正因为渤海的音乐舞蹈对日本影响深巨，朝廷除了派遣高内弓等赴彼地学习音乐之外，似还派遣女子专门学习舞蹈。《旧唐书》卷一百四十九《北狄传》渤海靺鞨条云：

（大历）十二年正月，遣使献日本国舞女一十一人及方物。

渤海国献给唐朝的十一名日本舞女，都是在渤海国教习调练的，日本与渤海在音乐舞蹈方面交流之密切，由此可见一斑。

根据前引乌须弗递呈能登国官员的书状，高内弓自天平宝字七年（763）归国以后，一直杳无音信，渤海国虑其安危，于宝龟二年（771）将

---

1 《续日本纪》天平胜宝元年（749）十二月二十七日条。

2 ［日］辻善之助：《日本文化史 I》，春秋社1950年版，第230页。

和宝龟四年先后两次遣使探询，对留学生归国后情况的关注，与唐朝转请新罗使查询戒融之下落，可谓毫无二致。按照常例，留学生（僧）学成归国后，当会迅速传出消息，日本政府为了掩饰那场海上惨剧，致使戒融和高内弓无法与外界联络，从而引起唐朝和渤海国的猜疑。

板振镰束归国之后，即以投人入海的谋杀罪被控下狱，时任左兵卫、正七位下。高野天皇之世，有将笛谱《清濑宫径》传回日本的板持镰束，也有人认为其与板振镰束实为同人异名，这或许与他载归学习音乐的高内弓有些关联。

事实上，在东亚各国的海上交通中，慑于自然界的淫威，干出伤天害理之事者，并非仅此板振镰束一人。如敏达二年（573）五月，高丽使人漂至日本，朝廷命吉备海部难波送其回国，难波发船仅数里，"乃恐畏波浪，执高丽二人，掷入于海"，事发后以"溺杀临使"，判以重罪。再如《太平广记》卷二百四十三所载，李邕为海州太守，适逢日本国使来贡，舶载珍货数百万，遂用计夺取财物，又暗嘱送使便宜从事，船发数日，舟人尽杀使臣。事出传闻，未必可信，但见财心迷、杀人越货的勾当，古往今来总有一些。

然而，天平宝字七年（763）的海上惨案，有其独特的历史背景。对高内弓而言，这场悲剧起因于国际婚姻，他的妻子及乳母，仅仅因为是外国的女性，便成了为求风暴平息的牺牲品，还有他诞生不久的幼儿，仅仅因为有外国人的血液，也被活生生地投入无情的大海。这是一种偏执的民族心理在作怪，亦是一种男尊女卑的心态在作怪。

与三名外国女性（包括混血儿）一起葬身海底的优婆塞，大概是入唐僧戒融的同伴，可能是一个唐人。优婆塞是梵语upasaka的音译，一般翻译成清信士、近事男、善宿男、近宿男等，意思是在俗信佛的男子，或者指侍奉出家修行者的佣从，俗称在家居士。

中国的优婆塞东渡日本，可以再往前上溯10年。天平胜宝五年

（753）十二月，鉴真一行搭乘第十二次遣唐使的归帆，终于踏上日本国土。据《唐大和上东征传》载，随同鉴真东渡的有法进、仁干、昙静、思托、义静、法载、法成等十四名弟子，另有智首等三名尼姑、优婆塞潘仙童、胡国人安如宝、昆仑国人军法力、瞻波国人善听等，共计二十四人，是一个国际色彩颇浓的传教僧团。

包括潘仙童在内，鉴真僧团在日本备受欢迎，并轰轰烈烈地干出了一番事业。跟随戒融渡日的优婆塞，当初大概也怀抱在异国他乡一展宏图的理想，却因为"　食数粒，经日不饥"的异于常人的举动，被强行喂了鱼腹。这场人命悲剧，表面上看似乎起因于优婆塞的怪异行为，实际上事情并不会如此简单。中日两国虽然都受到佛教的影响，但外来宗教与固有信仰之间的对抗或融合，因民族、国家、时代而异，这种差异在文明进程不尽相同的两个国家的交往中，往往会引起文化摩擦，并成为诱发悲剧惨案的内因。

主犯板振镰束虽然被绳之以法，定罪下狱，但这场悲剧并未就此落下帷幕。目击这场惨剧的人们，大概终身将与噩梦相伴；失去亲人的家庭，他们的心灵创伤永远无法弥补。其中，混血儿高广成的境遇，最令人同情。

原来这是一个美满的家庭，内雄在渤海留学期间，与高姓妇女结为伉俪，遂改名为内弓，冠以高姓[1]，生下一男一女，男孩即混血儿高广成。高内弓学业既成，期待回国施展才华，于是举家迁归。当时高广成之妹还是襁褓中的婴儿，高广成大概也是个不到十岁的孩子。这个孩子

---

[1] 遣唐使入唐后改称唐名在当时是比较普遍的现象，如高向黑麻吕改名玄理、白猪骨改名宝然、巨势祖父改名大父、美努冈麻吕改名冈万、多治比县守改名英问、藤原马养改名宇合、阿倍仲麻吕改名朝衡、藤原清河改名河清、小野石根改名揖宁、大神末足改名总达、布势清直改名兴能、白鸟清岑改名村清等，这也是日本仰慕唐文化的一种表现。

已经初识世事，在随父归国途中有着美好的憧憬。然而，发生的惨剧无情地击碎了他的梦想。母亲临死前的惨烈呼救，妹妹沉入海底前的垂死挣扎——这一切都已铭刻在他那颗幼小的心灵之中。高广成在这场愚昧的杀人惨剧中免遭杀害，是因为他幸运地生为男孩之故。

同朋社1989年版《丝绸之路往来人物辞典》里有"高广成"一项，称："遣渤海留学生高内弓之子，763年（天平宝字七年）十月随父内弓归国，系内弓在留学期间与唐女所生。"高内弓既然在渤海国留学，所娶妻子自当以渤海女子的可能性为大，此言"唐女"云云，无非是臆测之词而已。

高广成经历了与亲人生离死别的灾难后，终于随父亲踏上日本国土。自此以后，他的名字在文献中不再出现，其生平事迹竟无一可考。伴随年龄的增长，这个混血儿如果始终摆脱不了那场噩梦的纠缠，那么其心灵必然趋于扭曲，不能像羽栗兄弟那样，以其才华为朝廷重用，干出一番轰轰烈烈的事业。

七

韩智兴与赵元宝

混血儿的悲剧，有些是因两国的文化摩擦诱发的，有些则是因国际关系的激变引起的。高广成兄妹的悲剧属于前者，而韩智兴与赵元宝的悲剧则属于后者。

日本白雉五年（654）二月，以高向玄理为押使[1]的第三次遣唐使，

---

1 押使在大使之上，使臣身份高贵时用之。第九次遣唐使中的多治比县守亦任此职，第八次遣唐使的执节使粟田真人，其位也在大使之上。

取新罗道（即北路）至山东半岛的莱州，然后从陆路抵达长安，朝见高宗皇帝。《日本书纪》云：

> 遣大唐押使大锦上高向史玄理……分乘二船，留连数月，取新罗道，泊于莱州，遂到于京，奉觐天子。

高向玄理是一名经验丰富的资深外交官，推古十六年（608）随遣隋使入华留学达30余年，舒明十二年（640）回国之后，成为"大化改新"[1]的主要策动者。大化二年（646）九月奉使新罗，次年偕王子金春秋归朝，以为日本人质。白雉五年（654）出使于唐更是驾轻就熟，当东宫监门郭丈举"悉问日本国之地里及国初之神名"时，"皆随问而答"。[2]

《日本书纪》白雉五年（654）二月条云："押使高向玄理，卒于大唐。"紧接着有如下一条双行注记，叙述入唐日人的生死去留情况：

> 伊吉博得言：学问僧惠妙于唐死，智聪于海死，智国于海死，智宗以庚寅年（690年——引者注）付新罗船归，觉胜于唐死，义通于海死，定惠以乙丑年（665年——引者注）付刘德高等船归；妙位、法胜，学生冰连老人、高黄金并十二人，别倭种韩智兴、赵元宝，今年共使人归。

这段记事的后半部分，载录了"今年共使人归"的人员名单，这十四人又明显地分为三类，即妙位、法胜等入唐僧，冰连老人、高黄金等留学生，韩智兴、赵元宝等"别倭种"（或作"倭种"）。《释纪秘训》将"别倭种"训读作"コトヤマトウヂ"，日本古典文学大系版《日本书纪》认为此训有误，校注者云："所谓倭种，即（外国人）与日本人所生的混血儿。"木宫泰彦则将"别倭种"视作一个固有名词，认为："所谓别倭种，乃是我邦留学生娶彼地妇女所生之混血儿。"将"别倭种"限定为留学生所生之混血儿，释义似乎过于狭小了。

其实，上面的解释也未必准确无误。混血儿既然是国际婚姻的后代，那么其国籍归属自然存在两种可能。然而，"倭种"这一称呼，表明国籍的天平明显倾向日本，这又该如何解释呢？

在古代日本，出国奉使、留学乃至贸易，多为男性所垄断[1]，不仅日本如此，东亚各国情况亦然。也就是说，除随夫移居之外，女性出国闯荡者罕闻其例。在这种背景下，所谓的混血儿，实际上是指男性出国与当地女子所生的后代，在男尊女卑的封建时代，混血儿的国籍自然偏向父方。回头再来分析"倭种"一词的意蕴，便可作出更为精确的定义：日本男性在国外与当地女性结婚生育之后代。

明确界定了"倭种"的含义，我们发现在遣唐使派遣的最初阶段，已经出现了唐日通婚的现象，而首批混血儿也随之诞生。据《日本书纪》记载，齐明五年（659）韩智兴作为遣唐使成员在华，其时已是成年人无疑，而此前仅有舒明二年（630）、白雉四年（653）、白雉五年三次遣唐使，仅从年龄推算的话，"倭种"韩智兴极有可能是第一批遣唐使成员的后代，当然也不能排除遣隋使后裔的可能。

韩智兴和赵元宝也许是文献中所见的最早一批唐日混血儿，他们都与遣唐使有关，至少韩智兴在回到日本之后，又作为遣唐使成员入华，

---

1 佛教传到日本之前，善信、惠善两位尼僧，分别于敏达十三年（584）和崇峻元年（588）赴百济留学求法；鉴真渡日时，亦携有智首等三名尼姑。但这些女性均已遁入佛门，与本章探讨的混血儿主题无涉。

本来应该在促进中日关系方面有所作为，可惜生不逢时，两人都被卷入中日直接发生军事对抗的朝鲜纷争。在两国关系恶化的情况下，拥有两个祖国的混血儿不得不面对残酷的现实，被迫作出两者择一的选择。他们陷入两难的境地，受到两国的猜疑，得天独厚的优势顷刻化为致命的弱点。命运在捉弄他们，悲剧将要发生。下面，让我们来看看这场悲剧的来龙去脉。

首先看韩智兴。《丝绸之路往来人物辞典》中载有简略的传记："遣唐使。653年（白雉四年）五月随同大使吉士长丹入唐，因其傔人西汉大麻吕和东汉草直足岛向唐朝逸言654年（白雉五年）的遣唐使而受到牵连，被判流放远地。其后似乎受到赦免，668年（天智七年）回到日本。"这段记载多处失实，值得进一步推敲。

一、韩智兴的入唐年份。"653年（白雉四年）五月随同大使吉士长丹入唐"，不知所据为何。《日本书纪》白雉五年（654）二月条仅言"今年共使人归"，没有提及入唐的时间。此处的"今年"究竟指哪一年，学术界有多种说法[1]，不过这条记事既然载于白雉五年二月条下，那么理解为白雉五年似较稳妥。

吉士长丹是第二批遣唐使的大使，白雉四年（653）五月出发，取北路到达唐朝，次年七月偕百济、新罗的送使归国，因"奉对唐国天子，多得文书宝物"受到朝廷嘉奖[2]。综合以上两方面的情况分析，韩智兴似于白雉五年七月随吉士长丹渡日，这很可能是他初履日本。至于韩智兴有否于白雉四年五月随使入唐，目前尚无任何文献作证，不可臆断。

倘若韩智兴是白雉五年七月回到日本的，那么他再次入唐究竟是何

1　对"今年"的解释，日本学术界有白雉五年（654）、天智三年（664）、天智六年（667）、天智十年（671）诸说，迄今尚未形成统一意见。

2　《日本书纪》白雉四年（653）七月条。

年呢？随同二月出发的第三批遣唐使绝无可能，齐明五年（659）十二月之前韩智兴在唐朝获罪流放，因此唯一的可能是他随第四次遣唐使（齐明五年七月）出发入华。

二、傔人逸言遣唐使。韩智兴的"傔人西汉大麻吕和东汉草直足岛向唐朝逸言654年（白雉五年）的遣唐使"云云，同样没有任何文献上的根据，所论多系推测。

据《日本书纪》，向唐朝"逸言"遣唐使的仅西汉大麻吕一人，时间是齐明五年（659）十二月三日，恰是第四次遣唐使入华之年，与白雉五年（654）入华的第三次遣唐使没有任何关系。这也佐证了韩智兴于白雉五年七月回国后，时隔5年再随第四次遣唐使来华的推测。

第四次遣唐使在华羁留经年，齐明七年（661）五月始归故里。《日本书纪》云："为智兴傔人东汉草直足岛所逸，使人等不蒙宠命。"显然，西汉大麻吕是向唐朝政府"枉逸"，东汉草直足岛是向日本朝廷"告状"，两者地点不同，年代有差，不可混为一谈。

三、韩智兴的获罪与赦免。《丝绸之路往来人物辞典》认为，韩智兴"因其傔人……向唐朝逸言……遣唐使而受牵连，被判流放远地"。首先，被西汉大麻吕告发的不是白雉五年的第三次遣唐使，而是齐明五年的第四次遣唐使，这点在前面已经廓清；其次，韩智兴获罪流放，事在傔人逸告遣唐使之前，"受牵连"与事实不符。《日本书纪》的原文如下：

（齐明天皇五年）十二月三日，韩智兴傔人西汉大麻吕枉逸我客，客等获罪唐朝，已决流罪。前流智兴于三千里之外。客中又伊吉连博德奏，因即免罪。

韩智兴不可能是被自己的傔人"枉逸"获罪，其被判流刑当另有原因。韩智兴因罪流放，似有冤情在内，有可能是遣唐使内部的纠纷所致，故其傔人先向唐朝陈情，后回国内告发。

韩智兴被处流刑以后便杳无音信，在文献中没有留下什么踪迹。此后，也许获释回到日本，也许埋骨于流放之地。《丝绸之路往来人物辞典》称"其后似受到赦免，668年（天智七年）回到日本"，不过是一种大胆猜测而已。

在所有成行的十六次遣唐使中，以坂合部石布为大使、津守吉祥为副使的第四次遣唐使团，在唐朝的遭遇最为不幸。此次使团分乘两船，齐明五年（659）七月发自难波，第一船漂着南海岛屿，大使以下大多罹难；副使所乘的第二船幸达越州。《日本书纪》齐明五年七月条引《伊吉连博德书》云：

> 同天皇（齐明天皇——引者注）之世，小锦下坂合部石布连、大山下津守吉祥连等二船，奉使吴唐之路，以己未年（659年——引者注）七月三日发自难波三津之浦，八月十一日发自筑紫大津之浦，九月十三日行到百济南畔之岛，岛名毋分明。以十四日寅时，二船相从，放出大海。
>
> 十五日日入之时，石布连船横遭逆风，漂到南海之岛，岛名尔加委，仍为岛人所灭。便东汉长直阿利麻、坂合部连稻积等无人，盗乘岛人之船，逃到括州，州县官人送到洛阳之京。
>
> 十六日夜半之时，吉祥连船行到越州会稽县须岸山。东北风，风太急，二十二日行到余姚县，所乘大船及诸调度之物，留着彼处。闰十月一日行到越州之底，十五日乘驿入京，二十九日驰到东京。

唐显庆四年（659）九月二十九日，副使津守吉祥一行抵达洛阳，三十日即谒见高宗。《新唐书·日本传》所载"使者与虾夷人偕朝"当指此次遣使。《伊吉连博德书》记录了高宗与日本使臣的问答内容：

> 天子相见问讯之："日本国天皇，平安以不？"使人谨答："天地合德，自得平安。"天子问曰："执事卿等，好在以不？"使人谨答："天皇怜重，亦得好在。"天子问曰："国内平不？"使人谨答："治称天地，万民无事。"

据《日本书纪》齐明五年七月条，此次遣唐使"以道奥虾夷男女二人，示以唐天子"。《新唐书·日本传》称："其使者须长四尺许，珥箭于首，令人载瓠立数十步，射无不中。"高宗对虾夷情况问之甚详：

> 天子问曰："此等虾夷国有何方？"使人谨答："国有东北。"天子问曰："虾夷几种？"使人谨答："类有三种，远者名都加留，次者名粗虾夷，近者名熟虾夷。今此熟虾夷，每岁入贡本国之朝。"天子问曰："其国有五谷？"使人谨答："无之，食肉存活。"天子问曰："国有屋舍？"使人谨答："无之，深山之中，止住树本。"天子重曰："朕见虾夷身面之异，极理喜怪。使人远来辛苦，退在馆里，后更相见。"

日本使节投唐朝所好，偕虾夷人（指今居住在北海道一带的阿伊奴人）朝贡，满足了高宗的虚荣心理，这一外交举措可谓获得了成功。十一月一日，唐朝举行恒例的冬至之会，据说"所朝诸蕃之中，倭客最胜"（《伊吉连博德书》）。可是，十二月三日便发生韩智兴傔人谗告遣唐使的事件，西汉大麻吕必定揭露出重大隐情，否则朝廷不会处遣唐使以流刑，后虽经伊吉连博德奏请免罪，但仍被幽闭长安。《伊吉连博德书》紧接"因即免罪"之后叙道：

> 事了之后，敕旨："国家来年必有海东之政，汝等倭客不得东归。"遂匿西京，幽置别处，闭户防禁，不许东西，困苦经年。

朝鲜半岛自公元4世纪以来，形成高句丽、百济、新罗的鼎立格局；进入7世纪，三国纷争日趋激化，逐渐扩展为东亚地区的国际冲突。新罗得到唐朝的支援，南与百济及倭国联军对抗，北助唐军向高句丽征讨。从永徽六年（655）开始，唐军数次往征高句丽，均未取得预期的战果。为了截断高句丽与百济的联络，达到各个击破的目的，唐朝于显庆四年（659）十一月任命苏定方为神丘道总管，着手准备远征百济。

第四次遣唐使于显庆四年九月到达洛阳后，受到高宗两次接见，在朝见的外国使节中独领风骚。可是，十二月以后形势陡变，日本使臣成为阶下之囚。高宗所言"国家来年必有海东之政"，当指征伐百济的计划无疑，日本与百济结盟，便也成为唐朝必得防范的敌国。

显庆五年（660）三月，高宗派苏定方率十三万水陆大军东征，与新罗武烈王亲率的五万精兵联手，七月攻陷百济王城泗沘（扶余），义慈王赴阵前乞降，百济自此灭国。百济残余乞兵日本，谋图复国。龙朔三年（663），唐与新罗军在白村江一带击溃日本援军，使百济复国遂成泡影；接着于总章元年（668）攻克平壤，高句丽随之亡国。自此，半岛战火始熄，新罗得唐朝之助，完成统一大业。

以7世纪中叶东亚的国际形势为背景，观照第四次遣唐使的曲折经历，或许能解开韩智兴获罪及使团被幽禁的真正原因。假设韩智兴利用混血儿的有利条件，刺探到唐朝将出兵盟国（百济）的秘密情报，并设法把情报传递回国，那么按《擅兴律》密有征讨条，"若化外人来为间谍，或传书信，与化内人并受"则罪当绞首刑，若酌情罪减一等，该处流刑。按唐代的流刑，分"二千里""二千五百里""三千里"三等，韩智兴所受的流放"三千里之外"，当属次于绞首的重刑。不过，要证明上述假设无误，必须合理说明西汉大麻吕逸告遣唐使的动机。

《日本书纪》引《伊吉连博德书》的"前流智兴于三千里之外"，从文意揣度，韩智兴定罪在西汉大麻吕逸言之前。这个时间的先后顺序，暗示出两个事件之间的因果关系。也就是说，韩智兴刺探秘密情报，与其说是一种个人行为，毋宁说是出于遣唐使的授意。可是事件发生之后，遣唐使将责任推给混血儿韩智兴，自己却置身事外。西汉大麻吕对主人的处境深表同情，对遣唐使的出卖行为感到气愤，于是向唐政府吐露实情，希望以此为韩智兴减刑。另一方面，唐朝听了西汉大麻吕的陈情，意识到遣唐使与泄密事件有涉，该以韩智兴同罪问之，后来大概考虑到国际关系，将遣唐使一行幽闭西京，等待战事结束后发落。

如前所述，唐于显庆五年（660）灭百济，同年十一月一日苏定方将捕获的百济君臣送抵洛阳，十一月十九日幽禁于差男越州和耽罗岛，次年五月二十三日回国复命。然而，韩智兴因为是身份特殊的混血儿，未能享受与日本使臣同等的"外交特权"，其流刑似乎在百济灭国之后仍未获得赦免，故其另一傔人东汉草直足岛回国后，上诉朝廷为韩智兴鸣不平。遣唐使一行因此在国内受到指责，从而对韩智兴主从恨之入骨。《日本书纪》齐明七年（661）五月二十三日条中，又引《伊吉连博德书》云：

> 又为智兴傔人东汉草直足岛所谗，使人等不蒙宠命。使人等怨，彻于上天之神，震死足岛。

东汉草直足岛为雷神震死云云，当然不足为信。他为了维护混血儿的利益不惜与遣唐使发生冲突，死因颇为蹊跷。总之，在唐代的中日混血儿中，韩智兴的遭遇是非常不幸的。倘若中日关系处于和平时期，韩智兴或许也能像羽栗兄弟那样施展才华，为两国关系的发展做出贡献；但是在两国关系恶化甚至出现对抗的年代，身为混血儿的负面影响便显露出来：日本方面可以为自保而出卖之，中国方面则无须顾虑国际关系而严惩之。

韩智兴究竟是中日混血儿还是韩日混血儿不详，韩姓在日本奈良时代并不鲜见，唐人苏鹗《杜阳杂编》所载韩志和，亦是仕唐的日本人。有些学者将韩智兴视为朝鲜人[1]，当不可取。韩智兴入唐时携有两名傔人，按《延喜大藏式》的规定，留学生与留学僧可用官费携带数名傔从，则韩智兴的身份很有可能是留学生。

与韩智兴同为"倭种"的赵元宝，亦被卷入朝鲜半岛的国际纷争，其处境和遭遇又是怎样的呢？下面且让我们作一番考察。

百济于显庆五年（660）亡国之后，一部分遗臣网罗残兵，企图复国。同年九月，百济遗臣一面起兵围攻泗沘城，一面遣使向日本告急："今年七月，新罗恃力作势，不亲于邻。引构唐人，倾覆百济。君臣总俘，略无噍类。"[2]十月又遣使献唐俘百余人，要求日本放回丰璋王子[3]，并乞请出师救援。齐明女皇当即下诏：

> 乞师请救，闻之古昔；扶危继绝，著自恒典。百济国穷来归我，以本邦丧乱，靡依靡告。枕戈尝胆，必存丞救；远来表启，志有难夺。可分命将军，百道俱前。云会雷动，俱集沙喙；翦其鲸

1　如池步洲在《日本遣唐使简史》（上海社会科学院出版社1983年版）中，将韩智兴译作"朝鲜的智兴"。

2　《日本书纪》齐明六年（660）九月五日条。

3　丰璋一作"余丰"，百济义慈王之子。舒明三年（631）被作为人质送到日本。

鲵，纾彼倒悬。宜有司具为与之，以礼发遣。[1]

次年正月，齐明女皇亲赴九州，欲统兵渡海驰援，因旅途劳顿而于七月病故；八月，皇太子（天智天皇）令先遣部队及辎重渡海；九月，约五千日本兵护送丰璋回国。大伴部博麻参加了是年的百济救援军，在战争中为唐军俘获，其后被送到中国，唐咸亨元年（670）自愿卖身为奴，将所得钱财充作赵元宝等人的回国盘缠。大伴部博麻在中国劳役30年，日本持统四年（690）九月二十三日才回到祖国。天皇嘉其忠诚，待以厚遇，详见《日本书纪》同年十月二十二日条：

> 诏军丁筑紫国上阳咩郡人大伴部博麻曰："于天丰财重日足姬天皇（齐明天皇——引者注）七年救百济之役，汝为唐军见虏。洎天命开别天皇（天智天皇——引者注）三年，土师连富杼、冰连老、筑紫君萨夜麻、弓削连元宝儿四人，思欲奏闻唐人所计，缘无衣粮，忧不能达。于是，博麻谓土师富杼等曰：'我欲共汝，还向本朝，缘无衣粮，俱不能去。愿卖我身，以充衣食。'富杼等依博麻计，得通天朝。汝独淹滞他界，于今三十年矣。朕嘉厥尊朝爱国，卖己显忠，故赐务大肆并绝五匹、绵一十屯、布三十端、稻一千束、水田四町，其水田及至曾孙也。免三族课役，以显其功。"

文中的冰连老、弓削连元宝儿，与《日本书纪》白雉五年（654）二月条所载"今年共使人归"的冰连老人、赵元宝当为同一人物，他们似乎未随第二次遣唐使回国，也可能像韩智兴一样，回国后又随第四次遣唐使入华。相比之下，前一种可能性更大。文中提到的"天智天皇三

---

1 《日本书纪》齐明六年（660）十月条。

年"，应该理解为天智天皇即位三年，即《日本书纪》的天智九年
(670)，证据有二：

其一，赵元宝等归国的目的，是"欲奏闻唐人所计"。据《三国史
记》新罗文武王十一年 (671) 七月二十六日条，唐朝于总章二年
(669) 有"外托征伐倭国，其实欲打新罗"的计划，赵元宝等获此情
报，便欲千方百计传送回国。其二，商议归国的四人，得大伴部博麻的
襄助得以成行，其中筑紫君萨夜麻于天智十年 (671) 十一月二日到达
日本。综上所述，天智八年曾有唐将征倭的传闻，天智十年萨夜麻回到
日本，则萨夜麻等四人谋划回国"奏闻唐人所计"之天智三年，即天智
九年无疑。

赵元宝是文献所见的第一批唐代中日混血儿之一，遗憾的是他遇上
两国围绕朝鲜利益发生军事对抗的年代，处境虽然比遭到流放的韩智兴
好些，但也是衣粮无着的凄惨景象。造成这种状况的另一个重要原因，
是因为这两个混血儿在感情上均偏向父亲的祖国。

在国际化进程日新月异的今天，国际婚姻与混血儿的现象几乎遍布
世界各主要地区，然而我们对此引起的政治、经济、文化的互动，还缺
乏基本的心理准备。混血儿的高潮曾经出现在区域文化交流频繁的地区
和时代，而随着全球化时代的到来将出现一个史无前例的最高潮。

我们从历史中已经得出经验和教训：在和平时期，混血儿融合父母
双方的优势，成为传播文化、促进友好的使者；在敌对时期，混血儿站
在任何一方也只有一半的血统，不仅得不到全面的信任，甚至可能成为
可悲的牺牲品。

主要参考文献

［日］藏中进：《唐大和上東征伝の研究》，櫻枫社 1976 年版。

［日］村上哲见：《漢诗と日本人》，讲谈社 1994 年版。

［日］东大寺教学部：《シルクロード往来人物辞典》，同朋舍 1989 年版。

［日］东野治之：《歴史を読みなおす4》，朝日新闻社 1994 年版。

［日］高木博：《万葉の遣唐使船——遣唐使とその混血児たち》，教育出版中心 1984 年版。

［日］横田建一：《白鳳天平の世界》，创元社 1973 年版。

［日］井上光贞：《日本古代思想史の研究》，岩波书店 1986 年版。

［日］木宫泰彦著，胡锡年译：《日中文化交流史》，商务印书馆 1980 年版。

［日］森克己：《遣唐使》，至文堂 1990 年版。

［日］杉本直治郎：《阿倍仲麻呂伝研究——朝衡伝考》，育芳社 1940 年版。

［日］辻善之助：《日本仏教史》，岩波书店 1984 年版。

［日］辻善之助：《日本文化史Ⅰ》，春秋社 1950 年版。

［日］水户彰考馆员纂辑：《朱舜水記事纂録》，吉川弘文馆 1914 年版。

［日］速水侑编：《奈良仏教の展開》，雄山阁 1994 年版。

［日］增村宏：《遣唐使の研究》，同朋舍 1988 年版。

主要参考文献

［日］中西进、王勇主编：《日中文化交流史叢書10人物》，大修馆书店1996年版。

梁容若：《五代日僧巡礼五台之遗物》，《中日文化交流史论》，商务印书馆1985年版。

徐兴庆编注：《新订朱舜水集补遗》，台湾大学出版中心2004年版。

杨知秋编注：《历代中日友谊诗选》，书目文献出版社1986年版。

张步云：《唐代中日往来诗辑注》，陕西人民出版社1984年版。

朱舜水著，朱谦之整理：《朱舜水集》，中华书局1981年版

图书在版编目（CIP）数据

古代中日跨国人物研究 / 王勇著. —杭州：浙江
人民出版社，2021.12
　（新中日文化交流史大系）
　ISBN 978-7-213-10441-1

　Ⅰ. ①古… Ⅱ. ①王… Ⅲ. ①历史人物 – 人物研
究 – 中国 – 古代②历史人物 – 人物研究 – 日本 – 古代
Ⅳ. ①K820.2②K833.130.2

　中国版本图书馆CIP数据核字（2021）第276315号

古代中日跨国人物研究

王勇　著

出版发行	**浙江人民出版社**（杭州市体育场路347号　邮编 310006）
	市场部电话：(0571)85061682　85176516
责任编辑	郦鸣枫　许　卉　周思逸
责任校对	何培玉
责任印务	刘彭年
封面设计	敬人工作室
电脑制版	杭州兴邦电子印务有限公司
印　　刷	浙江新华数码印务有限公司
开　　本	880毫米×1230毫米　　1/32
印　　张	11.625
字　　数	299千字
插　　页	6
版　　次	2021年12月第1版
印　　次	2021年12月第1次印刷
书　　号	ISBN 978-7-213-10441-1
定　　价	128.00元

如发现印装质量问题，影响阅读，请与市场部联系调换。